アメリカ連邦政府による
# 大学生経済支援政策

*Federal Financial Aid to Students
in the United States*

Inuzuka Noriko
犬塚典子 著

東信堂

# はしがき

　本書は，アメリカ合衆国連邦政府による大学生経済支援政策の発展過程を分析し，その社会的文脈と制度的特質を明らかにするものである。合衆国憲法は，連邦の役割を国防・外交政策にとどめ，修正第10条（1791年）によって，教育政策の権限を州政府に留保している。この政治的・法的伝統を越えて，現在，連邦政府は，国内の学生経済支援額の総額1,289億ドルのうちの約70％にあたる901億ドルを担うに至っている（2005会計年度）。いかなるプロセスを経て，なぜ，このような発展が可能になったのであろうか。この問いに答えるために，本書は，大学生経済支援政策が，連邦政府の主要な役割である国防政策を契機として誕生し，その後，教育の機会均等政策へと変貌していく過程を考察するものである。全体は7章から構成されているが，それぞれの章の概要は次の通りである。

　序章においては，研究の意義とその方法について述べている。本書の約3分の1は，国防関係のプログラムを考察しているが，そのような視点が導かれる理由と研究方法の意義について論ずる。アメリカでは，19世紀より民間財団や教育機関による学生経済支援が行なわれていた。しかし，国家政策による教育給付金事業は，1944年に成立した「退役軍人援助プログラム（GIビル）」によって始まった。これは，戦後処理のための一時的な政策として誕生したが，大学側はこれを肯定的に受容し，学生サービスを充実させ，アメリカの大学制度・組織を柔軟なものに変革した。そしてこの政策は経済的・地域的事情，人種的偏見によって，大学の門から閉ざされていた人々に教育機会を与えた。

　本書の第1章は，この政策が，期せずして高等教育の大衆化を導き，教育

における連邦政府の役割の大きさを，アメリカ社会と大学界に認識させたことを明らかにする。

　第2章では，国家と大学が接近した起源をたどり，南北戦争後の「国有地交付大学」(ランド・グラント・カレッジ)の設立と，その時に開講を義務づけられた軍事訓練講座について考察する。この講座は，アメリカの軍事大国化とともに，「予備役将校訓練プログラム (ROTC)」として制度化された。そして，1946年に他の公立・私立大学までを含めたROTCスカラーシップ政策へと変貌した。エスニック・マイノリティから高所得層のエリート学生までに，能力ある者に一般大学で学ぶ教育機会と将校へのルートを与える給付奨学金に成長した。W・ブッシュ政権で国務長官を務めたコリン・パウエルも、ROTC学生であった。

　第3章では，米ソ冷戦期の「国防教育法」(1958年)が，国内の「教育の機会均等」を求める「南部」選出議員らの政治力学と思想によって成立したことを論じている。この法律は「国防」という名称を冠しているが，連邦議会では，当初より低所得層の学生に教育機会を与えようとする意図によって立法化が進められていた。法案を提出した議員たちは，教育制度・設備等においてアメリカ国内では低い水準にあった南部の州の選出である。彼らは，国内の「教育機会の均等」をめざし，学生経済支援法案の立法化を以前より進めていた。国防教育法によって，アメリカ教育史においてはじめて連邦政府による一般大学生への大規模な経済支援政策 (貸与奨学金) が行なわれた。同法による貸与奨学金の奨学生の一人が，南部アーカンソー州出身の第42代大統領ビル・クリントンである。

　第4章では，国防教育法を土台として，「偉大な社会」「貧困との戦争」という社会構想によってジョンソン政権期に成立した「高等教育法」について考察している。テキサス州の教員養成大学を卒業し教師としての経歴をもつ大統領の政治的手法によって，この時期は「初等中等教育法」「高等教育施設法」「国際教育法」など多数の教育法が制定された。高等教育法は，連邦政府によるはじめての給付奨学金 (「教育機会給付奨学金」／EOG) と「連邦保証ローン

(GSL／スタフォード・ローン)」を実施した。高等教育法は，連邦政府によるアメリカ高等教育政策の基本的法律となった。同法以降，アメリカにおける学生経済支援政策は，連邦政府の支援体制のもと，大学の経済支援担当者のマネジメントによって，給付奨学金，貸与奨学金，ワーク・スタディを組み合わせた (パッケージ) 方式で行なわれるようになった。

　第5章では，「1972年教育改正法」，「中所得層学生支援法」(1978年) の成立とそれ以降の大学生経済支援政策について考察している。1972年教育改正法は，現在でも中心的な大学生経済支援政策である給付奨学金 (ペル・グラント) を実施した。同時に，経済援助の算定方式 (授業料，寮費，食費，教材など全教育費と「家庭負担期待額」の差額を支給する) が確立された。中所得層学生支援法は，連邦政府による保証ローンの拡大という今日に至る大学生経済支援政策の動向を生み出した。その一方で，ローン返還不履行 (デフォルト)，授業料の高騰問題も発生した。改革に乗り出したクリントン政権は，1993年に連邦政府による直接ローンや，ボランティア活動と結びついた学生経済支援 (「アメリコー」AmeriCorps) を開設した。また，政権二期目の1997年には，中所得層向けに「授業料税額控除 (タックス・クレジット)」政策を開始した。

　ブッシュ政権の「経済成長及び減税調整法 (EGTRRA 2001)」以降は，連邦税の優遇政策によって「529プラン」と総称される教育費運用口座の利用が伸びている。現在,連邦政府の大学生経済支援政策は，高等教育法のプログラムと，税優遇・貯蓄政策との2つの方向から行なわれるようになっている。終章においては，それぞれの章での考察で得られた知見を総括するとともに，今後の研究課題について述べている。

　日本では，2004年4月，行政改革・特殊法人改革によって，日本育英会，日本国際教育協会，内外学生センター，国際学友会，関西学友会，関西国際学友会が統合され，「学生支援の中核機関」として独立行政法人「日本学生支援機構」(JASSO, Japan Student Service Organization) が誕生した。日本人学生と留学生の支援策が一つの機関によって実施されることになった。日本の学生支援体制も新たな段階に入った。しかし，政府，経済界による改革への波はとど

まることがない。内閣総理大臣諮問機関「規制改革・民間開放推進会議」は，「市場化テスト」(官民競争入札制度)の本格導入を検討する業務の一つとして，日本学生経済支援機構の奨学金貸与業務と回収業務をリスト・アップした。平成18年3月31日閣議決定「規制改革・民間開放推進3か年計画(再改訂)」は，日本学生経済支援機構の当該業務について，平成18年度中に検討を行ないその結論を出すことを予定している。このような高等教育政策の転換期において，大学生経済支援政策についての本研究の基礎的・実証的知見が少しでも役立つことができれば幸いである。

  2006年12月

著　者

アメリカ連邦政府による大学生経済支援政策／目次

はしがき ……………………………………………………………………… i
　図表一覧 …………………………………………………………………… x
　凡　例 ……………………………………………………………………… xiii

## 序章　本研究の課題と対象および方法 ……………………………… 3

第1節　本研究の課題と対象 ………………………………………………… 3
　(1)　本研究の課題 (3)
　(2)　本研究の対象と方法 (6)
第2節　先行研究の検討と研究方法 ………………………………………… 7
　(1)　「退役軍人援助プログラム（GIビル）」による教育・訓練給付金政策 (9)
　(2)　「予備役将校訓練部隊プログラム（ROTC）」によるスカラーシップ政策 (12)
　(3)　「国防教育法」による大学生経済支援政策 (15)
　(4)　「高等教育法」による大学生経済支援政策 (16)
　(5)　「1972年教育改正法」以降の大学生経済支援政策 (19)
第3節　「経済支援」と「奨学金」の概念—日米の違い— …………… 24
　(1)　「経済支援」と「奨学金」(24)
　(2)　経済支援の決定基準とプログラム (25)
　(3)　法律に関する用語 (30)
　(4)　その他 (30)
注 (30)

## 第1章　意図せざる発端 ……………………………………………… 33
　　　　——高等教育の大衆化をもたらした退役軍人給付金（GIビル）政策——

第1節　退役軍人に対する教育・訓練給付金政策の誕生（1944年）…… 33
　(1)　退役軍人援助政策の歴史 (33)

(2)　「1944年退役軍人援助法」(第二次世界大戦GIビル)の成立 (36)
　(3)　GIビル制定をめぐる政治的力学 (40)
　(4)　大学の対応 (41)
　(5)　学生の選択とその成果 (45)

第2節　朝鮮戦争・ベトナム戦争によるGIビル政策の恒久化 ……… 50
　(1)　「第二次世界大戦GIビル」に対する政策評価 (50)
　(2)　「朝鮮戦争GIビル」(1952年退役軍人援助法) (52)
　(3)　「ベトナム戦争GIビル」(1966年退役軍人援助法) (53)

第3節　現役軍人「教育貯蓄口座」(新GIビル)の開始 ……………… 56
　(1)　マッチング・ファンド形式(貯蓄支援型)のGIビル (56)
　(2)　「モンゴメリーGIビル」(56)

第4節　GIビル政策と「高等教育の大衆化」………………………… 59
注 (61)

## 第2章　国家と大学との接近 …………………………………… 65
―― 国有地交付大学の軍事訓練からROTCスカラーシップへ ――

第1節　第一次モリル法(1862年)―国有地交付大学における軍事訓練― …… 65
　(1)　ウェスト・ポイント陸軍士官学校 (65)
　(2)　「第一次モリル法」と軍事訓練 (70)
　(3)　「1916年国防法」とROTCプログラムの成立 (74)
　(4)　戦間期における国有地交付大学の軍事訓練 (75)

第2節　「予備役将校訓練部隊プログラム(ROTC)」
　　　　スカラーシップの誕生(1946年) ………………………… 77
　(1)　「海軍ROTCスカラーシップ法」(1946年)の成立 (77)
　(2)　ROTCプログラムの内容 (80)
　(3)　ROTCスカラーシップの恩典と義務 (82)

第3節　事例調査―マサチューセッツ工科大学(MIT)のROTC― ……… 85
　(1)　予備役将校訓練プログラムのホスト校 (85)
　(2)　MITにおける予備役将校訓練プログラム (87)
　(3)　ハーバード大学などのパートナーシップ (89)

## 第4節　ROTC政策と大学生……………………………………………90
(1)　マイノリティ学生とROTC—コリン・パウエルの場合— (90)
(2)　冷戦の終結と同時多発テロの影響 (92)
(3)　ROTCをめぐる連邦政府と大学との関係 (93)
**注** (95)

## 第3章　「心理的突破口」としての国防……………………………101
### ——「国防教育法」学生ローン——

### 第1節　冷戦期における「国防」概念の変化…………………………101
(1)　「国防」(national defense) 概念の変化 (101)
(2)　連邦安全保障庁と教育局 (103)
(3)　「第二次世界大戦学生ローン」の誕生 (105)

### 第2節　国防教育法 (1958年) の成立………………………………107
(1)　連邦議会における審議過程 (107)
(2)　審議における争点 (110)
(3)　連邦政府教育局による「政府法案」の策定過程 (112)
(4)　連邦政府教育局の前史 (114)
(5)　大統領アイゼンハワーの思想と政治力学 (115)
(6)　「南部」の連邦議員による教育援助法要求 (117)

### 第3節　「国防教育法学生ローン」と学生の進路………………………122
(1)　国防教育法の構造 (122)
(2)　「国防教育法学生ローン」の目的 (123)
(3)　「国防教育法学生ローン」の支給，返還，管理方法 (125)
(4)　「国防教育法学生ローン」と学生—ビル・クリントンの場合— (128)

### 第4節　忠誠宣誓・信条否認規定，学習・成績要件の廃止…………129
(1)　忠誠宣誓，信条否認の撤廃 (129)
(2)　学習領域，学業成績による制約の廃止 (130)
(3)　「心理的突破口」としての国防教育法 (131)
**注** (132)

## 第4章 「教育の機会均等」を求めて ……………………135
――「高等教育法」給付奨学金・連邦保証ローン――

### 第1節 大統領ジョンソンの政治的手法と高等教育界 …………135
(1) 大統領ジョンソンの経歴と政治的手法 (135)
(2) 教育タスク・フォースによる政策形成 (139)
(3) 1965年前後における連邦議会の動向 (141)

### 第2節 高等教育法(1965年)の成立……………………………143
(1) 政府法案の内容 (143)
(2) 連邦議会下院における審議過程とその争点 (145)
(3) 連邦議会上院における審議過程とその争点 (149)
(4) 下院案と上院案の調整 (151)

### 第3節 「教育機会給付奨学金」(EOG)と「連邦保証ローン」(GSL) …154
(1) 高等教育法の構造と大学生への経済支援 (154)
(2) EOG（教育機会給付奨学金）(155)
(3) GSL（連邦保証ローン）(156)
(4) ワーク・スタディ (157)

### 第4節 政治的アリーナを形成した高等教育界 …………………158

注 (161)

## 第5章 拡大した大学生経済支援政策 ……………………165
――税優遇・教育費運用口座政策への展開――

### 第1節 1972年教育改正法―BEOG(ペル・グラント)の誕生とその特徴― ……166
(1) 高等教育法の改正 (1968年) (166)
(2) 「1972年教育改正法」までの争点 (167)
(3) 「1972年教育改正法」の成立 (169)
(4) 「1972年教育改正法」による大学生への経済支援 (171)

### 第2節 中所得層学生支援法(1978年) ……………………………177
――カーター政権と連邦保証ローンの拡大――
(1) 中所得層学生支援法の成立 (179)

(2)　教育省の設置 (183)
第3節　1980年代の社会的問題―選抜徴兵登録とローン返還不履行― ………185
　(1)　レーガン政権期における学生経済支援政策の諸問題 (188)
　(2)　国家安全保障教育法スカラーシップ (192)
第4節　1990年代初期の改革―連邦直接学生ローン政策へ― ………………195
　(1)　大学授業料の高騰 (195)
　(2)　1992年改正高等教育法 (199)
第5節　クリントン政権以降の改革 …………………………………………203
　　　　―授業料税額控除（タックス・クレジット）の誕生―
　(1)　クリントン政権の改革 (203)
　(2)　W・ブッシュ政権期の学生経済支援政策 (209)
**注** (215)

## 終章　総括と今後の研究課題 …………………………………221

　(1)　「国防」政策から「教育の機会均等」政策へ (221)
　(2)　現在の連邦政府学生経済支援システム (227)
　(3)　州や大学による大学生経済支援―今後の研究課題― (233)

文　　献 ……………………………………………………………………239
インタビュー・リスト ……………………………………………………254
あとがき ……………………………………………………………………255
事項索引 ……………………………………………………………………259
人名索引 ……………………………………………………………………263

# 図表一覧

## 序章
- 図表序-1　2004会計年度連邦教育省総支出内訳（支出先別）(4)
- 図表序-2　2004–05年度　学生経済支援総額 (4)
- 図表序-3　連邦政府教育予算（省庁別，2004会計年度）(7)
- 図表序-4　高等教育に対する連邦政府のプログラム（2001会計年度）(8)
- 図表序-5　ワシントンDC地域に事務局をもつ高等教育団体の数の推移 (18)
- 図表序-6　学生経済支援 (Student Financial Aid) の種類 (26)

## 第1章
- 図表1-1　各戦争期の教育・訓練給付金の内容 (38)
- 図表1-2　公立・私立大学の平均学費（1929～1976年）(39)
- 図表1-3　GIビル（教育・訓練給付金）利用者数とコスト（1944～1977年）(42)
- 図表1-4　ウィスコンシン大学の学生数（1938～1954年）(45)
- 図表1-5　1948年のウィスコンシン大学におけるコース選択 (46)
- 図表1-6　教育および関連事業のための連邦事業費の変遷 (49)

## 第2章
- 図表2-1　アメリカの高等教育機関における軍事教育の歩み (67)
- 図表2-2　ROTC履修学生の概数（全学年）　冷戦締結宣言時 (81)
- 図表2-3　陸軍ROTCの4年間スカラーシップを得るための資格 (83)
- 図表2-4　陸軍ROTCの4年間スカラーシップの審査内容 (83)
- 図表2-5　陸軍ROTCの4年間スカラーシップの恩典内訳 (83)
- 図表2-6　陸軍ROTCの4年間スカラーシップの専攻別割当て枠 (83)
- 図表2-7　陸軍ROTCホスト校の一部 (86)
- 図表2-8　MITの陸軍ROTCに在籍する学生数（2001-02学年度）(89)

## 第3章
- 図表3-1　「第二次世界大戦学生ローン」分野別分布 (106)
- 図表3-2　「第二次世界大戦学生ローン」を借りた学生の地域別分布 (106)
- 図表3-3　国防教育法・関連法案のプログラム内容の比較 (111)
- 図表3-4　ヒル議員，エリオット議員らによって提出された教育援助法案 (119)
- 図表3-5　国防教育法の各タイトルと統合された法律 (122)
- 図表3-6　「国防教育法学生ローン」奨学生の就職希望調査（1963年）(127)
- 図表3-7　教職志望者の内訳（1963年）(127)

## 第4章

図表一覧　xi

図表 4-1　大統領ジョンソンの経歴 (137)
図表 4-2　「教育タスク・フォース」(Task Force on Education, 1964年) 委員リスト (140)
図表 4-3　高等教育法立法過程 (1965年) (145)
図表 4-4　1969会計年度の学生経済支援プログラム (158)
図表 4-5　主要高等教育団体の関係 (160)

第5章
図表 5-1　1972年教育改正法の立法過程 (170)
図表 5-2　連邦政府による学生経済支援配分の流れ (173)
図表 5-3　「経済支援必要額」計算のフォーミュラ (1972年時) (173)
図表 5-4　BEOG (ペル・グラント) の変遷 (177)
図表 5-5　学位を授与する教育機関の数 (1949～2002年) (178)
図表 5-6　学位を授与する高等教育機関に在学している学生数 (1969～2001年) (179)
図表 5-7　中所得層学生支援法 (1978年) の立法過程 (180)
図表 5-8　連邦政府による大学生への経済支援の法制 (1944～2005年) (186)
図表 5-9　改正高等教育法 (1986年) 関係予算 (190)
図表 5-10　大学の定価授業料・手数料の推移 (1975～2005年) (196)
図表 5-11　大学学費 (定価授業料・手数料・寮費・食費) の年間平均額 (1996～2006年) (197)
図表 5-12　大学授業料・手数料の高騰に影響を与えているとされる連邦・州の法規制 (199)
図表 5-13　連邦政府が管理するローンの貸与者数, ローンの件数, 平均貸与額の推移 (大学生) (201)
図表 5-14　連邦直接学生ローン (Federal Direct Student Loan Program) 制度 (202)
図表 5-15　経済支援を受けている大学生の割合 (財源, 支援の形態, 学生の特性) (1999-2000年度) (208)
図表 5-16　教育費運用口座 (529プラン) の総額の推移 (1996～2005年) (211)
図表 5-17　教育費に関する税優遇プログラム (2004会計年度) (211)
図表 5-18　連邦政府による学生経済支援政策形成プロセスの変化 (Frishbergのフレームワーク) (212)
図表 5-19　アメリカ合衆国連邦政府教育省が管轄する学生経済支援プログラム一覧 (2005-06年度) (213)

終章
- 図表終-1　中等後教育機関の学生経済支援の資金総額（1993-94年度〜2003-04年度）(228)
- 図表終-2　大学から送付される「学生経済支援授与額通知書」の例 (231)
- 図表終-3　四年制大学の大学生（フルタイム学生）の「家庭負担期待額」の平均額 (232)
- 図表終-4　州と連邦政府による高等教育財政の動向（1970〜1998年）(234)
- 図表終-5　大学独自の経済支援を受けている学生の割合と一人当たり平均金額 (236)

## 凡　例

1. 本文を補うための注記は，1……の数字で示し，各章末にその内容を記した。
2. 引用文献の著・編者名，発行年，ページは，本文中に（　）を用いて挿入した。
3. 同一発行年の著作がある場合には，発行年の後に，a, b, c, を付けて区別した。
4. 文献についての詳細な情報は，次のような方則で，巻末の文献表にまとめて示した。
    ① 刊本の場合は，順に，著・編者名，発行年，書名，（発行地，）出版社（者）を示した。
    ② 論文，記事の場合は，順に，著者名，発行年，題，掲載誌・書名，掲載ページの範囲を示した。
    ③ 参照した訳書（英訳）がある場合，＝のあとに発行年を同様の方式で示した。
    ④ 著者名のないもの，長いものは，略号で指示した。

## 略語法一覧

| | |
|---|---|
| CQ＝ | Congressional Quarterly Incorporation |
| CQN＝ | Congressional Quarterly Features |
| CQS＝ | Congressional Quarterly Service |
| OAS＝ | Office of the Assistant Secretary of Defense Force Management and Personnel |
| USSH＝ | U.S. Congress, House, Committee on Education and Labor |
| USCL＝ | U.S. Congress, Library Congress, Legislative Reference Service |
| USCS＝ | U.S. Congress, Senate, Committee on Labor and Public Welfare |
| USGPO＝ | U.S. Government Printing Office |

アメリカ連邦政府による大学生経済支援政策

# 序　章
## 本研究の課題と対象および方法

## 第1節　本研究の課題と対象

### (1)　本研究の課題

　日本において，現在，大学生への経済支援（奨学金）政策は，経済的に困難な家庭や学生，教育関係者だけでなく公共政策分野一般からも関心を寄せられるようになっている。また，少子化，経済不況という社会的背景や，国立大学の独立法人化などの政策選択によって，公立・私立大学を巻き込んだ学生獲得競争がおきている。その戦略として大学独自の奨学金事業も射程に入れられるようになった。中央教育審議会答申「我が国の高等教育の将来像」でも，ユニバーサル・アクセスをめざし「機関援助」と「個人援助」のバランスをとった高等教育財政の構築が求められている。

　**図表序-1**は，アメリカ連邦教育省の総支出額6,290億ドルを支出先別にみたものである（2004会計年度）。中等後教育段階（post-secondary education, 高等教育段階）については，総支出のうち，機関援助に16.5％，学生経済支援に15.9％が充当されている。アメリカでは，大学生経済支援は，連邦政府だけでなく，州政府，大学，民間財団などにおいてもさまざまに実施されている。

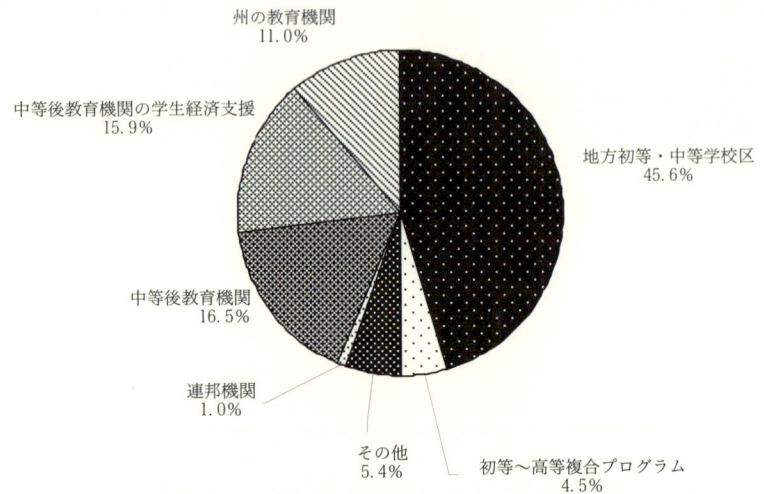

**図表序-1　2004会計年度連邦教育省総支出内訳（支出先別）（総支出額6,290億ドル）**

出典：National Center for Education Statistics, *Digest of Education Statistics* (http://nces.ed.gov/)

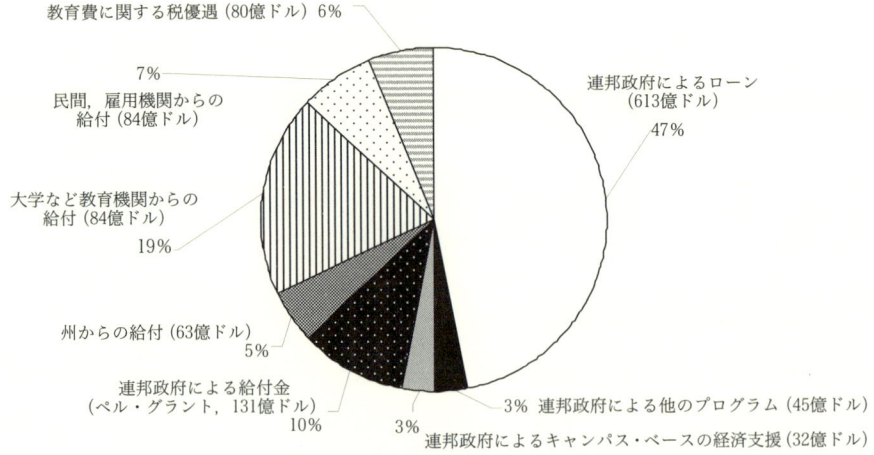

**図表序-2　2004-05年度　学生経済支援総額（総額1,289億ドル）**

出典：College Board, *Trends in Student Aid,* 2005, p.8.

図表序-2は，高等教育機関に在籍する学生への経済支援プログラム総額1,289億ドルの内訳を，財源と内容（給付，ローン，税優遇など）によって示したものである。アメリカ連邦政府は，大学生経済支援事業の約70％という大きな部分を担っている。

このような財源としての役割だけでなく，1972年以降，連邦政府は，学生経済支援の算定方式（授業料，寮費，食費，教材費など全教育費と「家庭貢献期待額」の差額を支給するもの）や支給形態（給付，貸与，ワーク・スタディなどのパッケージ方式）の確立，州政府・民間金融機関による貸与奨学金事業の振興など，アメリカ国内全体の学生経済支援事業の制度形成を導いてきた。現在，それらの事業の中核となっているのは，「FAFSA」（ファフサ）と略称される「連邦学生支援無料申請サービス」(Free Application for Federal Student Aid)である。2001-02年度では約1,050万人がこれを利用した。このFAFSAを通じて行なわれる学生経済支援の特徴は，志望・合格した大学の入学前に，奨学金の金額が学生に内定通知されることにある。そのようなプロセスを通して連邦学生経済支援とFAFSAという制度は，大学生の大学選択，学業・学資への意識と行動に大きな影響を与えている。

しかしながら，このような高等教育政策に対する積極的な関与は，州に教育政策の権限をゆだねるアメリカの政治的伝統からは，本来はずれるものであった。合衆国憲法は，連邦の役割を主として国防・外交政策にとどめ，修正第10条（1791年）によって，教育政策の権限を州政府に留保している[1]。それにもかかわらず，どのような政策決定によって，国家が大規模な高等教育政策に関与するようになったのであろうか。また，大学段階の援助において，「機関援助」ではなく，「個人援助」という政策選択が行なわれたのはなぜなのだろうか。そして，その制度設計の特徴と争点は何なのか。このような高等教育政策研究上の一般的問題に迫りつつ，アメリカ連邦政府による第二次世界大戦後の教育・訓練給付金政策から現代の大学生経済支援政策までを検証することが，本研究のめざすところである。

## (2) 本研究の対象と方法

　本研究では，アメリカ合衆国の大学生（学士課程）を対象とする主要な連邦政府経済支援政策について考察を行なう。そして，(1)それらの政策が，どのような社会的・歴史的文脈において，何を目的として成立し，(2)どのように実施されてきたのか，を分析する。

　具体的には，①「退役軍人援助プログラム（GIビル）」による教育・訓練給付金政策，②「予備役将校訓練部隊プログラム」（ROTC）のスカラーシップ政策，③「国防教育法」による学生経済支援政策，④「高等教育法」による学生経済支援政策，⑤「1972年教育改正法」以降の学生経済支援政策を分析する。これまで，日本においてもアメリカにおいても，これらの経済支援政策，特に①と②の国防政策とかかわるものと，③④⑤の一般的な経済支援政策は，それぞれ別個に論じられる傾向があった。本研究では，これらの政策の関係性に着目し，連邦政府による大学生への経済支援政策がなぜ，どのようにして発展することになったのかということを明らかにする。

　以上の課題を解明するために，本研究は次のような研究方法をとる。

1. 各政策の社会的・歴史的背景を知るために，立法化にあたり連邦議会でどのようなことが議論されたのかということを中心に分析する。これらの経済支援政策は，成立後さまざまに変容し，あるものは新しい形態になり，あるものは別の政策に吸収されている。これらの政策実施と変容過程は並行しているため，連邦議会での最初の立法制定時を基準にして歴史的な流れを整理する。したがって，GIビル(1944年)，ROTCスカラーシップ(1946年)，国防教育法(1958年)，高等教育法(1965年)，教育改正法(1972年)以降の法制，という順で論ずる。

2. それぞれの経済援助政策の関連性を探るために，政策実施過程で浮かび上がった管理上の問題や解決方法について焦点をあてる。そして，その問題が，他の政策にどのようにフィードバックされたかということも検討する。なぜなら，管理運営の細部のなかに，各政策の真の理念や関係者の利害が反映されることがあるからである。また，経済支援の支給

方法といった具体的な問題は，より直接的に他の政策に影響を与えるので，複数の政策の歴史的な関係性を明らかにできるためである。

## 第2節　先行研究の検討と研究方法

次に，およそ5つの経済支援政策の成立過程を中心に分析する理由と研究・論述方法について述べてから，それぞれの経済支援政策の先行研究の検討に入っていく。

はじめに，本研究で考察する連邦政府による学生経済支援事業の現在の財源について確認しておく。アメリカ連邦政府機関において教育関係の事業を行なっているのは，教育省だけではない。

**図表序-3**は，国立教育統計センター（National Center for Education Statistics）の年次報告「教育統計ダイジェスト」で公表されているもので，連邦政府の教

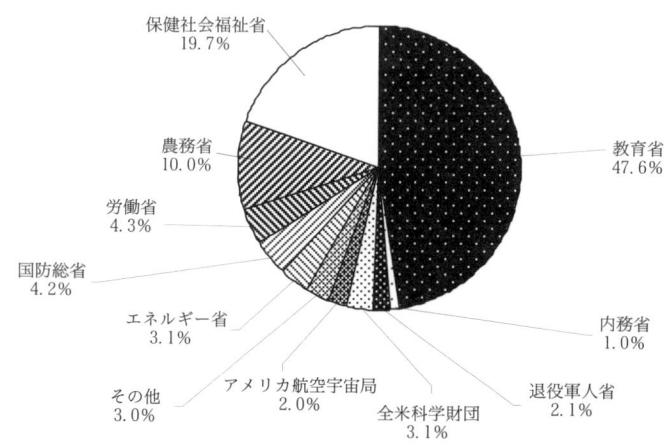

**図表序-3　連邦政府教育予算（省庁別，2004会計年度）　総額1,320億ドル**

出典：National Center for Education Statistics, Digest of Education Statistics, 2004. (http://nces.ed.gov/programs/digest/d04/figures/fig_19.asp)

育事業を行政機関ごとにみたものである。連邦予算の教育事業1,320億ドルのうち、教育省が管轄しているのは約47.6%である。教育省の次に事業を多く行なっている保健社会福祉省(Department of Health and Human Services)は、医療・保健分野の教育・訓練プログラムやスカラーシップを実施している。連邦教育予算の2.1%の事業を実施する退役軍人省(Department of Veterans Affairs)は、第1章で論じる退役軍人援助プログラムを管理している。国防総省(Department of Defense)は、連邦教育予算の4.2%の事業を実施している。この予算には、海外の基地などに設置されている初等・中等学校や、第2章で論ずるROTCスカラーシップ、士官学校の事業が含まれている。第3章で論ずる国防教育法以降のプログラムは、いずれも教育省が管理している。

**図表序-4**は、連邦政府公共政策の専門家たちが、高等教育に対する連邦政府の実質事業費をプログラムと財源別に構成し直したものである。教育費

**図表序-4 高等教育に対する連邦政府のプログラム (2001会計年度)**

| プログラム | 100万ドル | 割合 |
|---|---|---|
| 学生経済支援 | 11,726 | 22.5% |
| 　　教育省 | 7,776 | 14.9% |
| 　　退役軍人省 | 1,679 | 3.2% |
| 　　ROTCスカラーシップ、士官学校生への手当てなど | 968 | 1.8% |
| 　　医療・保健専門家スカラーシップ、フェローシップ | 1,173 | 2.2% |
| 　　ネイティブ・アメリカ人のためのプログラム | 122 | 0.2% |
| 　　その他のスカラーシップ、フェローシップ | 8 | ― |
| 学生と家族に対する税の優遇制度 | 9,600 | 18.4% |
| 　　HOPE税額控除、生涯学習税額控除 | 6,500 | 12.0% |
| 　　スカラーシップ、フェローシップに対する税免除 | 1,210 | 2.3% |
| 　　子どものいる19歳以上の学生への税免除 | 1,010 | 1.9% |
| 　　他の税優遇 | 880 | 1.6% |
| 研究・開発 | 22,781 | 43.7% |
| 教育機関に対する税優遇 | 4,370 | 8.4% |
| 教育機関に対するその他の支援 | 3,584 | 6.9% |
| 　　教育省 | 1,877 | 3.6% |
| 　　特別の教育機関 | 425 | 0.8% |
| 　　士官学校 | 307 | 0.5% |
| 　　全米科学財団 | 478 | 0.9% |
| 　　国際教育・文化交流 | 321 | 0.6% |
| 　　その他 | 176 | 0.3% |
| 連邦政府による支援全額 | 52,091 | 99.9% |

出典:Lawrence E. Gladieux, Jacqueline E. King, and Melanie E. Corrigan, *The Federal Government and Higher Education*, 2004, p.169.

に対する税優遇制度などの「租税支出プログラム」(tax expenditure) も含まれている。連邦政府による学生経済支援117億ドルうち，66%は教育省の管轄する学生経済支援である。一方，第1章で考察する退役軍人援助プログラムは14.3%（77億ドル），第2章で考察するROTC，士官学校プログラムは，約8.2%（16億ドル）を構成している。この両者をあわせると連邦政府による学生経済支援の22%以上を超える。

　本研究では，連邦政府による学生経済支援の先例としての重要性，歴史的な関係性に着目して，退役軍人援助プログラム，ROTCスカラーシップを考察の対象に含める。また，現代という軸によって学生経済支援政策を横割りにみた場合においても，安全保障政策と関連するこの二つのプログラムが，連邦政府学生経済支援の2割以上を構成していることを重視する。第1章，第2章で検討するこの二つの学生経済支援政策は，これまで国防政策とかかわる特別なプログラムとして考察の対象からはずされることが多かった。本研究では，歴史的重要性とともに，財政的な規模の面からもこれらを重視し，退役軍人援助プログラムとROTCスカラーシップの成立，実施過程も含めた連邦政府による大学生経済支援政策の全体を考察する。

## (1) 「退役軍人援助プログラム（GIビル）」による教育・訓練給付金政策

　連邦政府による大規模な大学生を対象とする経済支援事業は，アメリカの兵役制度および戦争への関与を契機として開始された。1944年，ローズベルト政権において，第二次世界大戦中に一定期間，志願兵・徴募兵として服務した退役軍人を援助することを目的に，「1944年退役軍人援助法」(Serviceman's Readjustment Act of 1944. 文脈によって「第二次世界大戦GIビル法」と訳す) が制定された。同法は，教育・職業訓練に対する経済援助を含んでいた。この教育恩典を中心とする退役軍人援助法は「兵士のための権利章典」(GI. Bill of Rights) と称賛され，「GIビル」という通称とともにアメリカ社会に広く知られている。本書では，このプログラムの公的な政策概念である*veteran benefit, veteran education benefit*を意味する「退役軍人援助プログラム」と，通称の「GIビル」の

双方を文脈に応じてもちいていく。

　一種の緊急措置，時限立法として実施された「GIビル」政策は終息することなく，冷戦，朝鮮戦争，ベトナム戦争を経て制度化された。そして，アメリカの軍事大国化の歩みとともに，その内容を変容させつつ恒久的な制度として成長した。この政策が，アメリカ高等教育の大衆化や奨学金政策にもたらした影響の大きさは広く認められている。しかし，行政管轄が教育省ではなく退役軍人省（局）であり，資料収集や研究方法の難しさも一因となって，その重要性にもかかわらず，教育学研究者からはあまり論じられてこなかった。特に，日本における先行研究は，これを軍隊と関連した「特殊な」事業として括ることが一般的である。

　アメリカにおいては，第二次世界大戦後も徴兵制度は1973年までほぼ継続し，現在も選抜徴兵登録制度が存在している。そして，連邦政府学生経済支援の申請に際し，男性の学生は徴兵登録を義務づけられている。現代アメリカ社会において軍隊や軍事は特殊なものではなく，「軍産官学共同体」の存在が指摘されるように，高等教育政策と結びついている。2001年の同時多発テロ以降は，直接的・間接的に被害を受けた学生や，軍務に徴集された予備役学生や除隊した学生のための支援政策も行なわれている。連邦政府による高等教育政策の歩みは，この国の国防政策と切り離しては語れないものである。

　GIビルは，連邦政府による学生支援政策の最初の型を形成したという意味で注目される。また，その実施過程における成果によって，高等教育界や一般市民に連邦教育援助への要求をさらに高めさせたということで重要な研究素材である。GIビルについてのまとまった先行研究は，日本では皆無に等しい。アメリカの大学奨学金についての著書，論文のなかで，GIビルの重要性について述べられているが（仙波 1979；金子 1988；吉田 2001など），一次資料にもとづいてその成立・実施過程を分析する試みは行なわれていない。

　アメリカにおける基礎的文献としては，Keith W. Olson, *The GI Bill, the Veterans, and the Colleges*, 1974が重要である。第二次世界大戦GIビルの成立・実施過程を，とくに大学教育に焦点をあてて論じたもので，もっとも参考になる文献

である。また，GIビルをより広い文脈に位置づけた著作に，Harold M.Hyman, *American Singularity: The Northwest Ordinance, The 1862 Homestead and Morril Acts and the 1944 GI. Bill,* がある。北西部条例，モリル法，GIビルを通史的に素描しており，GIビルが合衆国の国民統合に果たした役割を指摘したことでは，嚆矢である。ジャーナル論文としては，Amy D. Rose, "Preparing for Veterans: Higher Education and the Efforts to Accredit the Learning of World War II Servicemen and Women," *Adult Education Quarterly,* 42 (1), 1990 がある。GIビル政策が，ハイスクール資格認定制度 (GED)，大学のアクレディテーション制度，職務経歴や社会経験の単位認定制度に与えた影響を明らかにしている。

　近年に発表されたものでは，Michael J. Benett, *When Dreams Came True: The GI Bill and the Making of Modern America,* 1996が優れている。GIビルの全体（医療・福祉・住宅・年金政策を含む）を，退役軍人政策史のなかで位置づけた著作である。GIビル法の成立過程についての重要な文献であるが，教育プログラムについては一章のみしか論じられていない。その記述も，前掲したOlsenおよびRoseの文献にほぼ依拠してるため，GIビルの教育・訓練給付金事業についての新しい知見は少ない。

　第二次世界大戦からベトナム戦争終了時までのGIビルは，主要法規（1944年，1952年，1966年）にもとづいて三期に分けるのが一般的である。それぞれの期間の呼称は，報告書・研究者によって異なっている。ここでは，Ehrler(1980)に依拠し，「第二次世界大戦GIビル」「朝鮮戦争GIビル」「ベトナム戦争GIビル」等と呼ぶことにする。

　論述にあたっては「第二次世界大戦GIビル」の成立・実施過程を，50年にわたるGIビルの歴史のなかで，その成立過程として位置づけ論じる。その理由は，この政策は，第二次世界大戦後の混乱期に手探りの状態で始められ，実施過程において制度面が具体的に形成されたためである。

　次に，その実施過程として「朝鮮戦争GIビル」「ベトナム戦争GIビル」について論じる。この時期は，GIビルの教育給付金事業がアメリカ社会に受容されていく過程を知るために重要である。この時，第二次世界大戦GIビル

の評価をめぐる論争の結果，給付金の支給方法に変更が行なわれた。連邦政府による学生経済支援という新たな財源を発見した高等教育機関において授業料の高騰がおきたためである。教育機関や学生による不正利用に対してどのような議論が行なわれ，その結果「朝鮮戦争GIビル法」が制定されたかを知ることは，政策評価とその累積的展開を知るてがかりとなる。この時の争点と議会・行政府の出した結論は，GIビルだけでなく，その後の連邦政府による経済支援政策の基調に影響を与えている。最後に，その変容過程として，対象を平和時の現役軍人にまで含めて恒久的な制度となった「モンゴメリーGIビル」について論じる。

これまで，GIビル法については「復員軍人援助法」等の訳語で紹介されることが多かった。しかし，厳密には「復員軍人」は戦場から帰還した兵士 (demobilized soldier) のみを意味する。アメリカ政府機関のDepartment of Veteran Affaireについては「退役軍人省」と訳されることが一般的なので，除隊した兵役経験者一般の呼称である原語veteranの意味に則して「退役軍人」として訳すことにする。

## (2) 「予備役将校訓練部隊プログラム（ROTC）」によるスカラーシップ政策

予備役将校訓練部隊 (Reserve Officers' Training Corps, 以下，ROTC) と称されるプログラムは，一般の大学生に軍事教育を行ない，大学卒業と同時に予備役または現役将校（少尉 Second Lieutenant）として任官させるものである。全米で約10万人の学生が，この一般大学における軍事教育講座を登録履修している。そのうちの25％は，ROTCスカラーシップという給付奨学金を得ており，在籍する大学の授業料・納付金相当の奨学金，生活費などを支給されている。

このプログラムは，アメリカ軍隊の陸軍・海軍・空軍それぞれと，公・私立大学との契約によって管理されている。軍隊は，各大学（ホスト校）が無料で提供する設備やスタッフを利用してROTCユニットを形成し，数名の軍人を出向させてプログラムを運営する。現在，陸軍は315校，海軍は69校，空

軍は150校とホスト校契約を結んでいる。このユニットのない大学の学生は，軍隊と大学間の合意が成立していれば，クロス・エンロールメント（Cross Enrollment）という制度によって，近隣のホスト校で登録履修することが可能である。

　ROTCスカラーシップは，他の学生経済支援政策に比べて，直接的に国防目的から実施され，その前史も長い。したがって，成立過程の論述については，より長い歴史的文脈に位置づけることに主眼をおく。なぜなら，ROTCの歴史は，アメリカでは稀少な国立の高等教育機関である士官学校とかかわるものであるからである。また，アメリカにおいて独自に発達した国有地交付大学（ランド・グラント・カレッジ）の設立・運営ともかかわっている。したがって，大学生への経済支援政策としてだけでなく，アメリカ高等教育史における連邦援助の始まりとのかかわりで論じたほうが有効であると考える。

　ROTCについての日本語による文献は少ない。中山茂『アメリカ大学への旅』(1988年)，ムルハーン千栄子『ライブ・アメリカ街角の対日感覚』(1992年)においてハーバード大学，イリノイ大学シャンペーン校の実情が紹介されているにとどまる。軍事教育全般について論じた日本語文献には次の著作がある。ジョン・W・マスランドとローレンス・I・ラドウェイ『アメリカの軍人教育――軍人と学問』(高野功訳，1966年)，中村好寿『二十一世紀への軍隊と社会――シビル・ミリタリー・リレーションズの研究』(1984年)などである。いずれも発行からかなりの年月がたっているが，この分野における重要な基礎的文献であることにかわりない。いいかえれば，これらの研究をこえる知的展開はその後乏しいとも指摘できる。

　アメリカでは，ROTCの個別大学史を論じた博士論文がある。William Joseph Vollmar, "The Issue of Compulsory Military Training at the Ohio State University, 1913-1973," Ph.D. Dissertation, Ohio State University 1976は，オハイオ州立大学の必修軍事訓練について歴史的考察を行なっている。著者は，オハイオ州立大学のアーキヴィストである。ROTCの個別大学史についての博士論文は，その大学に所属するアーキヴィストによって記されたものが多い。

James Leftwich Lee Jr., "A Century of Military Training at Iowa State University 1870-1970," Ph.D. Dissertation, Iowa State University, 1972は、アイオワ州立大学のROTCプログラムの100年を展望するもので、その分析視点・実証性は高く、本研究にも示唆する部分が多かった。新しい研究としては、Mark Alden Cummings, "Army Reserve Officers Training Corps: Officer Procurement and Training in the United States and Washington University (Missouri)," Ed. D. Dissertation, Saint Louis University, 1999がある。ワシントン大学（ミズーリ州）でおきた1970年代のROTC撤廃運動に、焦点をあてている。史料・写真など多数含まれ、1970年代の学生の政治思想とキャンパスの政治力学を知る上で貴重である。

　ROTCプログラムの人材養成・管理、また学生の意識調査などを論じた学位論文は、大学のROTC教官、軍隊関係者によるものが多い。Lloyd Donald Cummings, "Army ROTC: A Study of the Army's Primary Officer Procurement Program, 1862-1977," Ph.D. Dissertation, University of California, Santa Barbara, 1982が、その代表的なものである。アメリカ軍隊では、人材開発・昇進・奨学制度によって、大学院で学位を取得することが奨励されているためである。このことは、アメリカの国防・軍事政策の人材養成と一般大学との関係の特徴を物語るものでもある。James H.Toner, *American Military Ethic: A Meditation*, Praeger, 1992は、ノートルダム大学のROTC教官である著者の自伝および自身の軍事教育論である。スカラーシップについては論じられていないが、このプログラムの教育内容を知る上では参考になるものである。

　ROTC全体を展望する近年の著作としては、Michael S. Neiberg, *Making Citizen Soldiers: ROTC and the Ideology of American Military Service,* 2001がある。アメリカ軍隊のプロフェッショナリズムと「市民兵士」概念との融合が、一般大学におけるROTC講座の発展をもたらしたことを考察している。以上のように、アメリカではROTCについての研究は多いが、本研究のめざすように連邦による学生経済支援政策史のなかに位置づけて論じるものはみあたらない。

　ROTCとそのスカラーシップは、アメリカの大学と国防政策の関係を理解する上でも重要な素材であるが、日本語文献は少ない。したがって、ここでは、

スカラーシップに加えて，このプログラムの教育内容・カリキュラム・運営方法についても，現地調査（マサチューセッツ工科大学　2002年9月）をふまえて論じることにする。

## (3)　「国防教育法」による大学生経済支援政策

　1958年の「国防教育法」(National Defense Education Act of 1958)によって，アメリカ連邦政府は，一般大学生を対象として大規模な奨学金政策を実施するようになった。同法は「国防」という名称を冠してはいるが，内容的には一般的な教育援助法に属する。その内容は，高等教育のみならず，初等・中等教育，教員養成，ガイダンス・カウンセリング・テスト事業，外国語教育，大学院教育までを含んでいる。アメリカ教育政策史において画期的なこの連邦援助法が，どのような目的と思想的背景・政治的力学で制定されたのかを知るのは重要であるので，本研究では立法過程の分析を詳細に行なう。

　論述にあたっては，次のことを注意する。外国の教育事情を意識した教育政策が，連邦レベルの教育法によって米国で実施されたのは，「冷戦期」に成立した国防教育法前後とみるのが一般的である。ソ連の人工衛星打ち上げに刺激された競争意識を背景に，同法制定以後，科学技術教育を重視するさまざまな試みが行なわれた。そして，同法の成立・実施によって，それまで州政府・地方学区にゆだねられていた教育行政に対する連邦政府による関与の仕方も変容した。つまり，国防教育法の成立過程は，連邦政府による教育へのかかわり方の変化を探る上でも，重要な研究素材である。同法の成立過程にあらわれる大統領，行政府，立法府それぞれの教育政策への関心と役割の変化は，国防教育法だけでなく，高等教育法の成立にまで影響を与えている。したがって，第3章では，このような重要なアクターの政治的力学をとらえることにも留意する。

　国防教育法についての本格的な研究はアメリカでも少ない。これまで，アメリカの教育法研究は，英米法の特徴から伝統的に判例研究が主流であった。1960年代から制定法研究も増えつつあるが，まだ研究の質・量ともに蓄積さ

れていない。このような研究史の流れのなかで、同法を扱った著作として注目されるものとしては、Sydney Sufrin, *Administering the National Defense Education Act*, 1963がある。同法実施による州レベルでの補助金運用効果・問題点などについての調査研究であるが、主に初等・中等教育について考察している。また、学位論文を公刊したものとして、Barbara Clowse, *Brainpower for the Cold War-Sputnik Crisis and National Defense Education Act of 1958*, 1981がある。議員・官僚などにインタビューを試み、同法成立過程を詳細に論じたものである。

国防教育法成立過程の分析にあたっては、まず、アメリカにおける「国防」概念の変化について整理する。次に、アメリカでも日本でもほとんど論じられていない「第二次世界大戦学生ローン」について考察する。そして、Clowseらの先行研究に依拠しつつ、連邦議会議事録、委員会ヒアリング記録をもちい、審議過程における争点を整理する。

次に、同法の成立は審議過程前後の政治力学に負うことが大きいということを考えて、重要人物・組織の価値と行動が、政策課題形成、原案策定、法文構成等にどう表れたのかを調べることにする。同法は、アメリカの教育行政における連邦政府の関与を強めたものであり、政策立案過程においては、中央行政機構でも行動原理に変容がみられたはずである。したがって、ここでは、政治・行政二元レベルでの考察を行なう。具体的には、議会教育関係委員会の有力議員と、教育局および大統領、科学エスタブリッシュメントに焦点をあて、その行動原理と様式の特定化を試みる。そして、それらが、国防教育法原案となった「委員会法案」と廃案になった「政府法案」に与えた影響を知るために、両者の条文比較を行なう。最後に、同法制定をその前後史に位置づけることによって、その基本的性質について新しい見解を加える。また、実施過程については、次の高等教育法とどのように関連しているのかを重点的に論じる。

## (4) 「高等教育法」による大学生経済支援政策

現在、アメリカ連邦政府による高等教育政策は「高等教育法」(Higher Education

Act of 1965)を基本に，これに修正を加えることによって実施されている。高等教育法の理念とその成立の社会的背景を探るために，議会の記録を用いて，どのような人々が何を論じたのかを明らかにしていく。まず，立法過程における上院・下院のヒアリング，議会本会議，両院協議会での争点を分析する。ヒアリングについては，団体・人物などの思想と政治的な力学が，同法成立に与えた影響が大きいため，詳しく引用する。また，ジョンソン政権の政策指向とタスク・フォースによる政策形成について考察する。

　第4章では，教育団体などの利益集団について詳しく検討する。その理由は次の通りである。アメリカ政治における圧力団体の分析を行なった内田（内田 1988）は，次のように述べている。連邦政府の圧力政治の実態は，「教育機関，とりわけ大学および大学関係のさまざまな利益団体のロビイング活動の1960年代以降における活発な展開の中にも見いだすことができよう（中略）。教育団体の代理人と連邦政府との間の接触は，近年かなりの増大を遂げてきた。大学は，みずからの代理人をワシントンへ送り，専門職団体は，ワシントンでより多くの時間を費やし，教育コンサルタント社が，どんどん出現している」(内田 1988：39)。

　連邦政府が，1963年の高等教育施設法 (Higher Education Facilities Act) や1965年の高等教育法によって教育援助を拡大するのと歩をそろえて，「アメリカ大学連盟」(Association of American Universities) が設立後62年を経た1962年に，首都ワシントンDCに事務所を移した。その後，多くの教育関係団体が，相次いでワシントンにオフィスを開設した。「1970年代までには，何百ものそのような団体がワシントンに代理人をおくようになっていた。ほとんどあらゆるタイプの教育機関や教員，さらには親たち，図書館，教育行政者の代理人も存在した。学校図書館と学校事務職員は，それぞれ自分たちの団体をもっていた。大学行政当局，大学学籍担当者，大学経営担当者たちも同様であった。加えて，何十もの大学が，それぞれワシントン代理人をもっていた」という（内田 1988：40）。**図表序-5**は，高等教育に限定して，ワシントンDC地域に事務局をもつ団体の数の推移を示したものである。国防教育法制定前の1956年か

図表序-5　ワシントンDC地域に事務局をもつ
高等教育団体の数の推移

| 年 | 団体の数 |
|---|---|
| 1956年 | 44 |
| 1968年 | 86 |
| 1976年 | 102 |
| 1986年 | 180 |
| 1996年 | 221 |

出典：Constance Ewing Cook, *Lobbying for Higher Education*, 1998, p.15.

ら1986年までの30年間に，約4倍に増えている。

　高等教育法による教育援助の拡大は，このような教育関係団体による政治的な力学とは切り離せないものである。これまで高等教育法についての研究は，「国防教育法」との差異から，この法律の教育理念を強調して位置づけることが多かった。同法の立法化は，国家の政治的アリーナに高等教育政策がとりこまれていった経緯においても，史的に注目される事件である。以上のような理由から，立法過程における利益団体の政治的な指向や力学についても分析を行なう。

　高等教育法による経済支援政策の研究は日本でも行なわれているが，1965年法ではなく，数度の改正を経た1980年代以降の政策を対象としているものがほとんどである。本書の対象と手法に近い学術論文として，吉田香奈「アメリカ合衆国における学生援助政策の研究——1965年高等教育法制定過程に注目して——」(中国四国教育学会『教育学研究紀要』41号)がある。立法過程の考察によって，1965年高等教育法の特色は，①低所得層を対象とするために，税額控除ではなく個人援助方式が採用されたこと，②機会均等の理念にもとづき，給付奨学金，保証ローン，ワーク・スタディの組み合わせ方式によって公平性を確保しようとしたこと，③連邦保証ローンにみるように，州・民間・連邦の利害関係における妥協の産物として複雑な学生支援形態が形成されたことであると，明確に整理している。本書第4章の執筆において，吉田の整理と分析に負うところが多かった。吉田の論文としては，他に「アメリカ合衆国における学生援助政策の動向——1990年代の改革と問題点——」(『アメ

リカ教育学会紀要』8：1997)，「アメリカ合衆国における学生援助政策——費用負担構造と政策モデルの検討——」(『大学論集』32：2001)などがある。1965年高等教育法成立の前史に焦点をあてる本書とは時代的に異なるが，1990年代の改革並びにその理論的検討において参考になった。

一方，アメリカにおいても，高等教育法に関しては，やはりその改正（特に1980年代から1990年代）期を扱った政策研究が多く，同法の成立過程やジョンソン政権の位置づけなどを行なったものは意外に少ない。高等教育法立法過程についての博士論文としては，Muhammad Attaul Chaudhry, "The Higher Education Act of 1965: An Historical Case Study, Ed. D. Dissertation, Oklahoma State University, 1981がある。実証面において，Chaudhryの叙述に依拠するところは多いが，執筆された時代が古いため，本書では，その後の政策展開を視座に入れて，高等教育法の成立過程の再考察を試みた。

## (5)　「1972年教育改正法」以降の大学生経済支援政策[2]

アメリカ連邦政府による大学生経済支援政策の主要事業の給付金プログラムはGIビルによって，スカラーシップは士官学校・ROTCプログラムによって，貸与奨学金は国防教育法によって，給付奨学金は高等教育法によって誕生した。その後，アメリカ連邦政府による高等教育政策は，1965年の高等教育法に対する再授権，改正によって実施されるようになった。その中でも，1972年教育改正法による再授権並びに改正は，アメリカ独特の学生経済支援政策の方向性を決めるものであった。貸与・給付・ワーク・スタディなどを組み合わせた「パッケージ式」の支援形態の確立，支援額を決定する際に，寮費や教材費など全コストを前提として計算を行なうフォーミュラ，大学を介さずに連邦政府と学生が直接手続きを行なうペル・グラントなど，現代に続く大学生経済支援政策の基調が，1972年教育改正法 (Educational Amendments of 1972)によって確立された。

また，その後の大学生経済支援政策の展開で重要になる連邦政府保証ローンは，1978年の中所得層学生支援法 (Middle Income Student Assistance Act)によっ

て著しく拡大した。1965年高等教育法の実施過程を，より長い文脈に位置づけるために，第5章において，1972年教育改正法，1978年中所得層学生支援法の成立過程の分析，並びに，その後の経済支援政策の法制，実績，問題点などについて考察する。

　高等教育法とその改正に関する研究は，1980年代までは，学生および学校・大学のカウンセラーや，奨学金担当者のためのガイド・ブック，統計的なもの，実務上の問題や今後の見通しについて述べたものが多く，過去の政策についての歴史的分析を行なっているものは少なかった。ハンド・ブックとして重要なものに，Robert H. Fenske and Robert P. Huff et al., *Handbook of Student Financial Aid*, 1983がある。管理上の問題，プログラムの効果，司法上の問題，文献解題など多岐にわたり，18編の論文が集められている。

　一方，1972年教育改正法，またそれ以降の多様化した奨学金プログラムについては，雑誌論文，学位論文が多数まとめられている。しかし，筆者の意図する連邦政府による学生経済支援政策の法制度面の通史的分析は少ない。もっとも参考になったのは，Christopher Mich Kiernan, "Federal Aid to Higher Education: The Pell Grant Program in Historical Perspective," Ed. D. Dissertation, Boston College, 1992である。アメリカの学生支援の歴史について二次文献によって整理した後，「1972年教育改正法」の成立過程について論じ，ペル・グラントの成立に貢献したペル議員にインタビューを行なっている。筆者の関心，手法ともっとも近い研究論文である。違いは，Kiernanの論文が，ペル・グラントを中心に高等教育法の変容過程について重点的に述べているのに対し，本書は，GIビル，ROTC，国防教育法，高等教育法の成立・実施過程を一次資料によって詳細に論じ，それらの関連性について述べるところにある。

　1978年中所得層学生支援法以降の研究については，多数の雑誌論文，学位論文があるが，本書の視覚と方法論とは異なるものが主となっている。1980年代以降の学生経済支援政策研究の動向について，小林・濱中・島 (2002) は，Leslie and Brinkmanらのレビュー等をもちいて，(1)計量経済学的分析，(2)学生意見調査，(3)進学率研究に整理している。さらに，学生経済支援の効果につ

いては，(1)進学に対する効果の研究，(2)学校選択に対する効果の研究，(3)退学・卒業に対する効果の研究の3つに分類している（小林・濱中・島：53-54）。小林らの指摘するように，中所得層学生支援政策以降の授業料の高騰とあいまって，社会的公正と結びついた教育需給研究，授業料政策との関連研究が主流となっている。Michael S. McPherson and Morton Owen Schapiro, *The Student Aid Game: Meeting Need and Rewarding Talent in American Higher Education,* 1998は，その代表的なものである。

　日本における先行研究としては，国立教育研究所内高等教育の大衆化と奨学政策の展開研究委員会『奨学政策の転換』(1984年)に，当時の各国の奨学金政策についての論文が集められている。アメリカについては，仙波克也「アメリカの学資融資制の現状と基本的動向――連邦ローン事業を中心として」が所収されており，日本におけるこの分野での研究の嚆矢といえる。刊本としてまとまったもので評価されるものに，日本私立大学連盟学生部会『新・奨学制度論――日本の高等教育発展のために』(1991)がある。1980年代後半のアメリカの経済支援政策の種類，内容，管理方法，大学の学生経済支援部の役割等を細部にわたって論じ，原資料の翻訳も掲載されている。高等教育機関で実務，教育にあたる人々の手を経ているため，明解でよく整理されている。発行から15年近い月日がたっているが，この分野での基礎的文献である。

　紀要，雑誌論文では，財団法人高等教育研究所『高等教育研究紀要』第8号(1988年)所収の金子元久「アメリカの奨学金政策――その思想・構造・機能」が，1970年代の学生支援政策の背景と論理を明らかにしている。カーネギー委員会報告書に焦点をあて，当時の高等教育財政上の選択肢として「機関援助か個人援助か」という争点があったこと，そして，後者が政治的に選択されたことを明らかにしている。また，国立大学財務・経営センター（旧国立学校財務センター）の諸刊行物には，諸国の大学の財務・経営研究の一環で，諸外国の学生経済支援政策について言及している論文，記事が掲載されている。

　文部科学省高等教育局発行の雑誌『大学と学生』は，定期的に学費や育英奨学事業の特集を行なっている（347号：1994年，388号：1997年，442号：2001年）。

2001年10月に発行された442号の小林雅之,丸山文裕らの論文は（小林2001a；丸山2001),現代の動向についてわかりやすく紹介しており,日本の育英奨学事業についての展望も行なわれている。同誌は,2004年より独立行政法人「日本学生支援機構」による編集となったが,第7号では,芝田政之・小林こずえ「(解説)学生支援の動向2004（カレッジボード）」において,資料 College Board, *Trends in Student Aid, 2004*の翻訳が行なわれている。

また,民主教育協会発行の『IDE』誌においても,奨学政策についての論文,記事がたびたび掲載されている。小林雅之「アメリカの大学における授業料と奨学金の動向(1)(2)(3)」(『IDE——現代の高等教育』433：2001, 435：2002, 436：2002)は,高授業料／高奨学金政策によって授業料の実質的なディスカウントがおきていることや,大学の経営行動分析が新たな研究課題になっていることを指摘している。もっとも新しいものとして,2005年10月に発行された『IDE』No. 474は,「奨学金を考える」という特集を行なっており,深堀聰子「アメリカの大学奨学金事情」が掲載されている。現代の動向について簡潔に整理されており,多様な学生経済支援事業を「ニーズ助成金」「メリット奨学金」「ローン」というカテゴリーで論じている。本書では,過去の経済支援政策を論ずる際に,ニードとメリットの双方を考慮するもの(BEOG),専攻分野,進路選択との関係から授与されるものなど（「国防教育法」学生ローン）も含めるため,深堀の整理とは異なる用語を用いている。しかし,現代の動向を論ずるには,「ニーズ助成金」「メリット奨学金」「ローン」という深堀の分類はわかりやすく,わが国における今後の学生経済支援においても有効な政策概念であると思われる。

教育費に対する税優遇・教育費運用口座政策については,この政策が比較的新しいため,先行研究も多くは蓄積していない。注目されるものとしては,連邦議会会計検査院(U.S.General Accounting Office)の調査報告"Student Aid and Tax Benefits: Better Research and Guidance Will Facilitate Comparison of Effectiveness and Student Use" (2002年)がある。クリントン政権によって始まった「HOPE税額控除」「生涯学習税額控除」などの教育費に対する連邦税優遇プ

ログラムと，一般的な連邦学生支援（給付金，ローン）について，利用者の所得層に注目して比較を行なっている。日本においては，西村史子「税控除による高等教育の奨学システムを考える――アメリカ合衆国のホープ奨学控除と生涯学習控除」（『生涯学習研究／聖徳大学生涯学習研究所紀要』第3号，2005年）において，日本の教育訓練給付金制度を視野に入れて，税額控除政策の問題点が論じられている。同論文でも指摘されているように，連邦政府による教育費に対する税優遇制度は，中所得以上の層への学生経済支援であり，州立大学がこれに反応して授業料を増額させようとする動向がある。教育費に対する税優遇政策や教育費運用口座政策は，アメリカだけでなく，今後わが国の学生経済支援政策とその研究にとっても重要な課題となる領域である。

最後に，連邦政府による高等教育援助とりわけ学生支援に焦点をあてた著書のなかで主だったものを指摘しておく。先駆とされるものは，Chester E. Finn Jr., *Scholars, Dollars and Bureaucracy,* 1977である。連邦援助についての政府，議会，高等教育機関の利害関係や政治的力学について詳細な分析が行なわれている。Finnの研究視角と近いもので新しい研究として，Michael D. Parsons, *Power and Politics: Federal Higher Education Policymaking in the 1990s,* 1997がある。同書の中心は，高等教育法の1992年の改正期の分析であるが，それに至る高等教育政策をめぐる政治力学と思想的構図を明らかにしている。

また，2005年に発行されたPhilip G. Altbach, Robert O. Berdahl, and Patricia J. Gumport, *American Higher Education in the Twenty-Fisrt Century : Social, Political, and Economic Challenge*（第2版）において，Lawrence E. Gladieux, Jacqueline E.King, and Melanie E. Corrigan,"The Federal government and Higher Education"と，D. Bruce Johnstone, "Financing Higher Education: Who Should Pay?" が所収されている。Gladieuxらの論文は，1998年に翻訳された同書の初版，アルトバック，バーダールとガムポートの『アメリカ社会と高等教育』（*Higher Education in American Society,* 1994)に，古い論稿が収録されている。Gladieuxは，議会公聴会にも数度招かれており，アメリカ連邦政府の高等教育政策形成の政治的力学に接近した考察が試みられている。Johnstoneは，高等教育財政研究の第一人者であり，アメ

リカだけでなく国際比較の観点から多数の著作がある。日本においては，この分野の基礎的文献として，市川昭午『高等教育の変貌と財政』(2000年)が，国家と学生経済支援政策との関係についての整理と展望を行なっている。

## 第3節　「経済支援」と「奨学金」の概念——日米の違い——

### (1)　「経済支援」と「奨学金」

　大学生に対する経済支援は，アメリカではStudent Financial Aidと表現されている。これに対する日本での訳語として，もっともわかりやすくまた普及しているのは，「奨学金」「奨学政策」などである。ここで，アメリカにおける学生への「経済支援」と，日本の「奨学金」との概念の違いについて整理しておく。日本では，たとえば，広辞苑第5版では，「奨学金」は，「①奨学制度によって貸与または給与される学資，②学問研究を助成するために与える奨励金」と説明されている。一方，「奨学制度」は，「①優秀で経済的に困難な学生・生徒に学資を与えて学習の権利・機会を保障する制度，②優秀な研究者に研究費または賞金を与える学術研究奨励制度」と説明されている。

　教育政策においては，教育基本法第3条(教育の機会均等)第2項に，「国及び地方公共団体は，能力があるにもかかわらず，経済的理由によって修学困難な者に対して，奨学の方法を講じなければならない」と規定されているように，「能力」があり「経済的理由」をもつ者への支援が中心となってきた。また，一般的に，能力にもとづく奨学金には「育英(奨学金)」，それ以外には「奨学(金)」の言葉をもちいる傾向もある。

　一方，アメリカでは，日本の「奨学金」政策に該当する言葉，student financial aidは，字義どおりに訳せば，「(大)学生への経済支援」である。各大学は，student financial service officeを設置している。アメリカに限らず，英語圏においてこの言葉が意味し，現実に実施されている事業としては，まず，直接的な援助として，授業料・納付金などの「学費」「教育費」援助がある。さらに，

間接的な援助として，書籍，医療，住居，食事，交通費などの割引，本人や親の租税減免，教育ローンの政府保証・利子補給，学生のアルバイト給与補助などが含まれる（市川　2000：14；吉田　2001：75）。アメリカそして英語圏におけるstudent financial aid（学生経済支援）は，日本語の「奨学金」よりも広い意味で用いられており，日米の考え方や規模の違いと一致している。

　しかし，その一方で，日本の奨学金政策にも転換がおきている。日本における国家的な奨学金事業は，国の全額出資により設立された特殊法人「日本育英会」を中心に行なわれてきた（「日本育英会法」昭和59年法律第64号）。その前身は，1943（昭和18）年10月18日に創立された財団法人「大日本育英会」である。同会は，創立以来，優れた学生・生徒のうち経済的理由により修学困難な学生に対して，奨学金の貸与を行なってきた。2004年の『文部科学白書』によれば，2003年度の大学生人口は，305万人であり，日本の大学生の約18％が，育英会の奨学生であった[3]。この事業は，2004年4月より，独立行政法人「日本学生支援機構」に継承された。日本学生支援機構の設立の経緯は，次の通りである。2001年12月の閣議決定「特殊法人等整理合理化計画」などを受けて，第156回通常国会で，「独立行政法人日本学生支援機構法」が制定された。同法は，2003年6月18日に公布され，2004年4月に日本学生支援機構が設立された。機構設立の目的は，それまで国，日本育英会，留学生関係公益法人がそれぞれ実施してきた各種支援策を統合し，優れた人材育成と，国際相互理解の増進を図ることである。主な業務は，①奨学金貸与事業[4]と，②留学生に対する支援事業，③学生相談，就職指導，インターンシップ，大学間の学生交流などの支援事業である。このように，日本の「奨学（金）政策」においても，内容の変化，また政策概念の変化がおきている[5]。

## (2)　経済支援の決定基準とプログラム

　経済支援の該当者である学生を選ぶ基準として，「メリット（merit）」（能力）にもとづく場合と，「ニード（need）」（経済的必要度）にもとづく場合とがある。アメリカの大学生が受けている経済支援の総額の約70％は，連邦政府による

ものであるが，それらは，主にニードにもとづいて支給される(ニード・ベース，need base)。残りの約25％は，州政府の学生支援，大学独自の支援 (institutional aid)，民間財団などの支援である。それらは，メリットにもとづいて支給されるものが多い (メリット・ベース，merit base)[6]。

さらに，アメリカでは兵役や社会奉仕，ボランティア活動などを，経済支援の前もしくは後に行なうことを要件とするものもある。これらは，サービスに対する恩典 (benefit) であるが，対象者全員に給付される場合は「エンタイトルメント (entitlement)」とカテゴリー化される。また，教育資金の貯蓄に対する利子や税の優遇制度 (tax benefit) も間接的な学生支援の一形態である。アメリカで行なわれている student financial aid という概念と，その実態となるプログラムで主だったものを整理すると図表序-6のようになる。

図表序-6　学生経済支援 (Student Financial Aid) の種類

| | | |
|---|---|---|
| ① | 給付金・給付奨学金 (grant) | 返還または雇用などを義務づけない給付金一般。受給基準は，能力・経済的必要度，資格・権利 (entitlement) にもとづくものなど多様 |
| ② | スカラーシップ (scholarship) | 給付奨学金のうち，能力・業績などにもとづいて交付されるもの。学費免除も含む。競争奨学金・育英奨学金と訳される。すべての大学生に給付される場合でも，スカラーシップの概念に入る場合もある (大学・大学生の数が少ない国など，大学生になるためにすでに高い能力が必要とされている場合など) |
| ③ | フェローシップ (fellowship) | 大学院生のための奨学金，研究助成金 |
| ④ | 貸与奨学金／ローン (loan) | 返還が定められている奨学金。アメリカでは，政府が行なうものも民間が行なうものも loan。日本では，一般的に，政府・教育機関には「貸与奨学金」，民間の金融機関には「教育ローン」「学資ローン」という言葉が用いられている |
| ⑤ | ワーク・スタディ (work-study) | 学生に雇用機会を与え，そのための援助金を，大学に交付するプログラム |
| ⑥ | 保証ローン (guaranteed loan) | 銀行など金融機関の融資に，政府が債務保証を行なうプログラム。在学中，卒業後の利子を補給するもの (subsidized)，利子補給を行なわないもの (unsubsidized) がある。不履行・死亡などによって返還不能になった場合，政府が債務弁済を行なう。また，民間・公的保証機関に対する政府による再保証プログラムもある |
| ⑦ | 税額控除／タックス・クレジット (tax credit) | 家計の教育支出のうちの特定部分 (学費またその一部など) を課税額から控除する税優遇制度 |
| ⑧ | 所得控除 (tax deduction) | 家計の教育支出の特定部分 (学費またはその一部など) を課税前の年間の総所得から控除する税優遇制度 |

このように，大学生への経済支援もしくは奨学金については，いろいろな用語・訳語が存在する。時代や国によって，もちいられ方や意味が異なったり重なる場合がある。日本においても，日本育英会が「日本学生支援機構」へと発展するなど，政策概念が変化している。本書では，アメリカの一般的な事情にもとづき，また日本での言葉の普及度も加味しながら，暫定的に次のように整理して論述していくことにする。

(a)「学生経済支援」(student aid, student financial aid)

学生の授業料，納付金，生活費に対する直接的・間接的経済支援すべてを含む。したがって，教育・訓練給付金，貸与奨学金(ローン)，給付奨学金(グラント，スカラーシップ)，研究奨学金(フェローシップ)，雇用機会支援(ワーク・スタディ，アシスタントシップ)，保証ローン，ローン再保証事業，利子補給，税優遇制度，教育バウチャーなどを含む。日本でもちいられている奨学金という言葉を内包するもっとも広い概念である。アメリカでは，student aid, student financial aidという言葉がもちいられているので，もっとも原語に近い訳語といえる。

(b)「給付金」(grant)

返還または雇用などを義務づけない給付金一般を示す。受給基準は，能力にもとづくもの，経済的必要度にもとづくもの，資格(エンタイトルメント)にもとづくものなど，さまざまである。

(c)「給付奨学金」(grant)

前項(b)の「給付金」とほぼ同じ意味でもちいるが，本書では，とくに，高等教育・職業専門教育の発展・振興を主たる目的として交付されるものを「給付奨学金」とよぶことにする。したがって，第1章の退役軍人のための教育・訓練給付金(GIビル)については，教育目的よりも国防政策上の恩典(benefit)としての意図が明確であるため，「給付金」と訳すことにする。

(d)「スカラーシップ」(scholarship)

「給付奨学金」のうち，能力・業績など「メリット」にもとづいて交付されるもの（「学費免除」も含む）を示す。育英奨学金，競争奨学金と訳される場合もある。能力・業績などを考慮せず，すべての大学生に給付される場合でも「スカラーシップ」の概念に入るものもある。たとえば，大学・大学生の数が少ない国など，大学生になるのに高い能力がすでに必要とされている場合などである。アメリカでは連邦士官学校の学生全員と，一般大学のROTC講座の優秀者には，scholarshipとして学費免除が行なわれている。国防政策上の給与・生活費支給とも解釈できるが，「専門家養成教育」としての競争性と栄誉は高く，スカラーシップとそのまま訳して問題ないと思われる。

(e) 「フェローシップ／研究奨学金」(fellowship)

大学院生のための研究奨学金。

(f) 「ローン／貸与奨学金」(loan)

返還が定められている奨学金。アメリカでは，政府が行なうものも民間が行なうものも，貸与奨学金に「ローン」という言葉がもちいられている。日本では，一般的に，政府・教育機関が行なうものには「貸与奨学金」，民間の金融機関のものには「教育ローン」「学資ローン」という言葉がもちいられている。本書では，ローンも貸与奨学金も同じ意味でもちいるが，他の学生支援プログラムとあわせて文脈に応じて使い分ける（たとえば，支払いの仕組みなどについて述べる場合は，簡潔にローンという言葉をもちい，給付奨学金との対比でもちいる時は，貸与奨学金というなど）。

(g) 「ワーク・スタディ」(work-study)

学生に雇用機会を与えるための援助金を大学などに交付するプログラム。

(h) 「(再)保証ローン」(guaranteed loan)

銀行など金融機関の融資に，政府が債務保証を行なうプログラム。在学中や卒業後の利子を補給するもの (subsidized)，利子補給を行なわな

いもの (unsubsidized) がある。不履行・死亡等によって返還不能になった場合，政府が債務弁済を行なう。また，民間・公的保証機関が行なうローン保証に対する政府による再保証の場合もある。本書でとりあげる保証ローン (Guaranteed Student Loan, GSL) は，連邦政府による再保証を意味している。

(i) 「税額控除 (タックス・クレジット)」(tax credit)

家計の教育支出の特定部分 (学費またその一部など) を，課税後の所得税額から控除する税優遇制度。

(j) 「所得控除」(tax deduction)

家計の教育支出の特定部分 (学費またその一部など) を，課税前の年間の総所得から控除する税優遇制度。総所得額に対する教育支出の割合は，課税額に対する教育支出額の割合より小さいので，上記(i)の「税額控除 (タックス・クレジット)」と比べると規模の小さい支援となる。

(k) 「奨学金」(student aid, student financial aid)

日本で一般的に使われている言葉であるが，現状では，前項(a)「学生経済支援」よりもやや狭く使われている。日本では，主として，給付奨学金 (グラント，スカラーシップ)，研究奨学金 (フェローシップ)，公的機関が行なう貸与奨学金 (ローン) を示す場合が多い。この違いは，両国の学生経済支援・奨学金事業の考え方や規模の違いが反映されている。「アメリカの奨学金」という言葉をもちいている日本の先行研究の多くは，ワーク・スタディ，(再)保証ローン，税優遇制度も含めて論じている。今後，日本において「奨学金」という言葉の意味と実態が広がり，さまざまなプログラムを内包していくことも考えられる。その一方で，「日本学生支援機構」の例が示すように，「学生支援」「学生経済支援」などの政策概念が普及することも考えられる。本書は，アメリカを対象とするため字義にもっとも近いと思われる「学生経済支援」をもちいて論ずるが，そこでの議論は，日本の「奨学金政策」についての議論と重なるものである。

### (3) 法律に関する用語

連邦議会で制定された法律の条文の表記法についてであるが，英語原語においてすでに日本でいう第何条の「条」にあたる言葉がさまざまである。また，それらについての訳語も定着していない。そのため，原語に忠実にカタカナで表記する。

- タイトル＝Title（編または章と一般に訳される）
- セクション＝Section（条または節と一般に訳される）
  （タイトルの下にセクションが位置する）

法律の番号，法案については，慣例に従って次のように示す。

- PL98-698＝アメリカ公法98-698号（PLの次の数字は議会会期を示している）
- H.R.1000＝下院1000号法案
- S.123＝上院123号法案

### (4) その他

アメリカにおいては，学年度（academic year）と会計年度（fiscal year）が一致していない。本書では，原則として次の例のように示した。一部統計等については，原典での記載を優先した。

- 学年度
  （例）2003-04年度（2003年9月1日〜2004年8月31日を示す）
- 会計年度
  （例）2004会計年度（2003年10月1日〜2004年9月30日を示す）

注

1 Amendments to the Constitution, Article X."The powers not delegated to the United States by the Constitution, nor prohibited by it to the States, are reserved to the States respectively, or to the people."（修正第10条「本憲法によって合衆国に委任されず，また州に対して禁止されなかった権限は，それぞれの州または人民に留保される」）。この条文は，連邦政府の力が，州や個人に不必要に拡大することを防ぐために，連邦政府に与えられていない権限が州および個人にあることを確認している。ア

メリカ合衆国憲法は，他の条文において教育に関する権限を明確に規定していないため，同条項にもとづいて，教育行政は州の留保権限と解釈されてきた。
2 同法については，他に「1972年改正教育法」「1972年改正高等教育法」「1972年修正教育法」「1972年教育修正法」「1972年教育修正条項」「1972年教育改正条項」などの訳語がある。同法は，初等・中等教育法，高等教育法に対する改正を行なう「教育法に対する改正法」である。内容的には「教育修正条項」が近いと思われるが，日本での訳語の普及度を加味して，暫定的に「1972年教育改正法」と訳すことにする。
3 2002年度までの60年間で，奨学金の貸与を受けた奨学生の総数は約676万人，貸与総額は約5兆5,438億円に達している。平成15年度の事業費総額は，5,790億円であり，貸与人員は，86万6,174人である。そのうちの65％である3,753億円は，大学・短期大学に在学する55万1,904人の学生に貸与されている（日本学生支援機構についての情報は，http://www.jasso.go.jp/による）。
4 奨学金貸与事業については，機構は，日本育英会の奨学金事業を引き続き実施する。日本人学生に対する奨学金の種類や貸与基準，貸与利率など，制度の基本的な枠組みに大きな変化はない。しかし，奨学金事業の一層の充実を図るため，2004年度から次のような制度改革が実施された。第一点は，大学院生に対する奨学金の返還免除制度の改革である。教育・研究職を優遇していた免除職制度を廃止した。代わりに，在学中に，特に優れた業績をあげた大学院生に対して，卒業時に返還を免除する制度を創設した。第二点として，機関保証制度の導入を行なった。奨学金貸与の際に必要な連帯保証人や保証人の代わりに，保証機関に保証料を支払い，債務保証を受ける制度が始まった。これによって，保証人の確保が困難な学生でも，自己の意思と責任によって貸与を受けることが可能となった。学生の利便性の向上に資するとともに，学生の自立という観点からも意義があると考えられている。第三点として，これまで日本育英会が実施してきた高校奨学金は，地方分権の推進などの観点から都道府県に移管されることになった。2005年度以降，高等学校や専修学校の高等課程に入学する生徒を対象とするものから移管が行なわれている。
5 2004年に発表された日本学生支援機構の「中期目標」（平成16年4月～21年3月）では，①業務運営の効率化，②国民へのサービス・業務の向上，③財務内容の改善，が目標として掲げられた (http://www3.jasso.go.jp/jigyoukeikaku/index.html)。奨学金事業の改革については，貸与事業については，同じく2004年に発表された「中期計画」で，①情報提供の充実，②諸手続きの改善，効率化，③回収率の向上，④機関保証制度の導入，⑤適切な適格認定の実施，⑥返還免除・猶予制度の適切な運用が計画されている。「機関保証制度」においては，連帯保証人や保証人の代わりに，一定の保証料を支払うことで，奨学生は，保証機関（財団法人「日本国際

教育支援協会」)の保証を受ける。奨学生に採用され，機関保証を希望する学生に対して保証機関側が保証を断ることはない。大学，短期大学，大学院，高等専門学校および専修学校(専門課程)の学生を対象とする。連帯保証人などの人的保証制度も継続される。機関保証制度とどちらを選択するかは，学生が自主的に判断することになる。保証料は，貸与期間・金額に応じて約3～6%である。毎月の奨学金から保証料が差し引かれ，保証機関に振り込まれる。奨学生(返還者)が，指定された期日までに返還できず一定期間が過ぎると，保証機関が残った奨学金の額を，日本学生支援機構に一括返済(代位弁済)する。保証機関が返済した後は，保証機関より奨学生(返還者)に，その分の返済を請求(求償権行使)する。

**6** 日本育英会と日本学生支援機構の選考基準は，「優れた学生・生徒で，経済的理由により修学困難な者」であり，メリットとニーズの双方を考慮するものである。

# 第1章
## 意図せざる発端
――高等教育の大衆化をもたらした退役軍人給付金（GIビル）政策――

## 第1節　退役軍人に対する教育・訓練給付金政策の誕生（1944年）

### (1) 退役軍人援助政策の歴史

　アメリカ連邦政府による大学生経済支援政策の誕生において，第一に検証されるべき事業は，第二次世界大戦後の退役軍人援助政策である。ここでは，まず，退役軍人援助のなかに教育援助が含められた歴史的文脈を確認しておきたい。アメリカにおいて，退役軍人に対する恩典法規は，独立戦争（1775～1779年）以前にまで遡ることができる。1636年のプリマス植民地法は，負傷した兵士に植民地政府が恩典を与えることを規定しており，退役軍人恩典法規のもっとも古い記録であるといわれる (Mcmanus 1977: 4334)。

　国家の独立以来，アメリカの指導者たちにとって，戦争から帰還した退役軍人を社会に復帰させることは，歴史的な課題であった。初代大統領ワシントン（George Washington, 1732-99）を初めとして建国にあたった人々の間では，神や国家や家族を守るために武器をとり，戦争が終わった後は家族のもとに戻って農業などの仕事に従事する市民兵という考え方が支持されていた。戦

争が終わったらできるだけ早く退役軍人を武装解除させ，それぞれの仕事と市民生活に復帰させることが，治安を維持するためにも，経済的にも重要であった (Kiernan 1992: 147)。

独立戦争 (1775〜83年) 後，東部13州は，一部の土地の権利を放棄して，連邦政府共有の財産とした。そして，大統領ワシントンの政策によって，独立戦争の退役軍人に対して，フロンティアの未開墾の土地が恩典として与えられた。19世紀末まで，連邦政府は，連邦のものとしてこの公有地を所有し続けるよりも，民間に払い下げる政策をとった。

南北戦争 (1861〜65年) が勃発すると，合衆国政府 (当時は北部諸州) は，義勇兵を募るために，入隊奨励金制度を採用した。さらに，1862年5月20日に，「ホームステッド法」(Homestead Act of 1862) を制定した。この法律は，年齢21歳以上の合衆国市民に対して，5年間の開墾の後に，160エーカー（約65ヘクタール）の公有地を無償で与えることを規定していた。植民地時代以来，自分の土地をもって独立できるというのが「アメリカの夢」であったといわれるが，この法律によって，その夢が現実的なものになったのである。

1863年3月3日には，「第一次徴兵法」(1st Conscription Act) が制定された。南北戦争に参戦した退役軍人には，ホームステッド法による5年間の開墾の義務が免除され，除隊後，西部の公有地が供与された。このように，独立戦争，南北戦争の退役軍人には，公有地が恩典として供与されたが，19世紀末になると，公有地を，国民共同の資産として保護しようとする動きが生じるようになる。1891年には，国有林政策が始まり，公有地の売却処分に歯止めがかけられた。

1917年には，連邦議会は，ヨーロッパの大戦に参戦することを決定し，5月18日に「選抜徴兵法」(Selective Service Act) を制定した。しかし，第一次世界大戦終了後，連邦政府には，退役軍人に対する土地を配給する選択肢はなかった。公有地の払い下げ政策は終了し，さらに，アメリカのフロンティア・ラインそのものが消滅していた (Kiernan 1992: 148)。もはや退役軍人に与える土地をもたない連邦議会は，傷痍軍人に対して医療ケアと恩給だけを与える方

針をとった。

　そして，1919年，連邦議会は「社会復帰法」を制定した。同法は，戦争で負傷した退役軍人に，職業訓練のための授業料，教科書代，毎月の手当（90〜145ドル）を給付した。アメリカン・ドリームの源であった公有地の代わりに，職業訓練のための援助金が支給されたともいえよう[1]。病院を利用した職業リハビリテーション・プログラムや，「スミス・ヒューズ法」(Smith-Hughes Act of 1917)による職業訓練プログラムが各学校や大学で大規模に開始された[2]。そして，これを受講する傷痍軍人には，連邦政府から，毎月の生活費，入学料，授業料などが支給された。しかし，障害を受けないで帰還した退役軍人には，何も支給されなかった。この頃はまだ，兵士が無事に家庭に戻れることが恩恵であるとみなされる状況であった。健康な状態で帰還した兵士に対する援助は，あまり顧みられなかった。

　反発した退役軍人たちは，同年，「在郷軍人会」(American Legion)を設立する[3]。この団体は，のちにアメリカでも有数の政治的圧力集団として成長した。1930年には，連邦政府に退役軍人管理局(Veteran Administration)が設置された[4]。大恐慌が始まると，1931年に退役軍人に対してボーナスを支給する法律が制定された。しかし，これに満足しない退役軍人がデモ行為を行なった。1932年5月，オレゴン州の300人の退役軍人が，特別恩典（ボーナス）の支給を求めてワシントンへデモ行進を開始した。各地から，同じような集団が首都へと向かい，「ボーナス・マーチ」(Bonus March)と称された。西部では鉄道会社が彼らに無償で貨車を提供し，中西部・東部ではトラックが利用された。オレゴンの一団がワシントンに到着した時には，二万人のデモ隊(Bonus Army)に成長し，これを抑えるために，マッカーサー(Douglas MacArthur, 1880-1964)の指揮する陸軍が出動した（林 1988：101-109）。1936年には「退役軍人補償法」(Adjusted Compensation Act)が制定されたが，これは，戦争によって身体障害をこうむった兵士のみを対象としていた。一般の健康な退役軍人に対する教育・訓練恩典は，含まれていない。

　このように，アメリカでは，戦争のたびに退役軍人政策が社会問題となり，

植民地時代は各州によって，独立後は連邦と各州によって，さまざまな恩典法が成立した。公有地に余裕がある時代は，土地が恩典として払い下げられた。第一次世界大戦から大恐慌にかけては，土地も現金も満足に支給できない連邦議会にとって，退役軍人の存在は悩みの種となった。そして，第二次世界大戦以降，新たなアメリカン・ドリームとして，退役軍人恩典として支給されたのは，教育・訓練のための援助金であった。

ところで，第一次世界大戦終結の1919年には，諸州で，教育援助を含む退役軍人恩典法が制定された。これらの州法のうち注目されるのは，「1919年ウィスコンシン教育支給金法」(Wisconsin Educational Bonus Law of 1919)である。これは，1918年11月1日以前に三ヵ月以上兵役に服務した退役軍人が，州内の初等・中等学校，技術学校，短大，大学に進学・復学する場合，毎月30ドルを4年間給付するものである。州内に，自分の望むような教育機関がないことを公的に認められた場合は，州外の学校に在籍しても給付金が支給された (Olson 1974: 4-7)。

## (2) 「1944年退役軍人援助法」(第二次世界大戦GIビル)の成立

第二次世界大戦が，ヨーロッパ・太平洋地域において混迷の度を深めた頃，アメリカでは，退役軍人恩典を拡大する要求が活発になった。第32代大統領F・D・ローズベルト (Franklin Delano Roosevelt, 1882-1945)は，1940年に「選抜徴兵法」に署名するとともに，徴兵された兵士たちの帰還後のための政策を検討し始める。1941年12月の参戦とともに，大統領は，戦争終結時に退役軍人を冷遇した場合の政治的・経済的混乱を抑えるため，恩典拡充に向けて，積極的に会議や委員会を召集した。

経済・公共政策についての諸委員会を合併して創設された国家資源計画委員会 (National Resources Planning Board, 1939年設置，以下NRPB)は，戦後の市民・兵士の再適応を検討するために，1942年7月，全米教育協議会 (American Council on Education)のリーブス (Floyd W. Reeves)を委員長とする「戦後マンパワー会議」(Post-War Manpower Conference)を設置した。さらに，ローズベルトの主導で，

軍隊の准将オズボーン（Frederick Osborn）を委員長とする「戦後の軍人の教育機会についての委員会」(Armed Forces Committee on Post-War Educational Oppotunities for Service Personnel, オズボーン委員会）も1942年に設けられた。これらの委員会の協同で，退役軍人恩典拡充の政策形成が行なわれることになる。

委員会が参考にしたのは，カナダの退役軍人援助法および前述した「1919年ウィスコンシン教育支給金法」である。カナダでは，1941年10月に，教育援助を含む退役軍人恩典法が成立していた。NRPGのメンバーは，1943年3月，モントリオールを訪れ，戦後処理についての米加合同会議を開いた。カナダの「復員・社会復帰委員会」(Canadian Committee on Demobilization and Rehabilitation)の委員長マクドナルド（H.F. McDonald）もワシントンを訪れ，「戦後マンパワー会議」に助言を与えた。

「戦後マンパワー会議」は，1943年6月，終戦後の市民・兵士の再適応についての勧告書(Report of the Conference on Postwar Readjustment of Civilian and Militaly Personnel, 以下「戦後マンパワー会議勧告」)を発表した。この勧告の「政府は承認された教育・訓練プログラムに参加する退役軍人に，適当な期間手当金を給付する」というプランをもとに，連邦議会で何度も恩典法案が審議された。最終的に，オズボーン委員会と政府が策定した「政府法案」と在郷軍人会が起草した法案との調整が行なわれ，「1944年退役軍人援助法」(Serviceman's Readjustment Act of 1944. PL78-346, 以下，「第二次世界大戦GIビル法」)が成立した（U.S. Congress 1944: 284-301）。

同法は，住宅・農場・法人設立ローン（通称GIローン），教育・職業訓練恩典，失業手当てなどの諸規定を含む全6タイトルから構成されている。在郷軍人会公報のセジュナー（Jack Cejnar）は，同法を，兵士のための権利一覧を規定した「GIビル（兵士の権利章典）」(GI. Bill of Rights)であると讃えた（billには，一覧という意味がある）。したがって，GIビルという言葉そのものは，住宅ローンなどをも含む同法の福利厚生恩典全般を指す通称である。しかし，教育界では，通常，教育恩典をGIビルとよんでいる。このGIビルという通称は普及し，一般的にも，そして官庁においても採用されるようになった（以下，この通称

図表1-1　各戦争期の教育・訓練給付金の内容

| | | 第二次世界大戦GIビル | 朝鮮戦争GIビル | ベトナム戦争GIビル |
|---|---|---|---|---|
| 基本法令 | | Serviceman's Readjustment Act of 1944 (PL78-346) | Veteran's Readjustment Act of 1952 (PL82-550) | Veteran's Readjustment Benefits Act of 1966 (PL-358) |
| 制定年月日 | | 1944.6.22 | 1952.7.15 | 1966.3.1 |
| 対象となる兵役期間 | | 1940.9.16～1947.7.25 | 1950.6.27～1955.1.31 | 1955.2.1～1976.12.31 |
| 資格要件 | 退役軍人 | 90日間の兵役 | 90日間の兵役 | 181日間の兵役 |
| | 現職 | 受給できない | 受給できない | 181日間の兵役 |
| 基本給付期間 | | 1年間＋（兵役日数－1年間） | 兵役日数×2/3 | 兵役日数×2/3 |
| 最長給付期間 | | 4年まで | 3年まで | 3年まで<br>4年まで（1976年以降） |
| 給付開始期限 | | 除隊後4年以内 | 除隊後3年以内 | なし |
| 資格有効期限 | | 除隊後9年以内 | 除隊後8年以内 | 除隊後8年以内<br>除隊後10年以内（1974年以降） |
| 給付金 | 授業料・教科書代 | 実費（各年度、最高500ドルまで支給） | なし | なし |
| | 生活費支給（月額） | 1944年 扶養家族 無 50ドル／有 75ドル<br>1945年 扶養家族 無 65ドル／有 90ドル<br>1948年 扶養家族 無 75ドル／1名 105ドル／2名以上 120ドル | 扶養家族 無 110ドル／1名 135ドル／2名以上 160ドル<br>職業訓練選択の場合 310ドル | 1966年 扶養家族 無 100ドル／1名 125ドル／2名以上 150ドル<br>1967年 扶養家族 無 130ドル／1名 165ドル／2名以上 175ドル<br>1970年 扶養家族 無 175ドル／1名 205ドル／2名以上 230ドル<br>1972年 扶養家族 無 220ドル／1名 261ドル／2名 298ドル<br>1974年 扶養家族 無 270ドル／1名 321ドル／2名以上 366ドル<br>1976年 扶養家族 無 292ドル／1名 347ドル／2名以上 396ドル |
| 職業カウンセリング | | 希望者に実施 | 希望者に実施 | 希望者に実施 |
| 学校・プログラムのトランスファー | | 給付開始後1年以内に1回に限り可能 | | 1回可能 |
| 退役前補習教育サービス | | なし | なし | ハイスクール卒業資格取得希望者に対して実施 |

出典：Kenneth Edward Fisher, "A Comparative Analysis of Selected Congressional Documents Related Educational Benefits LeGIslated for the Veterans of World War II, the Korean Conflict and the Vietnam Era under the GI. Bill, 1975, pp.117-125より作成。

に従って，退役軍人援助およびそれを規定した法規をGIビルと表記する)。

　第二次世界大戦GIビルの教育恩典は，「入隊時に25歳以下で，かつ，90日以上兵役に服務した者は，一年間の学校教育を受ける権利をもつ。一年以上服務した者は，兵役期間だけ，四年を超えない範囲で延長できる。一年間につき最高500ドルまで，授業料 (tuition)，在籍料 (fee)，教科書・教材代などが支給される(授業料は，政府から大学に直接支払われる)。在学中，独身者には，50ドル，既婚者には75ドルが，毎月生活費として給付される」というものであった。翌1945年12月には一部修正され，25歳以下という制限は撤廃された(詳細については，**図表1-1**を参照)。

　**図表1-2**は，1929年から1976年にかけての公立・私立高等教育機関の平均学費の変遷を示したものである。これによれば，1945年の平均学費は，公立が91ドル，私立が273ドルである。GIビル受給者は，最高500ドルまで支給され，学力は考慮されない。

図表1-2　公立・私立大学の平均学費 (1929～1976年)　単位：ドル

| 年 | 平均学費（授業料・在籍料等） | | |
|---|---|---|---|
| | 公　立 | 私　立 | 公立と私立との差額 |
| 1929 | 63 | 226 | 163 |
| 1933 | 65 | 227 | 162 |
| 1939 | 64 | 147 | 83 |
| 1941 | 78 | 251 | 173 |
| 1945 | 91 | 273 | 182 |
| 1949 | 177 | 416 | 239 |
| 1953 | 139 | 464 | 325 |
| 1957 | 162 | 584 | 422 |
| 1961 | 194 | 796 | 602 |
| 1965 | 241 | 1,045 | 804 |
| 1966 | 254 | 1,078 | 824 |
| 1967 | 279 | 1,152 | 873 |
| 1969 | 334 | 1,348 | 1,014 |
| 1971 | 385 | 1,591 | 1,206 |
| 1972 | 407 | 1,705 | 1,298 |
| 1973 | 428 | 1,815 | 1,387 |
| 1974 | 460 | 1,995 | 1,535 |
| 1975 | 473 | 2,146 | 1,673 |
| 1976 | 526 | 2,365 | 1,839 |

出典：Chester E. Finn *Scholars Dollars, and Bureaucracy,* 1978, p.49.

## (3) GIビル制定をめぐる政治的力学

　ここで，GIビル制定を導いたさまざまな集団の思想と，政治的な立場を整理してみる。連邦政府が，退役軍人教育恩典の法制化を進めた背景には，経済政策的な視野があった。戦争という非常時から平和時へと経済が移行するにあたって，雇用不安が予想される。これを緩和するために，退役軍人を一度，援助金によって教育・職業訓練の場にプールし，労働市場を調整する必要がある。退役軍人の不満が政治的問題に発展するのを防ぐため，連邦政府は，戦後の経済にクッションを与え，退役軍人の市民生活への移行を支援することをめざした (Peeps 1984: 513-525)。

　高等教育界は当時，退役軍人教育恩典に対して，どのような態度をとったのであろうか。ハーバード大学の学長コナント (James Bryant Conant, 1893-1978) は，「戦後マンパワー会議」の勧告および政策案に批判的であった。このプランは，高等教育に値する者を選別することを怠っており，能力のない人々を大学に溢れさせることになると述べている。また，シカゴ大学の学長ハッチンズ (Robert M. Hatchins, 1899-1977) は，この政策は，学生を必要以上に長く教育の場にとどめ，すでに技能をもった人々に再び訓練を施す無駄なプログラムであると述べている。ハッチンズの考えでは，政策立案者たちは退役軍人を食糧配給の列から引き離すために，大学を利用しようとしているのであった (Olson 1974: 33)。

　名門大学のエリート主義的な大学人たちが，教育恩典に懐疑的であったのに対し，多くの大学は，経営面で学生を集めることを渇望していた。連邦センサス局は，1942年から1946年の第二次世界大戦間に，学位取得者の数が，48万1,360人減少したと指摘している。ニューヨークでは，1937～1943年の間に，経済，法律を専攻する学生が，それぞれ，51％，79％減少したという。全米教育協議会は，退役軍人恩典政策を，高等教育改革のチャンスととらえ，積極的にリーダーシップをとった。各大学と全米教育協議会は，カリキュラム，スケジュール，単位評価，入学審査基準などを検討し，兵士の復員に向けて準備した。

在郷軍人会は，GIビル制定に対するもっとも強い圧力集団であったが，まったく特殊な集団の利益を追求したというわけでもない。アメリカにおいて，法律にもとづく徴兵制度は，第一次世界大戦に参戦した直後，1917年にはじめて実施され，戦争終結後に廃止された。その後，1940年に，アメリカ史上はじめて，平和時における徴兵制度が定められた。この「1940年選抜徴兵法」(Selective Training and Service Act of 1940)は，第二次世界大戦中，兵士大動員の原動力となった。同法は，1947年に一度失効し，全面的な志願兵制度への移行が試みられた。しかし，年間約60万人という補充需要を充たすことができなかったため，15ヵ月後の1948年6月に再び復活する（内田　1952：18-21）。「1940年選抜徴兵法」による徴兵制度は，結局1973年まで続いた。退役軍人に対する恩典問題は，どの家庭においても他人ごとではなかったのである。ちなみに，1943年，議会が「戦後マンパワー会議勧告」の法制化を審議した時，市民の大半は，連邦政府が戦後の失業問題に介入することを肯定した。退役軍人に対する教育援助には，市民の約86％が支持を与えている（Peeps 1984: 516）。

　ところで，800万人の退役軍人を扱うこの大事業は，いったい誰が管理するのか。GIビルを管轄する行政部局は，行政権限を拡大するであろうと予想された。候補となったのは，連邦教育局 (U.S. Office of Education) と退役軍人管理局であった。在郷軍人会は，退役軍人管理局がこれを管理することを求めて早期から積極的に動いた。一方，全米教育協議会は，1943年の終わり頃まで態度をはっきりと決めなかった。議会聴聞会が設定されてから，教育局を推薦した。教育団体が，積極的に教育局を支持しなかったことは，局の力不足を一般に認識させる結果となった。そして，GIビル事業は，退役軍人管理局にゆだねられることになる（Peeps 1984: 516）。

## (4)　大学の対応

　**図表1-3**に示すように，GIビルは，初等・中等教育，農場実習などでも利用されたが，これらについての資料はあまり残っていない。ここでは，高等

**図表1-3　GIビル（教育・訓練給付金）利用者数とコスト（1944～1977年）**

|  | 第二次世界大戦GIビル（1944年4月～プログラム終了まで） | 朝鮮戦争GIビル（1952年9月～プログラム終了まで） | ベトナム戦争GIビル（1966年4月～1977年1月） | GIビル三期間合計（1944年4月～1977年4月） |
|---|---|---|---|---|
| 退役軍人総数（人） | 15,440,000 | 5,509,000 | 11,610,000 | 32,559,000 |
| GIビル利用者総数（人）<br>同／退役軍人総数 | 7,800,000<br>50.5% | 2,391,000<br>43.4% | 6,915,037<br>59.6% | 17,106,037<br>52.6% |
| 教育機関での利用者数（人）<br>同／退役軍人総数<br>同／GIビル利用者総数 | 5,710,000<br>37.0%<br>73.2% | 2,073,000<br>37.6%<br>86.7% | 6,373,746<br>54.9%<br>92.1% | 14,156,746<br>43.4%<br>82.8% |
| 高等教育機関選択（人）<br>同／退役軍人総数<br>同／GIビル利用者総数 | 2,230,000<br>14.4%<br>28.6% | 1,213,000<br>22.0%<br>50.7% | 3,950,633<br>34.0%<br>57.1% | 7,393,633<br>22.7%<br>43.2% |
| 他の教育機関選択（人）<br>同／退役軍人総数<br>同／GIビル利用者総数 | 3,480,000<br>22.5%<br>44.6% | 860,000<br>15.6%<br>36.0% | 2,423,113<br>20.9%<br>35.0% | 6,763,113<br>20.8%<br>39.5% |
| 現職教育訓練での利用者（人）<br>同／退役軍人総数<br>同／GIビル利用者総数 | 1,400,000<br>9.1%<br>17.9% | 223,000<br>4.0%<br>9.3% | 492,351<br>4.2%<br>7.1% | 2,115,351<br>6.5%<br>12.4% |
| 農場実習での利用者（人）<br>同／退役軍人総数<br>同／GIビル利用者総数 | 690,000<br>4.5%<br>8.8% | 95,000<br>1.7%<br>4.0% | 48,940<br>0.4%<br>0.7% | 833,940<br>2.6%<br>4.9% |
| GIビル（教育・訓練給付金）全費用（単位：億ドル） | 145 | 45 | 234 | 424 |

出典：Roger R. Ehrler, Indirect Institutional Funding: The GI. Bill, 1980, pp.380-381.（一部概数）
（1977年までの統計値。ベトナム戦争GIビル最終利用期限は1989年）

　教育機関とくに大学の対応に限定してみてみる。戦争終結後，退役軍人が大学に殺到し，1946年から1950年代中頃まで，高等教育界は，これへの応対に没頭することになった。戦争中，教員・学生不足によって活気がなくなっていた高等教育界は，学生数の増加を期待した。退役軍人にあわせて入学条件を変更し，高校を卒業していない退役軍人にも，試験によって仮入学を認めた。そして，大学における補習授業・通信講座などで，ハイスクール卒業資格を得るように援助した。年間スケジュール，カリキュラム，単位評価なども変更している。そして，退役軍人がすみやかに卒業することを大学は望んでいた。

　退役軍人の入学・復学によって，各大学の第一，二学年が詰め込み状態になった。たとえば，ラトガース大学の在籍者の数は，戦前の約7,000名から

1948年には1万6,000名に増えた。スタンフォード大学では，4,800名から7,200名に急増している (Olson 1974: 43-56)。彼らにフルセメスターの単位を早急に取得させるために，多くの大学が，新たに夏季講座を拡充した。退役軍人にあわせた新しい講座が考案され，新たな学位も創設された。プリンストン大学やピッツバーグ大学は，時間のない退役軍人のために，4セメスター（約2年間に相当）修了した者を対象とする準学士号を設けている。

全米教育協議会は，戦争中から，退役軍人の学力判定などに利用できるテストプログラムの開発を，国防省やシカゴ大学試験委員会などと協力して進めていた。そして，1943年には，「ハイスクール資格認定制度／GEDテスト」(Test of General Educational Development)を開発した。ハイスクールの途中で兵役に就いた退役軍人は，これに合格すれば，ハイスクール卒業と同等の資格をもつと認定され，大学への進学が可能になった。このテストは，現在，ハイスクール卒業資格認定試験として，一般レベルで活発に利用されることになる[5]。

1944年には，全米教育協議会と陸軍・海軍の協同で，単位認定のためのガイドブック (Guide to the Evaluation of Educational Experience in the Armed Services) が開発・出版された。イリノイ大学のタトル (George P. Tuttle) の監修によるこの本は，タトルガイドとよばれ普及した。軍隊で行なわれた約800にわたる教育・訓練プログラムが，大学のどの科目の何単位に該当するかというガイドラインが記載されている。1948年の調査では，軍隊での経験に対して，99％の教育機関が何らかの単位を認定し，97％がタトルガイドの推奨するガイドラインに従っている (Rose 1990: 30-45)。

退役軍人管理局は，GIビルの資格審査を行なう。退役軍人は自分の希望で，学校を選択する。選択にあたっての唯一の制限は，対象が各州の資格認定団体より公認を受けた教育機関に限定されたことである。このことは，アメリカにおける大学認定制度・認定機関の発達を促す一因となった（喜多村 1990：115-157，金子 1984：78-101）。学生の入学審査は大学が行なう。授業料等は学生の手を通らずに，管理局から，直接，教育機関に支払われた。

カウンセリング，ガイダンス事業も整備された。1947年の段階で，障害のある退役軍人のためのリハビリテーション・センターは，全国382ヵ所に設置されている。うち90％は，大学・短大内に設けられ，退役軍人管理局と大学が協同で管理した。これらのセンターは，健康な退役軍人も利用でき，第二次世界大戦GIビル期，約百万人が無料のガイダンスを受けたという (Olson 1974: 62)。

　各州も，退役軍人の教育のためにさまざまな事業を行なった。その中でも，ニューヨークの例は特筆される。退役軍人が押し寄せたことによって，州内の各大学で在籍者数が大幅に増えた。これを緩和するために，ニューヨーク州・州知事デューイ (Thomas E. Dewey) の主導で，1948年，ニューヨーク州立大学が設立された。32のユニットからなるこの複合キャンパスは，退役軍人の在籍数が減少すると，その規模は縮小される。しかし，1960年代のベビーブームによって再び拡大された (Olson 1974: 72)。

　高等教育機関のなかで，GIビルへの応対がもっとも難しかったのは，「黒人大学」(black college) である。黒人大学は，アフリカ系アメリカ人の教育・訓練を目的として，南北戦争前後に設立された高等教育機関である。1940年頃，3校を除きすべての黒人大学は，ワシントンDCのコロンビア連邦特別区を含む南部17州 (当時，アフリカ系アメリカ人の79％が居住していた) に設置されていた。これらの地域の教育機関は，法的にアフリカ系アメリカ人を差別していた。また，黒人大学のなかで，アメリカ大学連盟から認定されていたのは，5％以下である。理工関係の博士課程の教育プログラムをもつ黒人大学は存在せず，7州の黒人大学には大学院コースがなかった。しかし，GIビルの資金で，アフリカ系アメリカ人は，南部以外にある大学に進学できるようになった[6]。また，後述する「退役軍人教育設備プログラム」が，黒人大学の設備増設に資金援助を行なった。第二次世界大戦GIビル利用者のうち，約20％がアフリカ系アメリカ人であり，彼らのほとんどが，この給付金がなければ大学には進学できない者だったといわれている (Solomon 1985: 190)。

## (5) 学生の選択とその成果

　第二次世界大戦GIビルは，年間500ドルまで学費援助を行なった。当時の年間平均学費は，1945年度で，公立大学が91ドル，私立大学が273ドルである(図表1-2参照)。退役軍人は，学費の高い大学に入学することが可能であった。彼らは，東部の名門私立大学(いわゆる「アイビー・リーグ」)，有名州立大学，伝統あるリベラルアーツ・カレッジや技術系大学に集まった。また，州外の一流公立大学に進むことも好まれた。アメリカの州立大学は，州外の学生には授業料割増政策を実施しているが，第二次世界大戦GIビルはこの差額を補助した。これらの大学への入学を認められなかった者が，最終選択として，教員養成大学，ジュニア・カレッジ，無名のリベラル・アーツ・カレッジを選択した(Olson 1974: 45)。退役軍人の私学在籍がもっとも多かったのは，1948年であった。この年，彼らの大半は私学に在籍し，兵役経験のない一般学生は主に公立大学に在籍している。しかし，最終的な統計では，第二次世界大戦GIビル利用者の77％が公立高等教育機関を選択し，うち57％が二年制大学に在籍している。そして，利用者の56％が，1学期に最低12単位以上受講する「フルタイム」就学生であった。その他は，1学期に9単位から6単位程度受講する「パートタイム」就学生である(1学期に6単位未満しか受講し

図表1-4　ウィスコンシン大学の学生数(1938～1954年)

| 学　年 | 学生総数 | 男性学生数 | 退役軍人学生数 |
|---|---|---|---|
| 1938 | 11,416 | 8,394 | ― |
| 1943 | 5,904 | 1,951 | 約50 |
| 1944 | 6,615 | 2,011 | 260 |
| 1945 | 9,028 | 5,315 | 1,347 |
| 1946 | 18,598 | 13,458 | 11,076 |
| 1947 | 18,693 | 13,905 | 10,792 |
| 1948 | 18,623 | 14,095 | 10,134 |
| 1949 | 17,690 | 13,345 | 7,938 |
| 1950 | 15,766 | 11,540 | 5,455 |
| 1951 | 14,020 | 9,977 | 3,535 |
| 1952 | 13,571 | 9,518 | 2,215 |
| 1953 | 13,346 | 9,192 | 1,422 |
| 1954 | 13,954 | 9,741 | 1,067 |

出典：Olson, Keith W, *The GI. Bill: Veterans, and the Colleges, 1974,* p.85.

**図表1-5　1948年のウィスコンシン大学におけるコース選択**

| コース | 退役軍人 (2,652人) | 退役軍人以外 (825人) |
|---|---|---|
| リベラル・アーツ | 38.1% | 25.5% |
| 教　育 | 10.3% | 6.1% |
| 商　業 | 13.9% | 44.0% |
| 技　術 | 27.6% | 16.0% |
| 農　業 | 10.1% | 8.4% |

出典：Olson, Keith W, *The GI. Bill: Veterans,and the Colleges, 1974*, p.87.

ないパートタイム学生は，全体のうち約10％である）。

　GIビル制定時，退役軍人は実践的なコースを選択するであろうという予想が立てられた。しかし，これは覆される。戦争終結前から，特別委員会を組織して準備し，退役軍人を多数受け入れたウィスコンシン大学の例を見てみる。学生数の推移を，**図表1-4**に示した。入学した退役軍人のコース選択としては，**図表1-5**に示すように，リベラル・アーツを選択した者が多い。学生のなかには，戦争中，日本語やドイツ語を学び，戦争によって体験した異文化の学習を望む者もいた。また，前述したハーバード大学学長コナントらの予想に反して，彼らの成績は良好であった。1946-47年春学期を対象とするウィスコンシン大学の調査では，男性退役軍人学生8,766人の平均点は1.673であり，それ以外の学生1,550人の1.582より高い。

　GIビル制定後，退役軍人を受け入れる大学は，連邦政府から設備費など直接資金援助が得られた。そのため，大学は，彼らを優先して入学させることになる。これによって優秀な女性の一部が入学を断られたり，帰還した兵士との結婚ブームも加わり，一時期，女性の大学在籍比率が低下した。バッサーやサラ・ローレンスなどの名門女性大学も男性を受け入れた（Hartmann 1982: 106）。1947年では，著名な公立・私立大学の全大学在籍者約230万人のうちの49％，男性在籍者のうちの69％が退役軍人であった。

　実際の金銭のやりとりはどのように行なわれたのか。退役軍人管理局に課せられた最大の仕事は，大学への授業料支払いであった。州内の学生には授業料を要求しない州立大学の場合，退役軍人入学者一人につき一ヵ月に15ド

ル，1セメスターに60ドルといった基準を設けて支払っている。

　もう一つの問題は，教科書代金などの支払いである。一般的には以下の方法がとられた。学生は，大学の書店に出向いて教科書，辞書，文房具を入手し，名前をサインする。書店は，これらの代金に10%の手数料を加えて，退役軍人管理局に請求する。大学教員たちは，学生の要求に応じて，授業であまり必要でない備品も教材として指定した。英文学や歴史学では，論文執筆のための道具としてタイプライターの購入が認められた。学生は，高価な万年筆やバインダー，ブリーフケースなどを，文房具の一種として手に入れた。このように制度を悪用するケースは，GIビル教育恩典の全コストにおいては小さいものであったが，世間での評判を悪くするには十分であったようである。

　退役軍人学生の生活はどのようなものであったか。1945年から1950年まで，アメリカは，歴史上もっとも厳しい住宅難に直面している。シカゴでは，退役軍人のホームレスが一万人いると報道され，アトランタでは，一つの住宅広告に二千人が応募したといわれる。こういった住宅不足の解消が，GIビルと結びついた。住宅法であるランハム法 (Lanham Act) は，軍の住宅施設などを，設備不足の大学に，無料で供与・移送することを認めた。ニューポートやロードアイランドの海軍のバラック（一つにつき退役軍人20家族を収容できた）が，マサチューセッツ工科大学などに運ばれた。ランハム法は，さらに「退役軍人教育施設プログラム」を実施し，GIビル利用者を受け入れる大学に，設備増設の費用を援助した。1947年のニューヨーク市立大学の調査では，一ヵ月にかかる彼らの生活必要経費は，独身の退役軍人学生の場合で85ドル，既婚者182ドル程度である。スタンフォード大学の調査では，独身120ドル，既婚者180ドルとなっている。

　当時の様子を写した写真からは，急造の設備で退役軍人に応対する大学側の苦労がうかがわれる。1946年のデンバー大学における登録の様子を写した写真には，粗末なテント内に設けられた学籍登録所に，長蛇の列を作る退役軍人の姿が映し出されている。ケンタッキー大学では，かまぼこ型の兵舎が

教室として利用された。メリーランド大学の独身寮は，数百名が一緒に寝泊まりする体育館である。ウィスコンシン大学のエクステンション講座エリアには既婚者のためのプレハブ住宅が，マッチ箱のように並んでいる (Olson 1974: 62-3)。

退役軍人学生の特性は，その年齢と結婚歴である。第二次世界大戦GIビル期，学生の入学年齢は，24歳以下が56％，25〜29歳が27％，30歳以上が17％であり，平均は25歳入学である。GIビルで大学に在籍した退役軍人の半分は，結婚していた。既婚者のうち半数は子どもがいた。結婚している学生は，他の学生よりも成績のよい傾向があった。トレイラーなどに住む退役軍人家族たちは，新しいサブ・カルチャーを生み出している。妻たちの組織，保育園，ベビーシッターの交換，自治活動，食料品の生協活動が，全国のキャンパスで広まった。退役軍人は，結婚と教育との結びつきというカレッジ生活のパターンを，アメリカに受け入れさせたという (Hartmann 1982: 106)。

GIビルによって，名門リベラル・アーツ・カレッジなど多くの大学が，単一の社会的・地理的集団からではない雑多な学生集団を受け入れることをはじめて経験する[7]。「戦争で活躍した英雄」である退役軍人は，教員と大学管理者に対する学生の従属関係を崩す契機となったという説もある。社会学者リースマンは，「親に代わって大学が学生を監督する『親代わり政策』(in loco parentis) というそれまでのやり方は，既婚の退役軍人にとって何の意味もたないもの」であったと指摘している（リースマン 1986：73）。

この頃のGIビル利用者の経済的出身層などについて退役軍人管理局は，正確な統計・調査を行なっていない。アメリカを代表する16の大学を対象として，約一万人の退役軍人・非退役軍人学生について，教育研究者が行なった調査では，次のように指摘されている (Ehrler 1988: 364-391)。GIビルによって，はじめて大学進学が可能になった学生は，利用者のうち10％から20％である。1949年に授与された学士号13,198のうち，半数の6,467が退役軍人が取得した学位である。1944〜1956年までの間に，約220万人退役軍人がGIビルを利用したが，うち3％弱の64,728人が女性である。彼女たちは，大戦中，通信，

事務，医療などに従事している。3％というのは第二次世界大戦中の派遣軍人の男女比率とほぼ同率であり，女性も等しくGIビルの教育・訓練給付金を利用したといえる[8]。

最終的に，第二次世界大戦GIビルを利用して，約45万人の技術者，18万人の医師・歯科医，36万人の教員，15万人の科学者，11万人の弁護士，24万人の会計士，8万人の警察官・消防士，1万7,000人の執筆家・ジャーナリストが生まれたといわれている（Mcmanus 1977: 4336）。

**図表1-6**は，教育および関連事業のための連邦事業費の変遷についてまとめたものである。1947～1950年にかけて，退役軍人の教育費用は，連邦政府による教育費用の半額以上を占めている。また，1946～1959年にかけて，連邦が行なう教育事業のなかで，退役軍人教育はもっとも大きなもの

図表1-6　教育および関連事業のための連邦事業費の変遷（単位：100万ドル）

| 会計年度 | 初等・中等・高等教育合計 | 高等教育 | | | | |
|---|---|---|---|---|---|---|
| | | 研究開発 | 学生援助 | 退役軍人教育 | 設備 | その他 |
| 1945 | 291.5 | 112.0 | 5.0 | 10.7 | ― | 31.1 |
| 1946 | 677.1 | 65.5 | 5.0 | 237.0 | 1.4 | 19.2 |
| 1947 | 2,580.9 | 64.1 | 5.8 | 1,387.0 | 1.4 | 19.7 |
| 1948 | 3,108.3 | 60.5 | 6.2 | 1,701.0 | 2.2 | 23.4 |
| 1949 | 3,338.0 | 76.8 | 7.0 | 1,821.2 | 1.0 | 18.2 |
| 1950 | 3,210.7 | 82.3 | 7.5 | 1,721.0 | 5.7 | 18.3 |
| 1951 | 2,560.9 | 143.5 | 10.5 | 1,272.1 | 18.7 | 17.1 |
| 1952 | 1,953.8 | 151.2 | 17.0 | 854.0 | 25.7 | 16.1 |
| 1953 | 1,449.2 | 150.4 | 25.0 | 436.1 | 53.0 | 15.7 |
| 1954 | 1,331.5 | 140.9 | 34.0 | 352.9 | 48.4 | 9.5 |
| 1955 | 1,523.7 | 140.0 | 45.0 | 423.2 | 52.3 | 17.4 |
| 1956 | 1,839.4 | 171.8 | 48.0 | 483.0 | 196.1 | 19.5 |
| 1957 | 2,065.3 | 219.1 | 61.0 | 484.1 | 251.7 | 44.5 |
| 1958 | 2,067.5 | 282.0 | 76.0 | 434.7 | 272.7 | 42.2 |
| 1959 | 2,113.0 | 355.9 | 181.8 | 363.3 | 183.6 | 26.6 |
| 1960 | 2,324.1 | 449.0 | 238.9 | 248.6 | 296.8 | 36.0 |
| 1961 | 2,456.3 | 539.8 | 310.2 | 160.9 | 389.5 | 49.2 |
| 1962 | 2,729.9 | 802.1 | 376.9 | 102.9 | 296.1 | 58.7 |
| 1963 | 3,346.9 | 984.0 | 478.6 | 68.4 | 560.3 | 71.0 |
| 1964 | 3,837.0 | 1204.9 | 546.1 | 52.7 | 590.8 | 104.2 |
| 1965 | 5,704.3 | 1204.9 | 710.1 | 27.6 | 996.8 | 529.2 |

出典：Congressional Quarterly Service, *Congress and the Nation*, vol.1 (1945-1964), 1965, p.1199.

であった。

　1948年には、第78議会で法の修正が行なわれ (PL78-346)、退役軍人局が認定した海外の教育機関でも、GIビルが適用されるようになった。翌1949年に発行された海外教育機関のリストには、日本の高等教育機関も含まれている。東京大学、京都大学など旧帝国大学、同志社大学、上智大学、早稲田大学など公私立17校と、ドン・ボスコ・セミナロ (Don Bosco Seminaro, 東京) である (U.S. Veteran Administration 1949: 35-36)。GIビルを利用して、これらの日本の教育機関で実際に学んだ学生が、どのくらいいたのかは不明である。

## 第2節　朝鮮戦争・ベトナム戦争によるGIビル政策の恒久化

### (1)　「第二次世界大戦GIビル」に対する政策評価

　1950年6月27日、朝鮮戦争が始まった。その二週間後、下院退役軍人委員会 (House Committee on Veteran Affairs) の委員長である下院議員ランキン (John Rankin, 1882-1960, 民主党, ミシッピー州選出) が、「第二次世界大戦GIビル法」と同じような退役軍人恩典を、朝鮮に出兵する兵士にも与える法案を議会に提出した。しかし、連邦議会および連邦政府財務省は、その制定には慎重であった。8月、連邦議会下院は、新GIビル法の検討のために、第二次世界大戦GIビルの不正利用などについて調査する特別調査委員会を設置した。調査委員長には、下院議員ティーグ (Olin Teague, 1910-1981 民主党, テキサス州選出) が任命された[9]。1950年から1952年にかけて、ティーグ委員会、退役軍人管理局、連邦財務局が、第二次世界大戦GIビルについての厳しい調査を行なった。

　1952年2月、18ヵ月にわたる調査とヒアリングの結果報告が、連邦議会に提出された (House Report. 1375)。ヒアリングでは、連邦政府教育局や全米教育協会 (National Education Association, NEA) の代表、大学関係者が証言を行なっている。報告書は次のように述べている。「GIビルの資金を求めて、さまざまなあやしげなコースを提供する (職業) 学校が、教育界に突如として爆発的

に誕生した。GIビル法によって給付される『気前のいい援助金』を得るために，これらの即席の学校にたくさんの退役軍人が入学している」(Fisher 1975: 26)。前節でみたように，第二次世界大戦GIビルは，退役軍人への経済援助金を二つの部分に分けて支給した。一つは，退役軍人に直接支給する一定金額の生活費であり，もう一つは，退役軍人を受け入れる教育機関に支払う学費代であった（前節の図表1-1を参照）。学費代の最上限は500ドルであり，これには授業料，在籍料，教材費などが含まれた。学費を値上げしても退役軍人学生を獲得できるので，多くの大学が，授業料，在籍料などを上昇させた。この問題について，ティーグ委員会は，調査したうちの65％の教育機関で疑わしい事実があった，と報告している。不正利用を行なった教育機関には，金銭目的の学校が多かった。これらの多くの教育機関は，一般学生よりも退役軍人を中心に受け入れた。そして，記録の操作によって学費を水増し申告し，連邦政府の資金をかすめたというのである。

　ティーグ委員会は，このような不正利用を絶つために，大学に学費を支払う形式ではなく，退役軍人に一定金額の金銭を支給する方法に変更するべきであると結論づけた (CQN 1952: 205-207)。ティーグ委員会が，もっとも参考にしたのは，全米州立大学ランド・グラント・カレッジ連盟の見解であった。連盟の公式見解は次の通りであった (Olson 1974: 106)。

　　　時代は，第二次世界大戦終了後とは異なっており，新しいアプローチを求めている。兵役に就くことはもはや普遍的義務であり，報酬が期待されたり与えられるべきではない。しかし，徴兵は，若者が大学に行く可能性を減じる。国家は，そのような損失を防ぐ必要がある。結論として，兵役によって学業を中断されてしまう退役軍人に対して，年間800〜900ドルを支給するべきである。

　ティーグ委員会は，連盟の見解を，「たくさんの大学関係者から得た見解のなかでももっとも典型的なものである」と報告している。

### (2) 「朝鮮戦争GIビル」(1952年退役軍人援助法)

　ティーグ委員会の勧告にもとづき，教育を受ける退役軍人に一律の現金を支給する法案（H.R. 7656）が議会に提出された。この法案は，公立セクターである全米州立大学ランド・グラント・カレッジ連盟などの見解にもとづくものであった。後述するように，私立大学側は，この法案が，私立大学に在籍することを望む退役軍人を経済的な理由で差別するものであると批判した。また，ニューヨークなど都市部の州立・市立大学は，この方式では，退役軍人のために州や市の教育費が圧迫されると反対した（Olson 1974: 106）。

　しかし，ティーグ委員会の勧告にもとづいたこの法案は，上院・下院で圧倒的賛成者を得て可決された。1952年7月16日，第33代大統領トルーマン（Harry Shippe Truman, 1884-1972）がこれに署名し，「1952年退役軍人援助法」（Veterans' Readjustment Act of 1952, PL82-550. 以下「朝鮮戦争GIビル法」）が制定された（U.S. Congress 1952: 662-6919）。これは，失業保険，就職斡旋，住宅ローンなど，基本的には，前GIビルと同じ目的と内容をもつ法律であった。しかし，教育・訓練についての規定のみ，前GIビルとは大きくかわっていた。教育機関への授業料・教科書代などの直接支給を廃止したのである。かわりに，学生に支払う毎月の給付金額を増額させた。大学などに入学，再入学する退役軍人には，3年間を限度に，兵役日数の1.5倍の期間，月額110〜160ドルの現金が給付された（図表1-1参照）。退役軍人学生は，この給付金によって，授業料，在籍料などをカバーしなければならなくなった。

　最高500ドルまで学費を支給した第二次世界大戦GIビルのときには，平均年間学費は，私立大学でも273ドルであった（1945年度）。そのため，退役軍人は，公立・私立の区別なく希望する大学を選択することが可能であった（図表1-2参照）。一方，朝鮮戦争GIビルの場合，1年間で10ヵ月間支給される給付金の総額1,100〜1,600ドルの中から，学費も納めなければならない。当時の平均学費は，1953年度で，公立大学が139ドル，私立大学が464ドルであり，私立大学の平均学費は，公立の3倍以上になっていた。退役軍人は，私立大学を避け公立大学を選択するようになった（図表1-2）。

「朝鮮戦争GIビル法」成立までの連邦議会，行政機関，大学関係者たちの2年間の議論と結論は，その後の学生援助政策に一つの方向性を与えた。学生の選択した大学に全学費を直接支払う方式は，学費の不当な上昇を招きやすいという結論が出され，否定されたのである。また，この時の議論は，学生援助をめぐる公立セクターと私立セクターとの利害の相違をも照らしだした。一律に現金を支給する場合，学生は，差額を手に入れるために学費などの安い教育機関を選択することが予想される。これは，私立セクターにとっては打撃となるものであった。教育機関に学費等を低くおさえる努力をさせるためには有効であるが，私立大学を志望する学生にとっては不満足な援助方法である。この時，争点となった「学生や家庭の経済状態の差と，大学間の学費の差を，奨学金などの経済援助によってどのように解消するか」という問題は，退役軍人恩典問題という枠をこえ，その後の連邦政府による学生経済支援政策の決定過程においても，常に争点となっていく（Finn 1978: 64）。

　朝鮮戦争GIビルの成立過程において行なわれた調査や議論，結論や新たな争点は，連邦学生経済支援政策のその後の行方に影響を及ぼす意義をもつものである。第二次世界大戦GIビルは，連邦政府による学生援助が，高等教育を潤し大学の大衆化を促進するということを知らしめる試金石になった。そして，その実施過程でおきた不正や授業料の高騰は，次の朝鮮戦争GIビル成立過程において，議会・高等教育界によって政策的評価を受けることになった。朝鮮戦争GIビルをどのようなものに改善するかという議会，行政府などの問題設定と解決法の模索は，後述する一般学生への経済支援政策の成立過程においても基礎となるものであった。

## (3)　「ベトナム戦争GIビル」（1966年退役軍人援助法）

　1963年10月頃から，アメリカのベトナムへの介入が深まったが，これにともない，議会には，各議員からGIビル法案が提出された。それらの法案は，ベトナムに出兵した兵士のみならず，朝鮮戦争終了後の平和期に服務した退役軍人にも遡及して恩典を支給するものであった。これに対して第36代

大統領ジョンソン (Lyndon Baines Jonson, 1908-73) 政権は，反対の態度をとり続けた。そのような政策は費用がかかり，政権が実施している教育，福祉，保険，職業訓練などのプログラムを圧迫する可能性が強かったからである。そこで，政権側は，ベトナム戦争参戦後の退役軍人のみに恩典を与える法案を提出したが，これは議会で受け入れられなかった (CQS 1968: 453-460)。最終的に，朝鮮戦争終了後の1955年2月1日から1966年6月1日のベトナム参戦までの平和時に服務した退役軍人にも恩典が遡及される「1966年退役軍人援助法」(Veterans Readjustment Benefits Act of 1966. PL89-358. 以下「ベトナム戦争GIビル法」) が制定された (U.S. Congress 1966: 12-29)。

朝鮮戦争終了後からベトナム戦争参戦までの平和時に服務した退役軍人にまで，同法の教育恩典が遡及されたことの意味は大きい。第二次世界大戦・朝鮮戦争GIビルは，戦争という非常時に服務した退役軍人に特別に恩典を認めるものであった。ベトナム戦争GIビルは，平和期の「戦争に行かなかった」兵士にも教育恩典を支給する。戦時平時にかかわらず，軍務についた者は経済援助を得る資格をもつということが，国家より認められたのである。ベトナム戦争GIビル法は，平和時の退役軍人に恩典を遡及することによって，逆にベトナム戦争終了後にも，退役軍人への経済援助が恒久的に続いていくことを暗示する意思決定であったといえる。

ベトナム戦争GIビルは，朝鮮戦争GIビルとほぼ同じ形式で，兵役日数の1.5倍の期間，教育を受ける退役軍人に，毎月生活費を給付した。給付額は年間1,000〜1,500ドル(1966年度)から，2,292〜3,960ドル(1977年度)にまで，年々増額された。しかし，1950年代から1970年代にかけて，私立大学(二年制大学を含む)は，著しく学費を値上げしていた。図表1-2にみるように，平均年間学費は，1966年度では，公立大学が254ドル，私立大学が1,078ドルであり，私立大学の平均学費は公立大学の4倍を超え，退役軍人が私学を選択することは難しくなった。

この時期，GIビル制度を悪用して繁栄した教育機関もある。一部の大学は，GIビル利用者を対象に，即座に収入に結びつくと称する講座を設定し宣伝

した。これらの講座は，法の適用される範囲内で最小限の講義数の授業を行なう質の低いものが多かった。給付金受給を第一の目的とし，教育的な質を無視する退役軍人は，このような講座に呼び寄せられた。GIビルは，学校・コースのトランスファーを，一度に限り認めていた。有名校やよい教育を行なう教育機関に移ることもできるが，質の低い教育機関で取得した単位は，次の大学で単位認定されないことも多かった (Mcmanus 1977: 4338)。

兵士たちの入隊前学歴は，第二次世界大戦以降年々上がった。入隊前にハイスクール卒業以上の資格をもつものは，第二次世界大戦GIビル期で54.8％，朝鮮戦争GIビル期で71.0％，ベトナム戦争GIビル期で86.1％である (Ehrler 1980: 379)。したがって，高等教育機関で，GIビルを利用する率も上昇した (図表1-3参照)。

ベトナム戦争が長期化したため，ベトナム戦争GIビル法は，1970年，1972年，1974年に一部修正され，給付金が増額されている (Mcmanus 1977: 4337)。1973年3月には，ベトナムからの撤兵が完了し，7月1日に徴兵制度が撤廃された。アメリカの兵役制度は，第二次世界大戦前の平和時の伝統であった志願兵制度に戻った。その結果，GIビル制度は，今度は，十分な数の志願兵を集めるための「人寄せ」の手段となり，教育恩典も拡充された。これは，戦争で疲弊した連邦政府の財政負担を圧迫した。1975年には，ベトナム戦争GIビル法に対する大幅な修正が行なわれる。1975年修正法は，除隊時に中等教育卒業の資格を持たない者には，個人指導のための費用が援助された。そして，大学進学に必要なハイスクール卒業資格を得るための補習コースを，除隊前に受講できるようになった (Fisher 1975: 117-25)。加えて，遺族また退役軍人の扶養家族は貸与奨学金を利用できることになった。フィリピンなど海外基地に駐在する兵士の扶養家族にも教育恩典を与え，外国で大学レベルの教育を受けることを援助するようになった。1975年の法改正は，GIビルの管理について，州の裁量を大きくした。そのため，各州の退役軍人局が，給付金支給や再就職の斡旋などを行なうようになった。海外でも，世界中の各大使館・領事館の退役軍人恩典カウンセラーが，GIビルについての情報提

供を行なうようになった。

## 第3節　現役軍人「教育貯蓄口座」(新GIビル)の開始

### (1)　マッチング・ファンド形式(貯蓄支援型)のGIビル

　1976年12月31日までに兵役に就いた兵士は，最終利用期限の1989年まで，ベトナム戦争GIビルを利用することが認められた(Stover 1981: 1-8)。ベトナム戦争終了後は，軍務中の貯蓄額に応じて給付金を出す方法(マッチング・ファンド)で，教育恩典は継続されるようになった。1977年1月1日から1985年6月30日までの間に軍務に就いた退役軍人には，GIビルより規模の小さい「退役軍人教育援助プログラム」(Veterans' Educational Assistance Program, VEAP)が実施された(Post-Vietnam Era Veterans' Educational Assistance Act of 1977. PL94-502)。それまでのGIビルは，退役軍人の市民生活への復帰を支援するものであった。一方，VEAPは，平和時のすべての志願兵に，在職中の積立金に応じて教育恩典を与えようとするものである(U.S. Congress 1984)。

　これを受けるには，現役中に，除隊後の成人・継続教育受講を目的として，給与の一部を自動控除で積み立てを行なう必要がある(毎月25〜100ドル)。除隊後，大学・学校などに入学する時，積立金の合計分(2,700ドルまで)に対し，1対2の割合で教育恩典として現金が付加給付される。つまり，1,000ドル積み立てた者には，連邦政府が2,000ドルを補助する。除隊後，それを教育に使いたくない者には，積立金と増額分の払戻しが認められていた。結局，全体で47％の軍務経験者が教育プログラムを受講せず，増額分を得るために払い戻しを受けたため，この政策は見直されることになった。

### (2)　「モンゴメリーGIビル」

　前項でのべたVEAPによる給付金政策が約9年間続いた後，1984年に新たな援助法(Department of Defense Authorization Act of 1985. PL98-525)が制定された

(U.S. Congress 1984: 2492-2600)。同法タイトル7の規定により，新しい退役軍人教育・訓練給付金政策が始まった。法案提出者である下院議員モンゴメリー(Gillespie V. Montgomery, 1920- , テキサス州選出，民主党)の名をとって[10]，モンゴメリー GIビルと称されている。当初3年間の期限付き立法であったが，現在まで延長されている。

　モンゴメリー GIビルは，第二次世界大戦GIビルからベトナム戦争GIビルまでの制度ではなく，前項で述べたVEAPのシステムを継承し発展させたものである。1985年7月1日以降に軍務に就いた者は，毎月の積立額に対して1対3の割合の金額が，除隊後，教育恩典として支給される。たとえば，毎月100ドルの積立を行なった者には，除隊後3年間，連邦政府から毎月300ドルが付加支給される。給付金の上限は，10,800ドルである。さらに，国防で重要とされる技術領域で働く兵士に対しては，「新軍隊カレッジ・ファンド」(New Army College Fund)から，服務期間に応じて14,400ドルが援助される。したがって，最高で25,200ドルの教育恩典が支給される(Veeman 1989: 344)。退役軍人がこれを利用して教育を受けられる期限は，除隊後10年以内である。

　前述したVEAPとほぼ同じ形式だが，政府によるマッチング・ファンド割合が，1対2から1対3へと増額された。また，入隊から2年経過すれば現役のまま利用することもできるようになった。その一方，教育プログラム参加以外の理由では，マッチングによる増額支給分は支給されないことになった。これは，VEAP時代，教育プログラムを履修せず，積立金と増額分の払い戻しを受けた者が多かった反省からである。

　モンゴメリー GIビルの利用者割合は，1986年6月，陸軍71.0％，海軍36.3％，空軍40.1％，海兵隊58.5％である。この頃から，予備兵・州兵も，国防上の重要な部隊と見なされるようになる。現役を務めた連邦軍隊の兵士に限定されていた軍の継続教育システム(Army Continuing Education System, ACES)も，1983年以降は予備兵と州兵にも開かれた。6年以上服務した予備兵・州兵は，モンゴメリー GIビルの資格を認められる。フルタイムの学生になる場合は，積立を行なわなくても毎月140ドルまで3年間支給される

(Veeman 1989: 34)。州兵経験者がはじめてモンゴメリー GIビルを利用する場合，その対象は大学に限られている。

GIビルの利用率は，兵士の除隊率に左右される。1977年に軍務延長率は35％であったが，80年代の経済危機・失業率の増加から，軍務を延長する者が増え，1986年には約半数が軍務を継続した。モンゴメリー GIビルの法文上の目的は，前GIビルと同様，除隊後の市民生活への退役軍人の適応を援助することである。しかし，現職のまま軍務と関連したプログラムを受講し，軍隊内でのキャリアアップをめざす者も多くなった。

モンゴメリー GIビルは，現役の兵士が，在職中も一般教育を受けられるよう支援している。海外も含めて各基地内に，アメリカのさまざまな大学が分校を開いている。兵士の一般教養・職業専門技能習得や資格・学位取得を援助するために，国防総省と軍隊は，一般教育機関と協同して「DANTES (Defense Activity for Non-Traditional Education Support)」いう組織的な成人・継続教育制度を設立している (本部はフロリダ州ペンサコーラ)。

DANTESの理念は，大学などの教育プログラムや各種試験団体による資格試験などを最大限活用し，「民間と軍隊のパートナーシップによる教育コミュニティ」を築くことにある。具体的には，非伝統的な教育プログラムの実施，各種試験の実施 (ハイスクール卒業資格試験，能力判定，適性テストなど)，独立学習プログラム (Independent Study Program) の実施，軍隊訓練の大学単位認定サービス (全米教育協議会との協同事業) などを行なう (OAS 1990: 1-3)。

陸・海・空軍，海兵隊，沿岸警備隊の現役および予備役のうち，毎年数千人が，DANTESによるさまざまなサービスを受けている。世界中400以上の軍事施設が兵士に対して，一般教育プログラムを提供している。また，600以上の高等教育機関が，現職兵士を対象とする教育プログラムを実施している。日本でも，横田米軍基地では，メリーランド大学などが分校を開いている。国防総省は，世界的にも規模の大きい成人・継続教育活動の事業体ともいわれている。

1973年に，志願兵制度が確立し，徴兵撤廃が実現したが，「教育と訓練の

機会を得る場」として，軍務を希望する若者も増えた。湾岸戦争後，1991年3月10日のワシントン・ポスト紙は，写真入りで「ある人々にとって，軍隊は，学位取得の道を開くものであった」という記事を掲載している（*Washington Post* 1991）。それによれば，湾岸戦争「砂漠の嵐」作戦で死亡した若い兵士たちの何人かは，軍隊で働くことを希望していたのではなく，エンジニア，教員，科学者を志していた。彼らは，軍隊の恩典パッケージ (benefit package) によって学資を獲得するために軍務を志願したという。非常時の退役軍人に対する特別の報償として成立したGIビル政策は，歴史を重ねるうちに変容した。青年たちの間に，教育・訓練を受けたり，退役後の教育・訓練給付金を得るために軍隊に入るという選択肢を広げたのである。そして，この政策は，歴史を重ねるうちに，軍隊と大学との結びつきを強める機能も果たしたと思われる。

## 第4節　GIビル政策と「高等教育の大衆化」

　第二次世界大戦からベトナム戦争期を中心に，GIビル政策を概観したが，名門私大を含めて，学費すべてを給付した第二次世界大戦GIビルと，定額の現金給付のみを行なった朝鮮戦争・ベトナム戦争GIビルでは，学生や大学に与えた影響は異なる。第二次世界大戦GIビルが「大学の大衆化」に貢献したのに対し，その後のGIビルは，連邦政府の財政危機を促進するばかりであったといわれる。

　しかし，第二次世界大戦GIビルの学生経済援助は，私立大学などにおける授業料・在籍料の値上げを招いた。また，第二次世界大戦GIビル利用者のうち，これがなければ大学に入学できなかった層は10%から20%といわれている。第二次世界大戦GIビル＝「大学の大衆化」という結論を導くには，この数値は小さいように思われる。このことを確認するには，学生の出身階層までを扱った大規模な社会学的な統計・調査が必要であるが，残念ながら

そのような「量的」資料をみつけることはできない。

　それでは，GIビルはアメリカの大学文化に，どのような質的変化を与えたのであろうか。GIビルは，退役軍人恩典という国家から与えられた正当な理由で「社会に出て働いた者（ここでは軍務）が大学に復帰する」という生活パターンを，大学文化に定着させた。結果として，「社会経験の豊富な学生」「年齢の高い学生」という学生層が，アメリカのキャンパスに，正当な理由と経済的な裏づけをもって出現した。さらに，既婚者については，扶養家族の人数に応じて手当の増額を行なった。「既婚の学生」「扶養家族のいる学生」という存在をも正統とみなされ，彼らのための学寮設備まで誕生させることになった。

　大学の管理機構にも変化が起きている。GIビルは，資格認定団体によって認定された高等教育機関・講座のみに利用できた。連邦援助付きの学生を抱えることは，大学経営にとって重要であり，大学の資格認定制度の組織化が促進された。また，学業を一時中断して，兵役に就く者のために，「大学における単位互換」「編入」および「軍務経験の単位認定」も行なわれた。これにより，「複数の大学で単位を取得し，長い時間をかけて学位を取得する」というアメリカ特有の学位取得方法も，広く実践されるようになった。

　GIビル政策は，「年齢の高い学生」「長期間にわたって学ぶ学生」「単位の交換」「編入」といったアメリカの高等教育制度の「柔軟な構造」を促進する役割を果たしてきた。しかし，この「柔らかい」高等教育政策は，軍事大国であるアメリカの「硬質な」側面の落とし子ともいえる。GIビルは，退役軍人会などの圧力集団による権利要求，彼らを優遇しなければならない連邦政府の政治的事情や失業問題，経営的発展や制度改革を求める高等教育界などの錯綜した意図によって成立した。1973年の徴兵制撤廃以後は，志願兵のリクルートのための材料として，教育恩典は重要視されている。教育を受けるために，入隊する男女は多い。さらに，現代の新GIビル政策は，軍隊そのものの機能にとっても重要な目的と効用をもっている。軍隊における「最良の兵士」は「若い健康な兵士」であるともいわれる。教育恩典その他によって一

定期間服務した兵士に除隊を促して若い兵士を補給し，部隊の老齢化を防ごうとする意図もそこにある。

半世紀にわたるGIビルの歴史には，ベトナム戦争を境としても断層がある。第二次世界大戦期のGIビル利用者は大学に戻り歓迎された。一方，長期化したベトナム戦争中，アメリカ社会の意識は分裂した。ベトナム戦争期の退役軍人は，自分たちを退役軍人として認識することに心の葛藤をもち，その種の組織や集団に帰属することを避ける傾向があった。また，各地の退役軍人会にはベトナム戦争からの復員者を拒否するものもあった。

この時期，大学に在籍する者には「徴兵猶予」が認められ，26歳に達して兵役年限が過ぎてしまうまで「大学院で待つ」者もいたという。結果として，貧しい家庭の大学に行けない若者が戦場に送られやすく，この不公平感は，アメリカ社会に影を落とした。

GIビルは，これまで特殊な給付金政策であるとして，教育史関係者からはあまり論じられてこなかった。しかし，以上みたように，この政策は，アメリカの高等教育システムの一つの特質「柔軟な構造」の形成過程に影響を与えた。連邦政府による経済援助政策の一つの実験としての役割も果たしている。GIビルは，各高等教育機関に，連邦援助が支配ではなく学校経営にとって経済的に引き合うものである，ということを認識させた (Olson 1974: 109)。そして，意図にはなかったことであるが，貧しい家庭の人々やエスニック・マイノリティに高等教育への道を開いた。アメリカのキャンパスに成人学生を招き入れ，その風景を一変させたことによって，その後のアメリカ高等教育に影響を及ぼしたのである。

**注**

1　教育・訓練給金も含めて退役軍人に恩典を与える行為に対して，「エンタイトル (entitle)」「エンタイトルメント」(entitlement) という言葉が使われる。これは，「正当な権利を与える」「資格を与える」行為を示している。ここでいうタイトル (title) という言葉は，一般的には「正当な権利」「主張しうる資格」と訳される。アメリカの財産法では，このタイトルという言葉は「権原」(ある行為を正当化するための

法律上の原因)を意味し，具体的には「土地財産所有権」「(不動産)権利証書」を示す。独立戦争から南北戦争後にかけて，連邦政府は，軍務に服した者や，自ら開墾を行なった者に，公有地の所有権 (タイトル) を与えた (エンタイトル)。GIビルによる教育・訓練給付金に「エンタイトルメント」という概念が用いられているのは，こういった政府の公有地政策・戦争恩典政策の延長上にあるためである。象徴的に表現すれば，「アメリカン・ドリーム」の源であった「土地」の役割を受け継いだのが「大学に行く権利」であったということになる。

**2** スミス・ヒューズ法については，田中喜美 (1993) を参照。

**3** 原語のまま「アメリカン・リージョン」と訳されることもある。1919年に第一次世界大戦のヨーロッパ戦線の兵士によって組織された。その後第二次世界大戦，朝鮮戦争，ベトナム戦争の退役軍人が加わり，アメリカの圧力団体のなかでも強力な組織として成長した。連邦議会など政界に多くの議員を送っている。退役軍人の福祉のみならず児童福祉や教育事業も行なっている。冷戦期には反共思想の普及や非米活動の取り締まり活動などにも強く関与した。

**4** 退役軍人局は，アメリカの戦争関与とともに拡大し，1988年には「退役軍人省」(Department of Veterans Affairs) に昇格した。

**5** 戦争および軍隊のリクルート・ガイダンス政策は，GEDテストだけでなく，アメリカでの知能テストの普及および民間テスト事業 (ETS, ACE, GEDなど) の発展と深く結びついている。たとえば，ETSの歴史について研究したニコラス・レマンは次のように述べている。「米国で知能テストが広く活用される最初の大きな一歩は，第一次世界大戦中の陸軍知能テストであった。第二次世界大戦も再び，かつて想像できなかった規模で，テストを施行する機会になった。戦時中は何百万もの人々をすばやく評価し，進路を決める必要がある。そのため多肢選択テストは軍の重要な武器になりえた。陸軍で徴兵された者はすべて，陸軍一般分類テストと呼ばれる応用IQテストを受け，その結果は配属決定の材料となった。受験者は終戦までに1,000万人にのぼった。」(レマン 2002：68)。

**6** アメリカ教育協議会 (ACE) の雑誌 *Educational Record* は，GIビル創設50周年を記念し，1994年秋に「GIビルの遺産は残り続ける」という特集号を組んだ。GIビルによって大学に進んだアフリカ系アメリカ人として，イリノイ大学の名誉教授のプロフィールを紹介している。人種的マイノリティの教育とGIビルとの関係を知るてがかりとして以下に引用する。

「本年亡くなったイリノイ大学名誉教授 (土木工学) ユーバンクス氏 (Robert A. Eubanks) は，自らの人生はGIビルによって変わったと終生確信していた。氏は，1942年に15歳でシカゴのハイ・スクールを卒業したが仕事を得ることができなかった。会社からは『君は若すぎて保証がない』といわれたしブラックに対する偏見もあったそうである。ハワード大学 (Howard University, 「黒人大学」の一つ) に

授業料のみ免除というスカラーシップつきで入学許可が得られたが，それでも経済的に厳しく入学を諦めた。彼は陸軍に入隊し，1946年に除隊する数ヵ月前にGIビルについて知った。そして，イリノイ工科大学に1年間在学し，1950年に理論・応用機械工学の学位を取得した。『そのころ企業はアフリカ系の技術者を雇用しなかったので』，彼は大学に残り，1953年までに土木工学の修士号と博士号を取得した。学校での差別を排除する1954年の「ブラウン判決」で社会の雰囲気がかわり，土木工学の仕事に就いた。そして，イリノイ大学の土木工学講座の客員教授に招聘され，6ヵ月後に正教授としての採用の申し出を受けた。大学での給与は企業よりも低かったが，大学に残り1986年まで土木工学と理論・応用機械工学の研究・教育活動に従事した。『1940年代がどのような時代であったか今説明するのは難しい。私は，ブラックに対する排除がひどかったということを，弁明にはしない。GIビルは，私に，証券事務員になるかわりに専門家として生きるスタート点を与えてくれた。』(*Educational Record*, 74. vol.4, 1994, p.38.)。

**7** 130人を超える人々とのインタビューをまとめて1985年度ピューリッツァー賞（ノンフィクション部門）を受賞したスタッズ・ターケル『よい戦争』は，IBM社に32年勤務している男性の話を次のように伝えている。「軍隊で同じ釜の飯をくったなかにも，五，六人おんなじ気持のやつがいた。で，その連中はみんなそろって学校へもどったんです。ひとりは今，エンジニアですし，もう一人は薬剤師になってます。故郷の町へかえって工場で働くのはいやだっておもった。GI特例法は神の恵みでしたよ。それで学費の99％をはらってもらいました。しかも毎日の生活費もくれたんです。あれは，戦後の政府がとった最良の法律でした。でも，こまった点もなくはなかった。週20ドルを52週間ももらったので，職探しもせず，ぼんやり坐りっぱなしになったものも大勢いましたから。生活保護に似ていますね。結局は有害だったのかもしれませんね。私はそう思います。奇妙な感じでしたよ。大学へもどった当初は。高校を出たてのうんと若い人たちが少数いたんです。みるからに勉強なれしてるってわかる人たちです。それで，最初の一年かそこいらは，こっちがなんとなくできが悪いみたいだった。でも，その人たちが協力してくれたんです。すばらしいことですよね。若者たちがGIが学業にもどるのに手を貸す（ママ）なんて。私は三年半で修了しました。あまり長く学校にはいられない。はやく生活費を稼ぐほうがよかろうって気になったんです。25歳でした。1950年に，この会社に就職して，以来つづいています。」（ターケル 1985：165-187）。

**8** 女性の退役軍人の約60％は，第二次世界大戦の教育・訓練給付金によって，中等後教育機関で学んでいる。女性の退役軍人とGIビルについて調査したWillenzは「彼女たちのデータは，驚くほど残っていない。GIビルを管理した退役軍人局が，彼女たちのデータのほとんどを紛失してしまっている」と述べ，彼女たちを「見

えない退役軍人」(invisible veterans) と称している (*Educational Record,* 75. vol.4, 1994, pp.41-46)。

**9**　ティーグの経歴は次の通りである。テキサス農工大学で学んだ後，同州の郵政局に勤務。1940年から1946年まで陸軍勤務。ブロンズ・スター章などを受勲する。1946年から1981年まで下院議員（民主党）。「第二次世界大戦軍人の教育・訓練・ローンプログラムについての特別委員会」(Select Committee on Education, Training, and Loan Programs of World War II Veterans)「退役軍人委員会」(Committee on Veterans' Affairs) などの委員長を務める。

**10**　モンゴメリーの経歴は次の通りである。ミシシッピー州立大学で学ぶ。モンゴメリー保険代理店社社長，グレーター・ミシシッピー生命保険副社長を経て，第二次世界大戦，朝鮮戦争に従軍。ブロンズ・スター章などを受勲する。1967年から1997年まで下院議員（民主党）。「南東アジアへの軍事介入についての特別委員会」「南東アジアへの軍事介入における行方不明者についての特別委員会」「退役軍人委員会」などの委員長を務める。

# 第2章
## 国家と大学との接近
―― 国有地交付大学の軍事訓練からROTCスカラーシップへ――

## 第1節　第一次モリル法 (1862年)
―― 国有地交付大学における軍事訓練――

### (1)　ウェスト・ポイント陸軍士官学校

　アメリカ教育省に属する国立教育統計センター (National Center for Education Statistics) は，毎年，数百ページにわたる統計調査『教育統計ダイジェスト』(*Digest of Education Statistics*) を刊行している[1]。その中には「教育及び関連事業に関する連邦プログラム」という章があり，連邦教育法制 (Federal Education Legislation) についての年表が掲載されている。この年表は，第一に，1787年の「北西部条例」(Northwest Ordinance)，第二に，1802年の「アメリカ合衆国士官学校設立の法」(An Act Fixing the Military Peace Establishment of the United States) の記載で始まる。「北西部条例」は，教育機関に公有の土地を基本財産として付与することを決めたものであり，連邦政府による教育援助の始まりとされるものである。第5章で詳しく述べるが，経済支援の型からみれば，その援助は連邦政府による「機関援助」の始まりである。

　また，第二の「アメリカ合衆国士官学校設立の法」による事業も，軍関係

とはいえ工学系学校の設立支援という「機関援助」である。また，それと同時に，施設で学ぶ学生（士官候補生）の学費免除，生活費支給という面では，きわめて小規模ではあるが「個人援助」の始まりである。これまで，第1章で述べたGIビルや，本章で考察する士官学校や予備役将校訓練部隊プログラムは，アメリカ教育の通史関係の文献で必ず引用されるものの，「特別な事業」として詳細に論じられることはなかった。しかし，教育への権限を連邦の役割と規定しなかった合衆国の憲法規定から，現在における連邦政府による大規模な学生支援事業へとつながる思想的，政治力学的なファクターとして，国防関係プログラムを捨象することはできない[2]。本節で述べるROTCプログラムについては，日本においてはきわめて文献が限られているため，学生経済支援の考察からは離れるが,重要であると思われる事項においては，注において詳しく記述することにする。

　**図表2-1**は，アメリカの高等教育機関における軍事教育の歴史をまとめたものである[3]。アメリカの軍事教育の起源は,独立戦争の後,第3代大統領ジェファーソン（Thomas Jefferson, 1743-1826）の時代に，国立の陸軍士官学校（United States Military Academy, 通称ウェスト・ポイント）が創設されたことに遡る。連邦議会は，第7議会第1会期の1802年3月16日に，「平和時における合衆国の軍備について定める法律」(An Act fixing the military peace establishment of the United States)を制定した。同法のセクション26, 27は，10名の技術将校と10名の士官候補生（cadet）から構成される士官学校（military academy）併設の工兵団（Corps of Engineers）を，ニューヨーク州ウェスト・ポイントに設立する権限を大統領に認めた（U.S. Congress 1802: 132-7）。士官候補生を抱えるこの工兵団が，陸軍士官学校の起源である。その後1933年3月25日に，連邦議会は，陸軍士官学校の校長に対して，卒業生に学位（Bachelor of Science）を授与する権限を与えた[4]。

　現在,同校は,国立の高等教育機関として広く認知されている。しかし，設立当初は，理念・実態ともに，高等教育機関とも軍事教育機関ともいえないものであった。設立の目的は，軍事技術者と砲術手を育成することであり（Denton

**図表 2-1　アメリカの高等教育機関における軍事教育の歩み**

|  | |
|---|---|
| 1639年 | マサチューセッツ州で，身体健全な青年男子に軍務を求める民兵（Militia）法が制定される（各州が，これをモデルに州兵制度を発足させる） |
| 1775年 | 第2回大陸会議が，ワシントンを総司令官とする大陸陸軍を誕生させる |
| 1802年 | ニューヨーク州ウェスト・ポイントに合衆国陸軍士官学校が設立される（アメリカで最初の国立士官学校） |
| 1819年 | バーモント州に，私立のノーヴィッチ士官学校が設立される（アメリカで最初の私立士官学校） |
| 1839年 | バージニア州に，バージニア陸軍士官学校が設立される（アメリカで最初の州立士官学校） |
| 1845年 | メリーランド州アナポリスに，海軍士官学校が設立される |
| 1862年 | 連邦議会が「第1次モリル法」を制定。同法によって設立される国有地交付大学に軍事訓練科目の開講が義務づけられる |
| 1908年 | 陸軍予備役，医療隊予備役制度が公式に組織される |
| 1916年 | 連邦議会が，「国防法」を制定し，ROTCの標準的カリキュラムが形成される。100以上の教育機関がこれを採用する |
| 1926年 | 陸軍と分離し，海軍ROTCプログラムが開講される |
| 1941年 | この年までにROTCは，全米の軍隊に10万人以上の将校を供給。第二次世界大戦終了までに，さらに3万4千人の将校を供給する |
| 1943年 | ニューヨーク州のキングスポイントに商船士官学校が設置される |
| 1949年 | 陸軍から分離し，空軍ROTCプログラムが開講される |
| 1954年 | コロラド州コロラド・スプリングスに空軍士官学校が設立される |
| 1964年 | 連邦議会が「ROTC活性化法」を制定し，スカラーシップおよび2年間の集中ROTCプログラムが開始される |
| 1969年 | ハーバード大学などの学生によるROTC撤廃運動がピークに達する。空軍ROTCが，女性の履修登録を認める |
| 1970年 | ケント州立大学のROTCに対する学生デモを鎮圧するためにオハイオ州州兵が派遣される。4人の学生が死亡，9人の学生が負傷（アメリカ史において軍隊が民間人を射撃した最初の例となる） |
| 1972年 | 陸軍，海軍ROTCが，女性の履修登録を認める |
| 1973年 | 徴兵制度が廃止される |
| 1975年 | ROTCの拡大のために，クロス・エンロールメント制度が確立される |
| 1976年 | 連邦議会が，全軍の士官学校に女性の入学を認める法律を制定 |
| 1980年 | ウェスト・ポイント陸軍士官学校から，初の女性卒業生が誕生 |
| 1995年 | 女性の入学を拒否してきたサウス・カロライナ州の州立陸軍士官学校シタデルに対して，憲法違反であるとの連邦最高裁判決が下る |
| 1995年 | ウェスト・ポイント陸軍士官学校卒業式において，女性が初の首席総代になる |

出典：John W. Masland and Laurence Ladway, *Soldiers and Scholars: Military Education & National Policy,* 1957, 他より構成。

1964: 1)，前述した法律のどこにも，instruction, training, school, education といった言葉は存在しない。10名の技術将校のうち最高位の者 (major) が，合衆国大統領の指導のもとで，士官学校の校長 (superintendent) を務める。また，この機関の福利 (use and benefit) のために，大統領の指導統制のもと戦争長官 (Secretary of War) が，公費 (public expense) によって，必要な本や教具 (implements and apparatus) を調達する (セクション28)。士官候補生には，毎月16ドルが支給される。同法は，生活費や制服の供給についての細かな記述で終始しており，この機関設立についての理念については述べていない。

　以上のように，設立当時の陸軍士官学校は技術者養成機関であった。その目的は，軍および民間の雇用のための技術者を養成することにある。国家全体に奉仕するための工学・技術学校であり，軍務に特殊化された学校ではなかった。ジェファーソンによって初代校長に任命されたウィリアムズ (Jonathan Williams) は，軍隊経験のない人物である。彼は，要塞の建設に従事する実践的な科学者として名声を博していた。ジェファーソンの陸軍士官学校に向ける関心は，軍事教育的活動よりも科学的な活動にあったといわれる。南北戦争後に至るまで，この学校は公兵団の一部として存在し，その校長には工学・科学専門家が指名された。カリキュラムの主流は工学技術である。設立から10年後の1812年，連邦議会は同校に工学部の設立を認めた。それから半世紀ほどたった1858年には，戦術学部の設立が認められた。

　したがって，この学校は，アメリカ最初の工科・技術学校であったといわれている。南北戦争以前，学生の大半は陸軍の将校になるためではなく，科学者や技術者になるためにここに入学した。陸軍士官学校は，科学，調査，国内開発において，アメリカの工科・技術教育発展の先駆的な役割を果たした。1870年までに，アメリカ国内に工科大学が19校設立されているが，そのうちの多くは，陸軍士官学校の教育方式を踏襲したという。また，ハーバード大学 (1849年に工学教育開始) やイェール大学 (1852年に工学教育開始) の初代工学部教授たちは，陸軍士官学校の卒業生であった。南北戦争直前頃のカリキュラムは，数学，自然科学，土木，工兵学，戦争技術，砲術の他に，作文，

フランス語，修辞学，法律(憲法，国際法，軍事法)，歴史などであった (Masland & Ladway 1957: 60-61)。

　南北戦争後も，戦闘，基本戦略，軍事史，戦争技術についての教育は行なわれなかった。同校の卒業生の多くは，民間で働いたり政府機関による地質調査や鉄道建設などに従事した。これは，1845年に設立されたアナポリスの海軍士官学校 (U.S. Naval Academy,「海軍兵学校」と訳されることが多い) においても同じであった。工業技術の代わりに船舶技術を教える他は，陸軍士官学校のカリキュラムとほぼ同じである。

　したがって，連邦政府による国立士官学校の設立と資金援助は，技術・工学者養成であり，現在いうところの軍事教育ではなかった。しかし，南北戦争，米西戦争を経て，国家の戦争への関与や国防への関心が高まるとともに，士官学校は成長を続けた。そして，第一次世界大戦においては，士官学校における訓練だけでは人員を供給することができず，一般大学におけるROTC (予備役将校訓練部隊) プログラムによって士官養成を行なうようになる。

　現在，アメリカに国立の士官学校は5校ある。ウェスト・ポイント陸軍士官学校，アナポリス海軍士官学校，空軍士官学校 (Air Force Academy)，商船士官学校 (Merchant Marine Academy)，沿岸警備隊士官学校 (Coast Guard Academy) であるが，入学には，連邦議会上院議員の推薦，競争試験などが課せられている。学生は，授業料等は一切徴収されない。連邦政府は，すべての士官学校の設立費と維持費を負担するほか，部屋代，食費，旅費，手当てを含む学生の教育費の全額を負担する。現在アメリカで発行されている各種奨学金ハンドブック類でも，士官学校への進学は「スカラーシップ」として紹介されている。しかし，この給付奨学金のルーツは，士官学校の設立時の事情を顧みれば，工兵団に所属する士官候補生に対する給与である。現在いうところの就学援助とはほど遠いものであった。数度の戦争参加，将校教育の需要や威信の向上に応じて，士官学校は，高等教育機関にまで発展した。この士官学校の学生に対する恩典を，一般大学において実施されるROTC (予備役将校訓練部隊) の学生にまで拡張したものが，本章で考察するROTCスカラーシップ

である。

## (2) 「第一次モリル法」と軍事訓練

前項で述べたように，設立当初の士官学校のカリキュラムは，工科技術教育が中心であり，軍事教育はわずかであった。士官学校の創設後，同校の卒業生によって，同じようなカリキュラムをもつ私立教育機関が創設された。陸軍士官学校の元校長であるパトリッジ (Alden Partridge, 1785-1854) が，1819年，バーモント州ノーヴィッチに，私立の士官学校であるノーヴィッチ大学 (Norwich University) の前身「アメリカ文学・科学・軍事アカデミー」(American Literary, Scientific and Military Academy) を創設した。これは，バーモント州民兵軍 (Vermont Militia) のために将校を養成する私立教育機関である。学芸，土木工学の他に，軍事訓練が行なわれた。これは，アメリカの私立高等教育機関で，軍事教育が行なわれた最初の例であるといわれる。次に，アメリカで最初の州立士官学校であるバージニア陸軍士官学校 (Virginia Military Institute) が，1839年に創設された[5]。これらの学校の教育科目は，ウェスト・ポイントのものとほとんど同じであったという。これらの私立・州立士官学校の軍事訓練は，一般大学における予備役将校訓練部隊 (ROTC) の起源ともいわれている (Cummings 1982: 80-82)。

1802年のウェスト・ポイント陸軍士官学校の設立は，連邦政府が教育・訓練にかかわった最初の例でもある。ただし，その教育・訓練内容は中等レベルであり，当初は高等教育機関の水準に達していなかった。アメリカ教育史において，連邦政府が，直接高等教育に関与した最初の例は，大学設立のために各州に行なった国有地交付政策 (Land Grant Policy) であるといわれる (大浦 1965; Florer 1968; Johnson 1981)。

独立戦争後，連邦諸州は，州内の土地の一部分を，公的利用のために国有地として留保しておくことを慣例とした[6]。1802年，オハイオ州は，州内の国有地の一部を，高等教育機関設立のために交付するよう，連邦議会に求めた。メリーランド州など東部諸州は反対したが，連邦議会はこれを承認した。

教育その他の事業のために，国有地を払い下げるという考え方は，連邦議会および諸州のコンセンサスを得るようになった。1840年代頃から，農業・工学・道路敷設・建築などを含む自然科学の応用領域を教える州立カレッジの設立を求める請願が毎年議会に提出された。1850年代には，ミシガン州，イリノイ州などから，農業カレッジの創設のための財政援助の要請が連邦議会に提出された。1854年までに，大学設立のために合計406万704エーカー，公立小学校（Common School）設立のために6,000エーカー以上の国有地が，諸州に交付された。この頃までに，国有地交付によって学校設立の基金を各州に交付するという理念と慣行が確立されていった（仙波 1970：29）。

諸州・諸団体の請願に接して，連邦議会は委員会を設けて，この問題の検討を始めた。これに活躍した議員が，バーモント州選出の連邦議会議員モリル（Justin Smith Morrill, 1810-1898，共和党，1855〜67年まで下院議員，1867〜98年まで上院議員）である。彼は，前述したバーモント州の私立士官学校ノーヴィッチ大学学長パトリッジの友人である（Cummings 1982: 82）。

連邦議会は，1862年7月2日，農業教育と機械工学の振興を期して，「国有地交付大学」(landgrant colleges and universities,「ランド・グラント・カレッジ」)の基本金を提供する「第一次モリル法」(First Morrill Act)を制定した。この法律は正式には，「（農科・工科大学への基金の供与並びに援助，保護に関する規定）農科・工科大学を設置しようとする州および地域に対して公有地を供与するための法律」"(Providing for the Endowment, Support and Maintenance of Colleges of Agriculture and Mechanic Arts), An Act Donating public lands to the several States and Territories which may provide colleges for the benefit of agriculture and the mechanic arts"という長い名称のものである。本法案を提出したモリルの名をとって「モリル法」(Morrill Act)，「1862年の国有地交付法」(Land Grant Act of 1862)と略称されることが多い。

同法のセクション4は，次のように規定している（U.S. Congress 1863: 129-130）。

公有地または土地証書の売却によって得た資金は，合衆国債券または州および他の安全な証券にかえ，最低5％以上の利息収入を得るようにして，永久に減額しないよう努めなければならない。そして得られた基金と収益は，科学，古典の勉強 (scientific and classical studies) を除外することなく，軍事訓練 (military tactics) を課し，農学と機械技術 (agirculture and the mechanic arts) に役立ち，かつ産業労働階層 (industrial class) の職業・生活のためにリベラルで実践的な教育 (liberal and practical education) を推進する大学 (college) を，最低各州に1校設立して，それに対して州議会の権限において供与するものとする。

同法によって，各州はカレッジ設立のために，議員一人当たり3万エーカーの国有地または同額の土地証書を交付される。しかし，当時，カレッジという言葉の意味は広く，ハイ・スクール段階の職業学校とも，学芸を教える高等教育機関とも解釈できる。「第一次モリル法」は，その教育機関が公的に管理されることも，また基金が各州で単一教育機関に集中されることも定めていなかった。また，セクション4に述べられている他には，州に対する指導行政はほとんど行なわれなかった。そして，農学と機械工学教育の概念も明確に定義されていない[7]。このために，各州はさまざまな国有地交付大学を創設した (仙波 1970：30)。

国有地交付大学に軍事訓練を課すことを主張したのは，モリルである。モリルの住居は，前述したバーモント州の私立士官学校ノーヴィッチ大学から12マイルのところにあり，彼と学長パトリッジとは親しく親交していた。モリルは，1862年の第34議会で次のように述べている (Cummings 1982: 52)。

歴史が忠誠なる諸州に課した必要性について，新たな確信を得た結果，軍事訓練 (military instruction) についての規程が，この法案に挿入されております。無防備であるということ (unpreparedness)，もしくは弱いということは，敵に対して，多くの誘惑心をひきおこさせることでしょう。ウェスト・ポイントにあります国立学校 (national school) は［筆者注：陸軍士官学校］，通常の平和な時代の正規軍 (the Regular Army) のためには十分役立つことでしょう。しかし，大軍が早急に任務に就かねばならなくなったとき，この学校ではまっ

たく不十分であります。もし，以前のレベルまで軍隊を縮小し，再び国防のための志願兵システムに依存するなら，各州は，そのための組織制度と将校が必要になるでしょう。ここに提示しましたような制度——各州の養成所 (nursery)——によって［筆者注：国有地交付大学における軍事訓練講座］，十分な戦力が，国家のためにいつでも準備できていることになりましょう。

　以上のように，「モリル法」は，同法の恩恵を受ける国有地交付大学に対して，軍事訓練科目を開講することを義務づけていた。しかし，学生に出席を義務づけてはいない。また，教育内容について何一つ具体的に言及していない。いったい誰がこの科目を教えるのか，ということについてもはっきりしていない。大学側に，この科目を教える教員はいなかった。4年後，連邦議会は，当時の戦争省に対して，20名の陸軍将校を国有地交付大学の軍事学および戦争技術の教授として出向させる法律を定めた。しかし，この数は少なく，国有地交付大学のすべてに，教員として軍人を着任させることはできなかった。そのため，大学側は，「モリル法」の規定を，さまざまに解釈し運用した[8]。国有地交付大学における軍事訓練科目の教育年数や授業数，教育内容，必修科目か選択科目かということは，大学によって異なっていた (Nash 1934: 20-26)。

　このような状態を改善するために，連邦議会は，大学に派遣する将校の数を増やすことを何度も検討した。その結果，1876年には30名，1884年には40名，1888年には60名（陸軍50名，海軍10名），1891年には85名（陸軍74名以下），1893年には110名（陸軍100名以下）にまで増やされた (Nash 1934: 26)。そして，1900年のはじめまでに，国有地交付大学を中心とする国内の105の大学・短大で軍事関係の講義や訓練が行なわれた。これらの教育・訓練を卒業要件に含めた大学も多かったが，学生の欠席はしばしば黙認されていた。体育の授業に出席することで単位の振り替えが行なわれることもあった[9]。

　「モリル法」に，軍事訓練に関する規定が設けられた理由は，モリルのいうように，緊急時に備えた予備役将校の訓練であり，正規の陸軍将校を養成するものではない。したがって，国家に緊急事態が発生しなければ，連邦政府

や大学に，このような軍事訓練科目を重視し発展させる必然性や経済的余裕はない。

体育の授業との違いもはっきりとせず，大学独自の判断で実施されていた軍事教育科目は，次に検討する「1916年国防法」によって整備されることになる。そして，陸軍省の監督のもとに，統一的なカリキュラムをもつ予備役将校訓練部隊（ROTC）プログラムが成立する。

### (3) 「1916年国防法」とROTCプログラムの成立

1914年，ヨーロッパで大戦が勃発すると，イギリス，フランスをはじめとする諸国は義務兵役制度を増強した。アメリカ連邦議会も，参戦に備えるために，軍備を制度的に整えることを決定し，「1916年国防法」(National Defense Act of 1916) を制定した。同法は，アメリカの国防の基本を，正規軍(Regular Army)，州兵 (National Guard)，陸軍予備軍 (Army Reserve) によって構成される伝統的市民軍隊 (citizen's Army) におくことを再確認した。緊急時には国を守り，戦火が収まれば自分の農場や職場に帰る市民兵制度が，アメリカの国防制度の基盤となることになった。これによって，陸軍に，予備軍制度が形成された。同法は，この予備役将校の育成のために，国有地交付大学が実施していた軍事教育講座を，「予備役将校訓練部隊」(Reserve Officers Training Corps, ROTC) プログラムとして統一的に整備することを規定した。

一方，1917年4月のドイツへの参戦を契機に，5月18日，「選抜徴兵法」(Selective Service Act) も制定された。戦時動員体制が固まるとともに，学校，大学における軍事訓練もさらに重視された。そのため，連邦議会は「1916年国防法」を修正・拡充し，詳細な規定を盛り込んだ「1920年国防法」(National Defense Act of 1920) を制定した。「1920年国防法」は，国有地交付大学以外の大学にも，連邦政府の資金と陸軍省の監督のもとで，ROTCプログラムを設置・運営することを認めた。連邦政府は，ROTCプログラムに対し，教員(instructors)，制服，教本，装備などを支給した。一方，大学側は，教室，演習地とその他の施設をそれぞれ提供することになった[10]。

「1920年国防法」は，国有地交付大学以外の大学に，ROTCプログラムを設置することを義務づけてはいない。また，学生に必修科目としての履修を義務づけてもいない。しかし，財政問題・学生獲得に頭を痛めていた大学にとって，このプログラムに参加するメリットは大きかった。ROTCプログラムのために使われる運動場，体育館の新設・増設に対して，政府から資金援助やスタッフ提供が行なわれるためである (Lane 1925: 22-31)[11]。

　「1920年国防法」によって確立されたROTCプログラムのカリキュラムは，2年間必修の基礎課程および2年間の上級課程から編成される。この基本構成は現在まで継続されている。連邦政府教育局が1930年に発行した国有地交付大学についての調査報告は，1916年，1920年の国防法の施行によって，「『軍事訓練』(military drill)が，『軍事教育』(military education)へと道を譲った」と述べている (Nash 1934: 27)。それまで，国有地交付大学を中心として体育と区別もつかない程度に細々と行なわれていた軍事訓練は，第一次世界大戦参戦によって「軍事教育」に変貌したといわれる。

## (4) 戦間期における国有地交付大学の軍事訓練

　1916年，1920年の国防法を経て軍事訓練から軍事教育へと変貌したROTCプログラムは，どのような理念のもとに行なわれたのであろうか。1930年代に52校の国有地交付大学の講義要綱などを分析したNashの先行研究にもとづいて以下にまとめてみる (Nash: 1934)。

　各大学の軍事科学部 (Military Science Department) が掲げている目標のうち多いものは「身体訓練」「予備役将校の養成」「リーダーシップ」という将校養成にかかわるものである。次に，「規律」「権威に対する尊重」「忠誠」「市民教育」などといった肉体や精神をコントロールする徳育的なものも目標とされている (Nash 1934: 22)。

　しかし，これらの徳育的なものは，「規律」を除いて，実際のカリキュラムのなかには存在しないにひとしい。1920－30年代にかけてのROTCプログラムの具体的なカリキュラムは，小銃・ライフル射撃術，斥候，救急法，偵察

術など，きわめて実戦的なものから構成されている。いいかえれば，この時代の予備役将校に必要とされていた精神的な教育は，規律の徹底だけであったのかもしれない。規律は，ROTCカリキュラムにおいて，基本的なものであり，初年度の前期に「軍隊の儀礼と規律」(Military Courtesy and Discipline) という科目として教えられる。

では，軍隊の考える規律の理念と実態とはどのようなものであったのだろうか。1931年に，陸軍省が発行したROTCのテキストは，「規律とは，教育と訓練によって教え込まれる知的な従順の習慣であり (habit of intelligent obedience)，それによって，いかなるときも，順序，正確さ，迅速性が保証されるのである」と述べている。また，1931年に，陸軍省は，ROTC教官のためのマニュアル「軍隊の規律，軍務にあたっての儀礼と習慣」(Military Discipline, Courtesy and Customs of Service) を発行している (Nash 1934: 73)[12]。

このような大学のROTC必修に，反対する学者や教員も存在していた。ジョン・デューイ (John Dewey, 1859-1952) やジェーン・アダムズ (Jane Adams, 1860-1935) による「教育における軍国主義検討会」(Committee on Militarism in Education) は，政府や軍隊が，寒い地方の貧しい学生に対して，高級なオーバーコートの支給を代償に，軍事教育を売りつけると批判している (Lane 1925: 25)。1917年に開始された徴兵制は，第一次世界大戦終戦によって廃止された。しかし，政府の一部や軍隊関係者は，平和時においても，一般市民や学生を対象に軍事訓練を行なう，普通軍事訓練制度 (Universal Military Training) を望んでいた。これは，成立に至らなかったが，軍隊関係者は，その代替物として，大学のROTCプログラムを普及させることをめざし，さまざまな方策をとった。アメリカの大学に特有の学生スポーツは，20世紀初頭に一般大衆の人気を集めたが，ROTC学生の課外活動は，これらのスポーツ文化と密接にかかわるようになった。各大学の履修カタログは，ROTCのメリットについて列挙するようになった (Lane 1925: 12)[13]。

ROTCプログラムは，国有地交付大学設立時代の体育授業との差も判然としない軍事訓練から，第一次世界大戦参戦と「国防法」の成立による規律と

実戦的訓練から構成される軍事教育へと変貌を遂げた。そして，戦争終了後は，学生スポーツ文化と交わりながら，軍隊や大学への帰属意識を学生に与え，キャンパス内の位置を固めた。

ROTCは，デューイなどの教育学者や宗教団体からの批判を受けつつも継続され，第一次世界大戦の参戦までに，9万人の予備役将校を誕生させた[14]。彼らのほとんどは後に現役として軍隊に服務した。第二次世界大戦勃発時には，5万6,000人以上の陸軍ROTC将校が，6ヵ月程度の兵役に召集され，戦争終結時までに10万人以上が服務することになった（Howlett 1979: 87-94）。

一方，連邦議会は，1925年に，海軍に対して独自のROTCプログラムを実施することを承認した。翌1926年，カリフォルニア大学，ジョージア大学，ハーバード大学，ノースウェスタン大学，ワシントン大学，イェール大学の6校に海軍ROTCプログラムが設けられた。この数は，1941年の第二次世界大戦勃発直前には27校に増えている。卒業生は，海軍予備将校に任官されたが，希望者は現役将校に任官され，正規海軍に編入された。陸軍のROTC出身者と同様に，第二次世界大戦が勃発すると，海軍ROTCの修了者はほとんど現役勤務に召集され，そのうち若干の者は正規海軍軍人の道をその後も歩んだ。そして，海軍の拡大とともに，将校養成が追いつかなくなり，海軍はROTC講座拡充のために，スカラーシップを導入することになる。

## 第2節 「予備役将校訓練部隊プログラム（ROTC）」スカラーシップの誕生（1946年）

### (1) 「海軍ROTCスカラーシップ法」(1946年)の成立

第二次世界大戦が終わりに近づくにつれて，アメリカの各軍当局は，戦争の経験に照らして軍教育を再編することを検討した。各軍とも，ある程度学校体系に再検討を加え，場合によっては新しい学校を設けてでも戦争中の成果を発展させようと考えていたようである。なかでも各軍がとくに力を入れ

たのは，将校の業務拡大に応じて，十分な教養を彼らに身につけさせることであった。第二次世界大戦は，アメリカ社会および政界においてそれまで影響力をもたなかった職業軍人をエリートとしておしだした。また，戦争中は，数百万人の一般市民が直接武器をもったり，臨時の政府職員として軍隊に関係する仕事に就いた。第二次世界大戦は，アメリカ市民に，軍の役割や職業軍人の教育のあり方について考える機会を与えたといわれる。軍人教育のための戦後の組織的な計画作成は，1944年からすでに着手され，1946年にその計画が整ったという。これらの計画作成は，陸軍，海軍，陸軍航空部 (1947年以後独立して空軍となる) において独自に行なわれた (Masland & Ladway 1957: 84)。

　第二次世界大戦が終了した頃には，陸軍も海軍も士官学校では必要な数の将校を教育しきれなくなっていた。とくに，第二次世界大戦前には小規模な軍隊であった海軍は，能力ある将校の養成を急いでいたが，士官学校を拡張することは難しかった。この現状に対する解決策として，ホロウェイ人事担当・海軍将校 (James L. Jr. Holloway) を長とする海軍委員会は，士官学校の他に各民間大学に設けた海軍ROTC隊からも正規将校を採用することを提唱した。そして，能力ある若者を海軍の将校にもっと引き入れるために，海軍ROTCの優秀な学生の4年間の学費をすべて払うことを請け負うプランをたてた (Rivlin 1961: 111)。この海軍独自のROTCスカラーシップ制度は，「ホロウェイ・プラン」(Holloway Plan) と通称され，連邦議会に法案として提出されることになった。

　第79連邦議会はこれを受け入れ，1946年8月13日，「海軍ROTCスカラーシップ法」(An Act to provide for the training of officers for the naval service, and for other purpose, S.2304, PL79-729) が成立した (U.S. Code Congressional Service 1947: 1023-1027, 1574-1584)。同法によって，各大学入学前に行なわれる競争試験に合格した学生は，海軍ROTC「正規」学生 (Regular) になり，毎月50ドルの手当ての他に，それぞれが入学する大学の授業料，書籍代，実習実験費などが支給された。海軍ROTCスカラーシップによって補充される将校の数は，海軍士官学校の卒業者と毎年ほぼ同数とすることとされた。卒業後は，将校として2年

または3年勤務した後，本人が希望しかつ選抜に合格した者は，そのまま正規将校としての勤務を続け，その他の者は予備将校になるという制度である。そして従来からある各大学のROTCに，あらたに25校を加え，52校で海軍ROTCが実施されるようになった。ホロウェイ・プランにもとづいてスカラーシップを得る海軍ROTC「正規」学生の第一期生は，1947年に選抜された後，各大学に入学し，1951年には予備将校に任官された（Masland & Ladway 1957: 87）。

この海軍独自のROTCスカラーシップ制度（ホロウェイ・プラン）をモデルとして，1964年，連邦議会は「1964年ROTC活性化法」を制定した。同法は，陸・海・空軍の能力あるROTC学生に対して，国防総省管轄の給付奨学金（スカラーシップ）を授与することを規定した。

1963年から1964年にかけて，連邦議会は，ベトナムへの出兵にあたり人員調達のためにROTCプログラムの拡充を検討した。そして，1964年10月13日，「1964年ROTC活性化法」（ROTC Vitalization Act of 1964, H.R. 9124, PL88-647）が制定された（CQS 1965: 330）。同法は，約18年間海軍が実施してきた海軍ROTCスカラーシップ（ホロウェイ・プラン）と同様のものを，陸軍・空軍にも認可するものであった。

その結果，陸・海・空の三軍が，優秀な学生に対して4年間のスカラーシップを実施するようになった。陸軍と空軍は，1965-66学年度に，それぞれ1,000名ずつスカラーシップを授与した。そして，最高5,500名に達するまで，毎年1,000名以上ずつこれを増やした。選ばれた学生は，授業料，実習費，特別手当，教科書代に加えて，毎月40ドルの無税の生活費を受け取る。同法は，さらに次のことを規定した（Lee 1972: 381-382）。

①各大学のROTCに派遣された上級将校は，学内で「教授」（professor）の地位を与えられる。
②各大学は，4年間ROTCプログラムに加えて，2年間のROTC集中コースを開設することができる。
③ROTCは，これを実施する大学および州の選択によって，学生に対して，任

意参加,義務参加のどちらとしても課してよい。
④各大学において,ROTCプログラムを管理する軍事科学部の担当者は,軍事関連の科目と一般科目との調整を行なって,カリキュラムを再編成する権限をもつ。

　このような改革が行なわれ,ROTCプログラムおよびROTCスカラーシップが行なわれるようになった。政府と連邦議会は,スカラーシップや生活費支給によって,学生を兵役にひきつけようとした。しかし,1960年代後半には,キャンパスで反戦運動が頻発し,有名大学は軍との契約を破棄し,ROTCプログラムを廃止するようになった。1969年の3月,オハイオ州のケント州立大学において反政府デモが行なわれ,ROTC校舎を学生が放火全焼させた。
　ベトナム問題がキャンパスに影響を与えていたその一方で,ジョンソン政権は,ROTCスカラーシップや1965年の「高等教育法」などによる学生援助政策を活発に進めた。「高等教育法」は,1968年に一部修正され,学生運動に参加し意図的に大学の正常な活動を妨害した学生に対して,連邦政府による学生経済支援の支給を2年間停止することを定めた。ベトナム戦費に圧迫されつつも,学生を懐柔するための「アメとムチ」として,この時期,政府は学生経済支援政策を活発に行なったという (CQS 1965: 731-733)。
　学生経済支援政策の拡大は,一方で大学側の自助努力を低くし,授業料の高騰をも導いた。1973年にベトナム撤兵が実施されると反戦運動も鎮火した。ROTCプログラムへの反感も下火になり,学生にとって,これは,スカラーシップや生活費支給を得る手段として魅力をもつようになる。

## (2)　ROTCプログラムの内容

　アメリカ軍隊の将校になるにはいくつかの方法がある。公私立の士官学校,士官候補生学校 (Officer Candidate School, OCS) 等への入学,および軍隊内部での昇任である。ROTCは,他の3パターンの合計よりも多数の将校を誕生させている。ROTCには陸軍,海軍,空軍の3つのコースがあり,プログラムの教育方針は,各軍によって異なっている。陸軍は,主に,民間の大学出身

図表 2-2　ROTC履修学生の概数（全学年）　冷戦終結宣言時

(単位：人)

|  | 陸軍ROTC | 海軍ROTC | 空軍ROTC | 合　計 |
|---|---|---|---|---|
| ROTC履修学生 | 60,000 | 10,000 | 25,000 | 95,000 |
| スカラーシップ受給者 | 10,000 | 6,500 | 5,400 | 21,900 |
| 　4年間スカラーシップ | 3,000 | 5,300 | 4,000 | 12,300 |
| 　2年間スカラーシップ | 7,000 | 1,200 | 1,400 | 9,600 |
| 1年間の任官将校数 | 8,000 | 2,000 | 2,700 | 12,400 |

出典：Don M. Betterton, *How the Military Will Help You Pay for College,* 1990, p.14.

者に軍事訓練を施し予備役将校を育成し，非常事態に彼らを徴用する方針でこのプログラムを進めている。一方，海軍，空軍は，ROTCプログラムを，国立の士官学校（アナポリス海軍士官学校，コロラド空軍士官学校）に次ぐ，現役将校養成コースとみなしている。1989年12月の米ソ首脳による冷戦終結宣言以降は，履修者を減らす傾向がある。1990年の各軍のROTC在籍学生数を示したものが，**図表2-2**である。

　歴史がもっとも長く，また履修登録，任官将校数も多い陸軍ROTCのカリキュラムについて，ROTC本部の作成した資料にもとづいて整理してみる。現在の陸軍ROTCプログラムの標準的カリキュラムは，第一次世界大戦の終わった1919年に完成された。この時，全米の125大学に，ROTCユニットが存在している。陸軍ROTCの特徴の一つは，学生の多くを卒業後，州兵隊および陸軍予備役隊から形成される予備軍隊に任官することである。現在，陸軍ROTCの卒業生の50％が，州兵および陸軍予備隊に服務している。プログラムは，バーモント州のフォート・モンローにある陸軍ROTC士官候補生司令部によって管理されている[15]。

　ほとんどの学生は，1年生のはじめにROTCプログラムに入る。しかし，高学年中に，2年間の集中プログラムを受講することも可能である。2年間コースは，前述した1964年のROTC活性化法によって開始された。これによって，コミュニティ・カレッジや短期大学の卒業生，低学年でROTCを履修しなかった四年制大学の学生にも履修が可能になった。これらの学生は，基礎課程の2年間を欠いているので，それを埋め合わせるために，「基礎課程

／夏期合宿」(Basic Camp)という有料の6週間集中講義・訓練を受ける。通常，これは，2年生修了後の夏期休暇中に，ケンタッキー州のフォート・ノックスで実施される。ROTCは，教育費用的には高額なトレーニング・プログラムである。また上級課程（3，4年生）では生活費が全員に支給される。そのため，上級課程には，選抜をクリアし，卒業後の兵役義務（予備役，現役）について詳細な契約書を軍隊と交わした者だけが参加できる。学生は，卒業後将校に任官されるが，その義務と任務は，学生の選択プログラム，学業成績，経験，希望，スカラーシップの有無，および軍隊での需要によって総合的に決定される。学生の兵役義務は，スカラーシップの有無や，予備役，現役の選択によって異なるので，次の項でまとめて述べる。

## (3) ROTCスカラーシップの恩典と義務

次に，ROTCスカラーシップについて，プリンストン大学の経済援助部部長のBettertonが編集した『軍隊による大学学費援助』(*How the Military Will Help You Pay for College*)というガイドブック（一般書店で入手可能）に依拠して整理してみる (Betterton 1990)。ROTCスカラーシップには，4年間，3年間，2年間のものがあり，いずれかを獲得している学生の数は，ROTC登録学生全体のうち25％である（図表2-2参照）。もっとも恩典の多い4年間スカラーシップの申込み締切りは，ハイスクール最終学年の12月1日である。大学入学後も，3年間または2年間のスカラーシップに応募するチャンスがある。陸軍ROTCの4年間スカラーシップの応募資格，審査内容，恩典の内訳，専攻別割当て枠を示したものが，**図表2-3，2-4，2-5，2-6**である。

ROTCスカラーシップは，原則として，ホスト校の学生にも，クロス・エンロールメントの学生にも平等に授与される。また，審査にあたっては，図表2-6に示したような割当て枠を設定し，特別な領域を学ぶ学生を優遇している。陸軍ROTCスカラーシップは，学生の在籍大学の授業料，在学費，図書費，生活費を支給する。上級課程（3，4年生）では，ノン・スカラーシップ学生にも，生活費が支給される。これらの連邦政府からの経済援助に加えて，

第2章　国家と大学との接近　83

**図表 2-3　陸軍ROTCの4年間スカラーシップを得るための資格**

① アメリカ市民であること
② 17歳以上であること
③ 大学卒業時に，26歳以下であること（入学前に，現役勤務歴がある場合は，その勤務年数に応じて，最高3年まで年齢超過を認める）
④ 高校卒業か，それと同等の資格証明をもつ者
⑤ SAT得点920点以上，またはACT得点19以上であること
⑥ 以下の行動を妨げる道徳的義務感または個人的信念をもたないこと
　(a)　いかなる敵に対しても，アメリカ合衆国憲法を支持し防衛すること
　(b)　良心に従い武器を携帯すること

**図表 2-4　陸軍ROTCの4年間スカラーシップの審査内容**

① 学業成績（SAT得点またはACT得点）
② ハイ・スクールの学業成績（上位20％であること）
③ ハイ・スクールの教職員（教師，校長，コーチなど）3名以上からの評価書
④ 課外活動等での活躍を示す書類
⑤ 陸軍将校による面接

**図表 2-5　陸軍ROTCの4年間スカラーシップの恩典内訳**

① 在学する大学の授業料（tuition）と在学料（fee）の支給
② 1学期（セメスター）につき300ドルの図書費
③ 1年間につき最高2,500ドルまでの手当て（stipend）
④ 制服等の支給

**図表 2-6　陸軍ROTCの4年間スカラーシップの専攻別割当て枠**

| | |
|---|---|
| ① 技術関係 | 30％ |
| ② 自然関係 | 25％ |
| ③ ビジネス | 20％ |
| ④ 社会科学 | 10％ |
| ⑤ 看　護 | 7％ |
| ⑥ その他（人文科学など） | 8％ |

出典：U.S. Army, ROTC, "ROTC 4-Year College Scholarship Program Application", 2002, pp.2-3.（図表2-3, 4, 5, 6）

ROTC学生には，各大学の裁量で，学生寮・寮費その他の優遇を与えられている。また，州によっては，税控除制度を適用している。ROTCプログラムに履修登録すると，学生は，パートタイムの士官候補生という立場になる。したがって，ROTC講義や訓練に出席する時は，制服を着用し軍隊の規律に従わなくてはならない。それ以外の時間は，普通の大学生と同じ学生生活を送ることができる。

また，前述した体力テスト以外に，各学部の学業においても適切なレベルを保つよう努めなければならない。ROTC士官候補生の資格を保つための学業成績基準は，大学の設定する在籍継続のための基準より高い場合もある。この基準から脱落すると，スカラーシップや生活費の返済を要求されたり，プログラムから除籍されたりする。除籍された場合は，軍隊から得た恩典の全額を返還するか，定められた期間，現役下士官として陸軍に入隊しなくてはならなくなる。

原則として卒業と同時にROTC学生には兵役義務が課せられる。4年間のROTCコースの場合，基礎課程の履修に関しては，兵役（予備役，現役）の義務は発生しない。したがって，3年生に入る前にやめてしまえば，兵役に服務する必要はない（4年間スカラーシップ学生の場合は，2年生に入る前までに決める）。原則として，陸軍ROTC学生は，卒業後4年間の現役義務がある。現役将校または陸軍現役部隊の予備役将校（非常時）として任官した場合は，4年間フルタイムで服務する。

しかし，州兵または予備軍隊の予備役将校の任官を望んだ場合は，6ヵ月の現役服務の後，7年半予備役に服務すればいい。このうち最初の5年半は，予備軍隊の準備部隊に編入され，1ヵ月に1回週末（2日間）の訓練に参加する。また，1年に2週間，現役将校として，国内の基地などで人事管理などの仕事をする。最後の2年間は，予備軍隊の待機人員リストに編入されるだけで，訓練・任務などは通常ない。大学卒業後，そのまま在学校のROTCユニットに配属され，学生のリクルートや指導にあたることも多い。

陸軍は，スカラーシップ学生に対しては，非常時に現役将校として服務す

ることを要求する権利がある。ROTCスカラーシップ学生はきわめて優秀なため、大学卒業と同時にメディカル・スクール（医学大学院）やロー・スクール（法律学大学院）など大学院に進学する者もいる。その場合、予備役義務は延長される。大学院を修了し医師や弁護士の資格を得てから、軍隊に入りその専門性に応じた部署（退役軍人病院や軍事法廷担当など）に配属される。

## 第3節　事例調査――マサチューセッツ工科大学（MIT）のROTC――

### (1)　予備役将校訓練プログラムのホスト校

「大学入学試験委員会」は、毎年、『大学ハンドブック』(The College Handbook)を出版している(The College Entrance Examination Board, CEEB: 2002)。これには、大学別に、学位プログラム、入学基準、奨学金、さらに、陸、海、空軍のどのROTCプログラムがあるかということが記載されている。日本でも知られている著名な大学のほとんどは、ROTCホスト校またはクロス・エンロールメント校になっている。クロス・エンロールメント (cross enrollment) 校とは、単位互換制度によってホスト校での受講が可能となっている大学である。

図表2-7は、陸軍ROTCのホスト校のうち、U.S. News & World Report誌の大学ランキング（2003年版）の「ベスト・ナショナル・ユニバーシティ」上位校を挙げたものである。上位50校のうち約半数の26校が陸軍ROTCのホスト校であり、大学構内に施設を有している。7位のペンシルベニア大学、10位のノースウェスタン大学、36位のロチェスター大学には陸軍ROTCはないが、これらの大学は海軍ROTCホスト校である。また、47位のレンスラー・ポリテクニク工科大学は、空軍ROTCホスト校である。

前章で述べたように、1960年代以降、私立大学を中心に高等教育機関の学費は急激に高くなった（図表1-2参照）。したがって、ROTCスカラーシップの経済的恩典は、学費援助の途として魅力的なものとなった。ハーバード大学などは、ROTCに対してクロス・エンロールメント政策をとっている。ホス

### 図表2-7 陸軍ROTCホスト校の一部

| 順位 | 大学名 | 所在州 |
|---|---|---|
| 1 | プリンストン大学 | ニュー・ジャージー |
| 4 | デューク大学 | ノース・カロライナ |
| 4 | マサチューセッツ工科大学 (MIT) | マサチューセッツ |
| 12 | ワシントン大学セント・ルイス校 | ミズーリ |
| 14 | コーネル大学 | ニューヨーク |
| 15 | ジョンズ・ホプキンス大学 | メリーランド |
| 18 | ノートルダム大学 | インディアナ |
| 20 | カリフォルニア大学バークレー校※ | カリフォルニア |
| 21 | バンダービルト大学 | テネシー |
| 23 | バージニア大学※ | バージニア |
| 24 | ジョージタウン大学 | ワシントンDC |
| 25 | カリフォルニア大学ロスアンジェルス校 (UCLA)※ | カリフォルニア |
| 25 | ミシガン大学アナーバー校※ | ミシガン |
| 25 | ウェイク・フォレスト大学 | ノース・カロライナ |
| 28 | ノース・カロライナ大学チャペル・ヒル校※ | ノース・カロライナ |
| 31 | 南カリフォルニア大学 | カリフォルニア |
| 31 | ウィスコンシン大学マジソン校※ | ウィスコンシン |
| 38 | ジョージア工科大学※ | ジョージア |
| 38 | イリノイ大学アーバナ・シャンペーン校※ | イリノイ |
| 40 | ボストン・カレッジ | マサチューセッツ |
| 40 | リーハイ大学 | ペンシルベニア |
| 45 | ペンシルベニア州立大学ユニバーシティ・パーク校※ | ペンシルベニア |
| 47 | カリフォルニア大学サンタバーバラ校※ | カリフォルニア |
| 47 | テキサス大学オースティン校※ | テキサス |
| 47 | ワシントン大学※ | ワシントン |

出典:U.S. News & World Report誌, America's Best Colleges 2003 のカテゴリー。Best National University 上位50校のうち,陸軍ROTCホスト校をランキング順に並べた。数字はその順位。
※は,公立大学を示す。

ト校との事務的手続きなどは,教務部が行なう。クロス・エンロールメントも行なわず,ROTCに対して全く拒否的な方針をとっている有名大学は少ない。やや古いデータであるが,1990年度では,クロス・エンロールメントを行なっている大学は,陸軍が1,082校,海軍が124校,空軍が455校である (Betterton 1990: 11)。

国防総省と契約した大学でないと,ROTCプログラムには参加できない。

ホスト校であるということは，大学に対する国からの保証を意味し，弱小大学にとっては大きなパブリシティである。1960年代の学生運動時代，一部の有名大学はROTCホスト校から徹底したが，保守的な地方部の弱小大学が，すぐにその空席を埋めた（Yarmolinsky 1971: 232-233）。

## (2) MITにおける予備役将校訓練プログラム

ROTCプログラムの内容と歴史は，第1節で述べたように各大学によって異なっている。ここでは，有力ホスト校であるマサチューセッツ工科大学 (Massachusetts Institute of Technology. MIT) について分析する[16]。MITのROTCからは，これまで1万2,000人以上が将校に任官され，うち150名以上は合衆国軍隊で将官位にまで達している（MIT 2002: 48）。

MITは，1862年に「第一次モリル法」による資金援助を受けた国有地交付大学である。したがって，同法の規定によって，1865年の開校以降，必修の軍事教育科目が設置された。1865-66年度の要綱には「当校の一般学生は，小兵器の使用および基本的な戦略を学ぶ。学習にあたって，学生は，1，2個の部隊に編成され教育される」と記されている。ROTCの起源となる一般大学の軍事科目講義は，MITでは「ミリタリー・サイエンス」という名称の科目群として開講された（U.S. Army ROTC, MIT 1994: 7）[17]。

モリル法の軍事訓練必修規程はあいまいなものであったため，各大学の裁量でROTCは実施された。1916年には，前項で述べた「国防法」によって，ROTCプログラムのカリキュラムの標準化が行なわれた。この頃，MITは，ウェスト・ポイント以外の一般大学ではもっとも多数の正規陸軍将校を誕生させている。同校は，米西戦争，第一次世界大戦を通して，科学技術教育研究においても軍隊と深く結びついている。第一次世界大戦時の1917年，学長マクローリン (Richard MacLaurin) は，MITの研究施設とスタッフを国に利用するよう陸軍省に申し出ている。そして，1917年4月の参戦後，同校におけるさまざまなプログラムで，兵士・技術者の訓練・教育が行なわれた。MITの正規学生も，陸軍のほとんどすべての部局にかかわった。第一次世界大戦中，4,897

名の在校生・卒業生が軍隊の仕事に従事し，35名が叙勲を受けている (U.S. Army ROTC, MIT 1994: 8)。

　しかし，第一次世界大戦が終わると，MITの教育研究は，軍事科学的なものよりもデザインなどの領域に力を注ぐようになった。平和な時代が訪れると，ROTC教育でも，精神的態度，規律，儀式が重要視され，学習の内容も単純な技術や戦略が中心となった。軍事関連の学習，とくに単調な訓練は，学生から疎まれるようになったという。MITではROTCプログラムは2年間の必修科目であったので，これが，同校への入学志願を躊躇させることにもなった (U.S. Army ROTC, MIT 1994: 8)。

　同校は，第二次世界大戦，朝鮮戦争，ベトナム戦争中は，ROTCによって，数千人の将校を養成するとともに，軍事研究においても中枢機関となった。たとえば，MITの陸軍ROTCを卒業したドーリトルは，任官後，軍用飛行機の開発に従事し，1942年4月の日本爆撃第一陣を指揮した。原子爆弾の研究開発「マンハッタン計画」を指揮したグローブスも卒業生である。

　1958年に，MITはカリキュラムの再編成を行なう。それまで，通常の学業単位と同じ扱いを受けていたROTCの軍事科目は，学業単位として認定されなくなった。ベトナム戦争が長期化すると，全米の大学で，政府や軍隊に対する学生の抗議行動が展開された。MITや，近隣のハーバード大学 (Harvard University)，タフツ大学 (Tafts University) においても同様であった。騒動を避けるために，ROTC科目の時間割変更を行ない，学生の制服着用義務も一時解除された。最終的に，1969年に，ハーバード大学とタフツ大学はROTCユニットを解散した。MITでも，学生が陸軍ROTCのオフィスを3日間占拠する事件がおきた。これは，学生の自発的な撤退により収まり，プログラムは現在まで継続されることになった。

　志願者の減少や女性運動などの影響を受け，1968年に空軍のROTCプログラムが，女性の履修登録を認めた。MITでは，1974年から女性の学生が履修するようになる。一方，1976年，ハーバード大学は，学生側の要求によって，MITのROTCプログラムと正式のクロス・エンロールメント契約を結ん

だ。同年, タフツ大学とウェルズレー大学(Wellesley College)がこれに加わった。1985年からは, クロス・エンロールメント学生のために, ハーバードとウェルズレーのキャンパス内で, 卒業任官セレモニーが行なわれるようになった(U.S. Army ROTC, MIT 1994: 8)。

### (3) ハーバード大学などのパートナーシップ

　MITの陸軍ROTCの基礎課程(2年間)は, 同校のフルタイム学生の場合, 希望すれば誰でも履修登録することが可能である。基礎課程を修了した時点で, 陸軍将校になる資格と能力を認定された学生だけが, 予備役義務などについての契約書を軍隊と交わし, 上級課程(2年間)に進む(MIT 2002: 48-50)。クロス・エンロールメントによって, ハーバード大学, タフツ大学, ウェルズレー大学の学生も, MITのROTCを履修することができる。彼らは, 各自の大学で学位を取得し, MITのROTCプログラムを修了すると, 陸軍現役部隊, 陸軍予備役隊, 陸軍州兵の少尉に任官される。

　2002年度のMITのROTCプログラム在籍者の数(1年生～4年生)を表したものが図表2-8である。クロス・エンロールメントのハーバード大学, タフツ大学は, MITより地下鉄で数駅のところに位置する。ヒラリー・ロッダム・クリントン(Hillary Rodham Clinton, 1947- , ニューヨーク州上院議員, 民主党)が卒業した女性のみの大学ウェルズレーは, MITから1時間以上かかる場所に位置する。これらの大学は, ROTC以外にも, さまざまな科目のクロス・エンロールメントを行なっているので, 大学間シャトル・バスなどによって通学する。

**図表2-8　MITの陸軍ROTCに在籍する学生数 (2001-02学年度, 春学期, 単位：人)**

| コース | MIT | ハーバード | タフツ | ウェルズレー | 合計 |
|---|---|---|---|---|---|
| 陸軍ROTC | 12 | 18 | 3 | 5 | 38 |
| 海軍ROTC | 40 | 17 | 10 | 0 | 67 |
| 空軍ROTC | 28 | 10 | 1 | 2 | 41 |
| 総計 | 80 | 45 | 14 | 7 | 146 |

出典：MIT, "Reports to the President: For the Year Ended June 30, 2001", pp.112-114.

ホスト校であるMITは，ROTCのオフィスと教室，学生ラウンジ，その他を，軍に無償で貸与し，設備費・人件費等は直接には請求しない。MITは，こういった費用の一部を，ハーバード大学などにも負担するよう常に要請しているが，この問題は解決されていない[18]。

図表2-2でもみたように，ROTCに在籍する学生は，スカラーシップ学生とノン・スカラーシップ学生の2つに大別される。スカラーシップを獲得できる確率は全米では25％であるが，MITのROTC学生においては，その比率は50％を超える。これは，MIT他3校の学生が全米でもきわめて「優秀」なためである。この4校に在籍しながら，ROTCスカラーシップをとれない学生は，年齢的な問題などで資格がない場合などである。この4校はいずれも年間授業料1万ドル以上（約125万円，2002年）の大学であり，このスカラーシップは，学生にとって大きな経済援助である。ハーバードなどの学生は，MITのROTCのスカラーシップ学生になれれば，自校の学費その他が免除になり手当ても支給される。

## 第4節　ROTC政策と大学生

### (1)　マイノリティ学生とROTC——コリン・パウエルの場合——

ROTC学生の特性であるが，これまでの研究によれば，彼らの親・親戚には，正規現役軍人・徴兵経験者が多い。そして，ROTC学生は，士官学校の学生ほどではないが，一般学生よりは愛国主義・責任感が強く，保守的であるという (Chen 1993)。また，軍隊経験は一般企業就職の際にも有利であると考える学生もいる。ROTCを管理する人々は，このプログラムが，学生に一般の仕事でも役立つリーダーシップ力・管理能力などを獲得させると考えている。本節では，この連邦政府によるプログラムと大学と学生との関係について考察する。このプログラムが，現在何を目的とし，どのようにアメリカ社会で受け入れられているのかということを，次にみてみる。

第2章　国家と大学との接近　91

　2002年の調査時に入手したROTCプログラム勧誘のための公報パンフレットにおいて，同プログラムを推薦しているのは，当時の国務長官コリン・パウエル（Colin Powell, 1937-）である。湾岸戦争時には，統合参謀本部議長も務めた彼は，ROTC学生のロール・モデルの一人である。人種・民族的マイノリティの「アメリカン・ドリーム」を体現し，国民統合のシンボルとも称されている。

　彼は，イギリス国籍ジャマイカ系移民の両親のもと，1937年，ニューヨーク・ハーレムに生まれ，サウス・ブロンクスで育ち，1954年，ニューヨーク市立大学に入学した[19]。1995年9月に出版された自伝『マイ・アメリカン・ジャーニー』において，ROTC学生だった大学時代について述べている。当時の市立大学とROTC学生について知る貴重なてがかりなので，長くなるが同書から引用する。

> 　ニュー・ヨーク市立大学に入学して最初の学期に，私の目をひいたものがあった。キャンパスで軍服を着ている若い男たちの姿である。ニュー・ヨーク市立大学は自由主義や過激な思想の温床で，30年代の共産主義の名残りさえもとどめていて，軍隊が存在するとはとうてい予想できないところだった。1954の秋に大学に戻ったとき，私は，ROTCのことを聞いて，入会の手続きをした。理由は今もってはっきりしない。おそらく，第二次世界大戦中に子どもから大人になり，朝鮮戦争のさなかに成長期を迎えたせいなのだろう。（中略）『バターンを奪回せよ』『東京上空三十秒』『ガダルカナル日記』といった戦争映画，偉大な戦功をたてたコリン・ケリー，欧州戦線で軍功をあげたオーディ・マーフィ，（中略）――こうしたもののイメージが若い私の多感な意識のなかに刻み込まれていた。あるいは，あの時代に人々が口にしていたことの影響だったかもしれない。――いずれ徴兵される身なら，将校として行くほうがよい。それに，私には仲間がいた。ニュー・ヨーク市立大学はウェスト・ポイントのような兵学校ではなかったが，五十年代にはアメリカで最大規模のROTC志願兵部隊を擁しており，朝鮮戦争のピーク時には1,500人の隊員がいた（パウエル／パーシコ　1995［1995］：41［26］）[20]。

　「優秀な軍事教育を受けた卒業生」として，卒業後，予備役士官ではなく正規現役士官となった彼は，30年後，アメリカ軍隊最高責任者である統合参謀

本部議長に就任した。ウェスト・ポイントなどの国立士官学校卒業ではなく，一般大学のROTC出身者がこの地位に就くのは，アメリカ史においてはじめてのことである。

　現在，大学におけるROTCプログラムは，毎年約1万人前後の予備役・現役将校を誕生させている。その数は，国立の士官学校の新卒将校(約3,000名)数をはるかに超え，アメリカ軍隊の主要な将校供給源となっている。また，パウエルの例が示すように，このプログラムは，エスニック・マイノリティや女性に，規律と帰属意識を与える機能も果たしている。

## (2) 冷戦の終結と同時多発テロの影響

　前項でみたように，このプログラムは，低所得層，アフリカ系アメリカ人などのエスニック・マイノリティや女性たちなど，労働市場で差別を受けやすい学生をひきつけている。ROTCの卒業生であるということは，体力・知力そして「正統で責任感あるアメリカ市民である」ことの一種の証明書の役割を果たすようである。また，経済不況や失業事情などから，軍隊を「福利厚生の行き届いた安定した職場」と考え，卒業後，正規現役将校の道を選択する者もいる。ROTCスカラーシップによって学費，生活費の援助を受けて大学を卒業し，時には何らかの抜け道を利用して，卒業後の兵役義務を免れる者もいる。

　一方，ホスト校側は，軍隊との契約によるROTCによって大学の威信を高めるとともに，連邦政府から研究費補助など見返り援助も期待している。軍隊にとって，ROTCは将校の供給源であるだけでなく，パブリシティの場でもある。大学に，軍事教育のための施設を設置することで，アカデミックな場所でのシンボリックな効果を重要視している。一般大学の構内に軍事教育を公開することで，市民に軍隊や軍人への理解や親近感をもたせるパブリシティ効果は大きい。たとえ小規模なプログラムでも，学友の訓練や軍事キャンプの様子を見聞きして数年過ごせば，軍隊や軍人に対する一般学生の違和感・嫌悪感は薄まるであろう。

冷戦の終結後、アメリカの軍事予算は縮小され、クリントン政権時には国内の基地が多数閉鎖され公園などに転用された。1991年には、議会は、ROTCのホスト校、学生定員およびスカラーシップの人数を大幅に削減することを決定した。ROTCスカラーシップや手当ての予算削減も含まれ、これらの経済支援によって大学を卒業する予定であった学生にとっては打撃となった (New York Times 1991)。このようなアメリカの安全保障政策の転換によって、1990年代中、MITのROTCプログラムに参加する学生は減少傾向にあった。

しかし、90年代末からの経済不況と、2001年の同時多発テロを契機として、MITのROTCプログラム志願者・在籍者の数は増加することになる。その変化は、ハーバード大学においては新しい方向性をみせた。多発テロの翌月、ケネディ政治学大学院の公共政策賞の表彰式において、ローレンス・サマーズ学長 (Lawrence Summers, 2001年7月より27代学長) は、軍隊は「崇高な (noble) 仕事」であり、「ROTCに参加している学生を学友とすることを、すべてのハーバード学生は誇りに思うべきである」と述べた (*Harvard Crimson* 2001)。サマーズ学長は、その後も、CNNテレビなどにおいて、ROTCを積極的に支持する発言を続けた (CNN Report, 3 Dec. 2001)。こういった学長の発言や行動やハーバード大学の今後の方針をめぐって、「ワシントン・タイムズ」など新聞紙上でも議論が展開された (Washington Times 2002)。

ワインバーガー元国防総省長官 (Casper W. Weinberger. 1917-、ニクソン、フォード政権時には、保険・教育・福祉省長官も務めている) など卒業生によって1988年に創設された「ハーバードROTC推進会」の署名・寄付活動も活発化している (Advocate for Harvard ROTC 2001)。同大学がホスト校としてROTCプログラムを廃止し、すでに32年がたっている。構内にROTCをとり戻そうとするこの動きの結論は出ていない。

## (3) ROTCをめぐる連邦政府と大学との関係

ROTCプログラムの歩みは、連邦政府による初期の高等教育援助政策である士官学校制度や国有地交付大学の創立とかかわるものである。このプログ

ラムおよびスカラーシップの創設は，国防的な関心によるものである。同じく国防問題と関係して連邦政府が実施したGIビルの経済援助政策は，前章でみたように，一般兵士を対象とした，戦後処理政策として始まった。一方，ROTCプログラムおよびスカラーシップは，連邦政府資金によって，将校というエリート養成を行ない戦争に備えるものである。そして，GIビルもROTCも，現代においては，軍隊のリクルート・人材開発のために活用されている。

1964年に整備されたROTCスカラーシップは，士官学校では足りない将校の数を補充するために，一般大学に設けられた育英奨学金である。本章でみたように，そのルーツをたどれば，軍隊内の士官候補生に対する生活費支給にいきつく。

ベトナム戦争時の1964年の「ROTC活性化法」は，一般大学のROTCスカラーシップは大幅に拡充された。その翌年の1965年には，第4章で述べる「高等教育法」によるさまざまな学生経済支援政策が実施される。それらの経済支援政策は，機会均等の理念にもとづき低中所得層の学生を支援するものである。給付金政策も行なわれようになるが，それらは，経済的必要度（ニード）を主たる基準とするものである。連邦政府は，ROTC以外には，ネイティブ・アメリカンを対象とする小規模なものなどを除いては，能力のみにもとづくスカラーシップには力を入れていない。

一方，ROTCスカラーシップは，家庭の経済力ではなく能力のみによって授与され，かつ給付金額も多額である。士官学校が，職業軍人の育成を第一目的として厳しい規律の寮生活を行なうのに対し，ROTCプログラムでは，学生は，一般の大学で学ぶ。そのため，低所得層学生にとっても，高所得層学生（ニードベースの学生経済支援を得ることができない）にとっても，ROTCスカラーシップの利点は大きい。そのため，連邦政府や軍隊の利害と，学生や家庭の経済的利益もしくは教育的関心とが，そこで結びつく。

ROTCプログラムの目的は，基本的には予備役の将校を養成することにあり，職業軍人を養成することではない。軍隊にとって，高等教育機関に

ROTCプログラムを設置し，将校を教授として派遣することは，一般社会また大学界に対するパブリシティ活動でもある。軍隊に対する民間人の違和感を解消する一方，スカラーシップを実施することで，学生に栄誉的な意味合いをもたせることも重視されている。ROTCは，アメリカの大学では周縁に属するものであるが，モリル法から現在に至る歴史のなかで，連邦政府や軍隊と大学を接近させる機能を果たしたと考えられる。

**注**
**1** 第3章で詳しく述べるが，憲法によって教育に関する権限をゆだねられていない連邦政府に，教育局が設置された時の目的は，教育に関する全国的な統計・調査の収集であった。統計・調査は，連邦教育省の任務の中でもっとも古い基本的任務である。
**2** 2001年の同時多発テロ以降，退役軍人恩典による学資確保や，軍でのトレーニングを魅力として入隊した兵士の死などによって，日本においても，アメリカにおける軍と教育・訓練プログラムの関係について，報道されるようになっている。
**3** アメリカの軍事と教育の歴史的関係については，次の著作を参考にした。John P.Lovell, *Neither Athens nor Sparta: The American Service Academies in Transition,* Indiana University Press, 1979. Morris Janowitz, *The Reconstruction of Patriotism: Education for Civil Consciousness,* University of Chicago Press, 1983. Kenneth J.Heineman, *Campus Wars: The Peace Movement at American State Universities in the Vietnam Era,* New York University Press, 1993. 書誌文献としては，Susan K.Kinnell (Ed.) *Military History of the United States: Annotated Bibliography*, ABC-Clio, 1986 を参考にした。アメリカの軍隊と社会に関する定期刊行物としては，次のものがある。*Armed Forces and Society* (Inter-University Seminar on Armed Forces and Society. Chicago, University of Chicago, 1974-), *Journal of Political and Military Sociology* (San Jose, San Jose State University, 1973-), *Minerva: Quarterly Report on Women and the Military,* (Pasadena, Minerva Center, 1983-)。
**4** 現在の士官学校と学位授与制度については，児矢野マリ(1988)が詳しい。
**5** 士官候補生cadetという語は，17世紀頃から，イギリス，フランスなどにおいて，長男以外の息子，将校になる訓練を受ける貴族・ブルジョワ階級の第二子以下の青年男性を示す言葉としてもちいられてきた。軍務は，長い間，男性に限定された職業であり，公立・私立を問わず士官学校は，男性のみを対象とする教育・訓練機関であった。とくに，連邦立・州立士官学校は公立校として連邦援助や税制上の便宜を受けていることもあり，1980年代〜1990年代にかけて，ジェンダーと教育の機会均等をめぐる議論の争点にもなった。図表2-1の1995年の項で示した

シタデルに続き，同年6月には，バージニア陸軍士官学校にも女性への拒否は憲法違反であるとの連邦最高裁判決が下っている。この最高裁判決はおおむね支持されたが，バージニア陸軍士官学校を支持する女性の大学もあった。男性のみの教育環境を否定することが，女性のみの教育環境の否定にまで発展するのではないかという危惧があったためとされる。詳しくは，坂本辰朗 (1999) を参照。

**6** 植民地としてのアメリカの特徴は，土地が豊富に存在する一方で，労働力としての人間が希少資源であったことである。初期には，ヨーロッパの王室や植民地政府が植民地会社に土地を与え，それらの会社はさまざまな方法でメンバーに土地を分割した。アメリカの独立戦争時には，すべての植民地が現在の境界内に土地を所有しており，一部の植民地は「境界外」における土地の所有の「請求権」ももっていた。そうした請求権のある土地は広大で，場所によっては重複していた。各植民地は，さまざまな理由からそれらの「土地請求権」を連邦政府に引き渡した。その後，連邦政府は，この公有地をあらためて処分し，州や移民に経済的機会を与えて入植を促進した。詳しくは，クラウソン (1981) ＝Clawson (1968) を参照。

**7** モリル法の受容は州によってさまざまであり，その基金の額も大学設立を十分に満たすものではなかったようである。立川は，マサチューセッツ州の事例を分析し，同法は実用的科学技術よりも，農民への援助を目的とする「農科大学」法としての意図と受容が強かったのではないかと考察している（立川 1987）。同法の歴史的意義を，科学研究発展よりも農業教育の面からとらえようとする立川の視点と同一点に筆者も立っている。第一次モリル法は，国有地公布大学の創設に加えて，農業研究の奨励のために，州立農業試験場の設立を促し，州と郡（カウンティ）に連邦資金を提供することを規定した。その結果，連邦農務省と緊密な連絡をもつ州立大学農学部，州立農業試験場が各州の農業研究の中心機関となり，Cooperative Extension Workと称される「農業拡張」運動が推進された。詳しくは，犬塚 (1992) を参照。

**8** たとえば，ラトガース大学 (Rutgers College. 1766年にオランダ改革派教会によってニュージャージー州に設立された) は，科学校を設立することによって，モリル法の適用を受けた。ラトガースでは，専任教員 (tutor) を配することとし，歩兵，砲兵等の訓練を実施してモリル法の求めに応じた。各学年の第三学期の特別授業であったが，これは同校の科学校 (Rutgers Scientific School) の学生にだけ課せられた課業であった。詳しくは，羽田 (1985) を参照。

**9** 卒業要件に軍事訓練科目を課している大学のほとんどが，女性の学生に対しては，体育履修で振り替えることを認めている。この時代，国有地交付大学を中心として行なわれた軍事訓練科目は，体育の授業と差のあるものではなかった。

**10** 「1916年国防法」が，大学と学生にどのように受容されたかということについては，永岡 (1992) がてがかりになる。同論文は，プリンストン大学のROTC講

座開講の様子や，当時は同大の学生であった小説家フィッツジェラルド（F. Scott Fitzgerald）が，どのように軍事訓練に参加したかということを明らかにしている。

11　1890年頃から，アメリカのキャンパスには，フットボールを中心とする学生スポーツ文化が席巻し始めていた。有名大学は，アメリカの大学に特有の現象ともいえる大スタジアム建設し，興業収入を大学運営に回すようにもなっていた（潮木 1982：181-98）。見返り援助による体育設備の拡充や，軍事訓練による学生への規律教育を望む多くの大学が，必修・選択科目としてROTCを設置するに至った。

12　そこで述べられている規律とは，「従順の習慣」であり，それは，正確に細かく決められた訓練と儀式を行なうことで確立されるはずのものであった。そして，この規律の教育を徹底するために，ROTCプログラムには，「規律についての記録」（Discipline Record）なるものが用いられた。26項目からなる減点表によって，各学生は，規律を乱すたびに減点される。たとえば，訓練や講義に遅刻した時，5分以下では2点，10分以下では3点，15分以上では4点減点される。もっとも高い減点は，許可なく教室から退出し戻らなかった場合で，60点減点される。1セメスターに減点が60点を超えた場合，その学生は，その学期は不可を与えられる（Nash 1934: 75）。

　このような教育を得て獲得された高い規律は，生活の場所が変わっても，社会秩序が要求する市民（citizen）の資質であり，それは，リーダーシップに結びつくものであるとみなされていたのである（Nash 1934: 83）。このような規律の教育が行なわれ始めたが，規律教育の厳しさから学生を懐柔し，軍事教育を大衆に受け入れさせるさまざまな試みが行なわれた。ROTC学生主催のダンス会を開き，女性の学生から「ミスROTC」を選び名誉将校に任命する催し，優秀な学生の表彰式などが開かれ，地方新聞や大学新聞を賑わせた（Smith 1930: 3-11, 15-23）。大学生であり士官候補生であることを示す軍服は，服飾的にも経済的にも青年期の学生にとって魅力的なものであった。

13　ジョージタウン大学では，ライフル射撃で優秀な12名の学生に，同大学ROTCチームとして，全米大会に4週間旅行できる特典を与えた。コロラド農業大学では，ポロ競技馬が戦争省から提供され，同大学ROTCチームは全米トーナメントに派遣された。これらの遠征には，ブラス・バンドやチア・ガールが同行した（Lane 1925: 25）。

14　デューイは，ROTCには批判的な態度をとったが，第一次世界大戦において国際紛争を解決する手段としては武力行使を是認していた。この問題に対する教育学者また政治学者としてのデューイの思想的経緯については，米澤（1999）を参照。

15　陸軍ROTCは，2年間の基礎課程（Basic Course）プラス2年間の上級課程（Advanced Course）からなる4年間コースである。能力を認められた者だけが上級課程に進む。その際，学生は，ROTCの恩典や義務について詳細に記された契約書を陸軍と交

わす。教育内容は，全体として5つのブロックから構成されている。学生は，学部の授業以外に，通常の講義期間中に行なわれる「ミリタリー・サイエンス」の講義を履修しなければならない（ROTCの履修単位が，学生の通常の学業単位としてどのくらい認定されるかということについては，大学によって異なる。平均して，軍事科目の約半分程度が，学業単位として認定されているようである）。

「リーダーシップ演習」という団体訓練が，毎週2時間，全学年を通して行なわれる。内容は，制服着用や式典のマナー，軍隊の習慣や儀礼，国防問題についての討論，兵器，戦略，偵察，ランド・ナビゲーション，演習，救急医療などである。訓練は，分隊，小隊，中隊，大隊規模で行なわれる。講義と「リーダーシップ演習」をあわせると，毎週5時間程度，ROTCに関連した授業に出席することになる。また，各学期（春または秋）に少なくとも1回，週末に「フィールド・トレーニング」という実地訓練が行なわれる。軍事訓練や技術の実地応用，とくに，武器の扱い，ランド・ナビゲーション，小隊戦闘におけるリーダーシップの学習が行なわれる。学生は，「陸軍体力テスト」を，1学期に少なくとも2回は受けなければならない。これは，腕立て伏せ，腹筋，2マイル走（3,218m）からなる300点満点のテストで，学生は，各種目また総合点で最高スコアをめざして競争する。テストで，決められた基準をクリアできなかった学生は，補習訓練を受けなければならない。体力テストの評価基準は，女性の学生については，わずかではあるが男性と比べて，ゆるやかに設定されている。

これらの訓練の仕上げと進路決定を目的として，6週間の「上級課程／夏期合宿」が行なわれる。この合宿では，他大学の数百名のROTC学生と，部隊を組んで共に生活する。陸軍を構成しているさまざまな部局について学び，卒業後，自分がどの部局で働きたいかを各自検討する（4年生の段階で希望を申告する。通常，第1から第3希望までのどれかに決定される）。一方，教員である将校たちから，リーダーシップ，射撃，ランド・ナビゲーションなどの能力，軍隊での適性を評価される。合宿では，旅費に加えて給付金が支給される。

**16** 本節での内容は，1994年，2002年の現地調査・資料とROTC教員とのインタビューにもとづいている（巻末のインタビュー・リスト参照）。2度とも，筆者の面会申込みに対して好意的で多数の資料をいただいた。深く感謝するとともに，この講座が，軍隊の公報機関・リクルート機関として位置づけられていることを認識した。

**17** 「軍事科学部」（Military Science Department）がこれを管理した。軍事科学部の最初の「教授」は，南北戦争中，ボストン地区のリクルートを担当した陸軍将校ムーア（Hobart Moore）である。彼は，大学設立から1872年まで同校で10年間教鞭をとり，陸軍に戻っている（U.S. Army ROTC, MIT 1994: 7）。

**18** 1994年の訪問時には，ROTCユニットは，キャンパスの中心部にある木造の

「20号」校舎に入っていた。日本でいえば体育会部室のような質素なたたずまいであったが，第二次世界大戦中レーダー開発を行なった歴史的建造物であり，校舎保存運動の対象となっていた。当時，同じ校舎にはリベラル・アーツの大学院も入っており，ミリタリズム批判でも名高い言語学者ノーム・チョムスキー（Norm Chomsky）教授の研究室もあった。キャンベル助教授（陸軍中佐）に「あなたがた軍隊と，軍隊に批判的なチョムスキー先生の研究室が同じビルに入っていて，とくに問題はないのでしょうか」と質問したが，「アメリカは，言論の自由の国ですから」という答えであった。その後，MITは，キャンパス内外の再開発事業に着手した。1998年に，20番校舎は解体され新しい建物が建てられたが，ROTCはその中には入らなかった。大学グラウンドに面した民間企業倉庫を大学が購入し，ROTCユニットは，現在その建物の中に入っている。

**19**　ニューヨーク市立大学の前身「フリー・アカデミー」（Free Academy）は，機会平等の理念のもとに，1847年に設立された無償制の公立アカデミーである。20世紀初等には，社会移動の促進を明確な使命とし，とくに1950～1960年代にかけて，貧困地区・ゲットー地区から人種的・民族的マイノリティ学生を多数受け入れてきた歴史をもつ。1966年には，リベラル派の貧困追放やマイノリティの教育機会拡大のために，「大学再発見計画」（College Diversity Program），「SEEK計画」（Search for Education, Evaluation & Knowledge Program）を開始することになる。前者はマイノリティ学生への学生経済支援制度の充実と特別枠による優先入学を中心とし，後者は1,000人のマイノリティ学生に通常の入学基準外からの特別入学を認め，経済支援と教育面での支援を意図するものであった。詳しくは，田中智志（1988）を参照。

**20**　このような経緯で，ニューヨーク市立大学のROTCに登録したパウエルは，さらにキャンパス内にある「ミリタリー・フラタニティ」と称される軍事関係のクラブ活動から勧誘される。それらは，大学生の社交クラブ「フラタニティ」（fraternity，「友愛会」などと訳される）活動の一種であり，大学内で軍事教育を受ける学生をメンバーとするものである。パウエルは，「三つのクラブのなかで一番のエリート・クラブ」であるパーシング・ライフルに入会する。この会の名称は，第一次世界大戦の英雄であり，大使館付き武官として日本にも赴任したことのある将軍パーシング（John Joseph Pershing, 1886-1948）の名前にちなんだものである。パウエルは次のように述べている。「パーシング・ライフルがニュー・ヨーク市立大学の伝統となったのは，多様な人種が在籍し，しかも多くの学生が移住者の子弟だったからにほかならない。われわれのような人間は過激派の学生とも同調できなかったし，ベルトから計算尺をぶらさげていてすぐにそれとわかる保守的なエンジニアリング専攻の学生とも同調できなかった。パーシング・ライフルは全員で一緒に訓練をした。（中略）パーシング・ライフルの規律や機構，友情，帰属意識は，

私が憧れていたものだった。まもなく,私はリーダーになった。仲間たちには自我を通さずにわが身を捧げるような姿勢があって,私の一族に見られた他人を思いやる雰囲気を思い出させた。人種,肌の色,氏や素性,収入などは何の意味ももたなかった」(パウエル／パーシコ 1995 [1995]：45 [28])。大学を卒業するまでの3年間,ROTC訓練ホールが「全宇宙の中心」であった彼は,「学生の大佐として,当時1,000人いたニュー・ヨーク市立大学の学生部隊を率いる」ことになる。そして,1958年に,大学を卒業するが「地質学の学位などおまけの配当」であり,彼にとって重要なセレモニーは卒業式ではなく,その前日に大学で行なわれる士官任官式であった。

# 第3章
## 「心理的突破口」としての国防
―――「国防教育法」学生ローン―――

## 第1節　冷戦期における「国防」概念の変化

### (1)　「国防」(national defense)概念の変化

　national defense（「国防」「国家防衛」，本章では訳語として前者を主として使う）と national security（「国家の安全」「国家安全保障」，本章では訳語として前者を主として使う）という言葉は，冷戦期のアメリカではほとんど同じ文脈でもちいられていた。「国防教育法」(National Defense Education Act of 1958)についても，法規の名称には National Defense がもちいられているが，その目的について述べたタイトル1では，security of the Nation という言葉が使われている。

　この2つの言葉で示される概念は明確さを欠いたものであり，その定義は，用いる論者や歴史的背景によって異なっている。とくに，第二次世界大戦以後，テクノロジーの進歩や，情報社会の複雑化が進むにつれて，「国防」という概念―ひいては国防政策の範囲―は，単なる軍事問題から，経済や文化など多岐にわたる分野をも含むようになった。本章で論ずる国防教育法の分析にあたっては，アメリカにおいて「国防」という概念が，どのようにとらえられているのかということが重要となる。そこで，政治学の領域における先

行研究 (花井・木村 1993)に依拠して, はじめに整理しておく。

「国防」という概念について考える場合の基本的な要素は, 「何から」「何を」「何によって」守るかという3点である[1]。花井・木村は, 「安全保障とは, 国家の中核価値を脅威から, 軍事的・非軍事的手段によって守り, 高めること」と定義している。そして「言い換えればそれは, 価値の保護をめぐる動態的(ダイナミック)な過程ととらえることができる」と述べている(花井・木村 1993: 3-7)。これに依拠して, アメリカにおける「国防」の始まりを単純化して述べれば, それは, 支配国イギリスから, 領土, そして, 民主主義という理念を, 武力によって守ることであった。そのために, 連邦政府という政治権力の所在も憲法によって認められることになったのである(憲法前文および第1条)。しかし, その後, 核の開発に至る第二次世界大戦, 政治・経済システムの二極化による「冷戦」を経て, アメリカにおける「国防」概念はより広がりをもつものになった。

アメリカにおいて, 「安全保障」(national security)をはじめて明文化した法律は, 1947年の「国家安全保障法」(National Security Act)であった。同法では, 政府と国家安全にかかわる各省庁が協力して, 国家安全のための総合的な政策と手続きを確立することを定めていた。すでにこの頃から, 国家の安全とは, ある程度総合的なものと考えられていたことがうかがわれる(花井・木村 1993:3)。

この「国防」概念の拡大は, 「冷戦」期に科学の発達とともに加速していく。第二次世界大戦で核兵器が開発・利用された結果, 戦争の形態は変わった。兵力の強弱は, 戦闘員の数や単純な殺傷能力ではなく, 科学兵器の開発, 情報の制御, 人的資源の確保や管理などで争われるようになった。そして, 兵士に必要とされるものも, 腕力ではなく精密な兵器や情報を操作できる知力にとって代わられた。その一方で, 資本主義経済圏対共産主義経済圏という政治・経済システムの二極化も進んだ。その傘の下に入る諸国を自らの圏内にとどまらせるためには, アメリカとソ連は, 領土や政治・経済的信条に加えて「覇者としての威信」をも守らなければならなくなった。

このような政治的背景のもとに，アメリカの「国防」は，ソ連の率いる共産主義経済圏から，領土や民主主義に加えて，「覇者としての威信」を軍事的・非軍事的手段によって守ることに広がっていく。そして，この非軍事的手段のなかに教育政策も含められるようになるのである。教育雑誌 *Phi Delta Kappan* の1940年代後半から1950年代の号を手繰ってみると，教育関係者が国防について論じたものの多さが目につく。たとえば，アメリカ教育協議会会長のズーク (George F. Zook) による"The National Defense" (Zook 1948)，カリフォルニア州学校行政官連盟のセクソン (John A. Sexson) による"Educational Leadership in the Atomic Age" (Sexson 1951)，コネチカット州教育局局長イングルマン (F.E. Engleman) による"Teaching: a First Line of Defense" (Engleman 1951) など枚挙にいとまがない。その一方，海軍中将リックオーバー (Hyman G. Rickover, 1900-1986) のような軍人は，アメリカが，国力の要である教育においてソ連に遅れているという論戦をくりひろげた (Rickover 1959)。「冷戦」による「国防」概念の総合化にともなって，軍人が教育について語り，教育者が国防について語る時代が訪れ，「国防教育法」制定への動きが始まっていく。

## (2) 連邦安全保障庁と教育局

国防教育法は，スプートニク・ショックを引きがねとして制定されたと広く知られている。しかし，第二次世界大戦中に，大学生に対して，国防教育法の学生経済支援とよく似た発想と内容の連邦学生ローンが実施されている。「第二次世界大戦学生ローン」(Student War Loan Program) がそれであり，これは，アメリカ連邦政府初の大学生を対象とする学生ローン政策であった。これについてはあまり研究されていないが，ローンの内容と方式において，後の「国防教育法学生ローン」と共通項が多い。今までこのことはあまり指摘されてこなかったが，この政策が，前例として，国防教育法の学生経済支援政策に対して与えた影響は，大きかったと思われる。そこで，この「第二次世界大戦学生ローン」の性質についてまず述べることにする。

第二次世界大戦の勃発によって，連邦政府は，工学，科学，生産管理学

の振興のために教育援助事業を開始した。まず，1940年6月，連邦議会は，防衛産業労働者の緊急養成のために1,500万ドルの連邦支出金を承認した (PL-668)。この事業は，中等教育段階の学生を対象としていた。同年10月9日に，連邦議会は，このプログラムを拡張し，短大を含む高等教育をも対象とすることを規定した (PL-812)。この「国防技術訓練事業」(Engineering Defense Training, EDT)は，国防に不可欠な分野における専門技術者の不足を補うことを企図した事業であった (USGPO 1941: 1033-1035)。1941会計年度には900万ドルがこの事業に認められた。1942会計年度には「工学・科学・管理学国防訓練事業」(Engineering, Science, and Management Defense Training, ESMDT)へと拡張され，1941会計年度以後，「工学，科学と管理学戦時訓練事業」(Engineering, Science, and Management War Training)に改称された。最終的に，この事業は1940年10月9日から1945年6月30日まで実施された。

227校の大学がこの事業に加わった。訓練を受けた学生の内訳は，工学75%，生産管理学21%，残りが科学と物理学であった。この事業のための連邦補助金は，学生経済支援ではなく，教育機関にプログラムの必要経費を補助するものであった。この事業基金で購入された施設は教育機関の財産となった。1941会計年度から1945会計年度までに8,850万ドルが，このプログラムに充当された (仙波 1979：6)。

これらの事業は，連邦教育局が行なったが，この時，教育局の行政機構における位置づけと役割も変化している。遡ること1867年に，教育局 (当初は Department of Education) は，調査・統計事業を主に行なうことを目的として設立された (大桃 1982：17-20)。2年後の1869年には国務省 (Department of the Interior) のもとに統合される。その後，国務省下で，第一次世界大戦からニュー・ディール期には，軍備充実や失業対策と結びついた職業教育・青年事業などにも関与した。第二次世界大戦参戦が近くなると，1939年7月1日より，あらたに設置された連邦安全保障庁 (Federal Security Agency) の管轄下におかれるようになる。以後，教育局は，戦後の1953年4月10日に保健・教育・福祉省 (Department of Health, Education and Welfare) として新設されるまで，連邦

安全保障庁に属した (Lykes 1975: 122)。このような行政機構的変化のもと，第二次世界大戦中，教育局は軍備拡充と職業・技術教育に従事するようになる。

### (3) 「第二次世界大戦学生ローン」の誕生

以上述べたように，連邦議会は，第二次世界大戦中，科学関連のマンパワー不足に対して，教育機関への援助を始めた。第二次世界大戦中，ほとんどのアメリカの教育機関は休日の短縮や夏期休暇の削減による在学機関の短縮事業を実施した。戦時政策や生活費と教育費の高騰で高等教育機関から退学者も現れるようになった。他方，戦争には訓練を受けた人材の供給が不可欠であったため，連邦政府は退学者を少なくするために学生に対する援助を始めることになった。

そして，1942年7月2日に，連邦議会は「労働・連邦の安全についての歳出法」(Labor-Federal Security Appropriation Act 1943, H.R. 7181, PL-647) を制定した (USGPO 1942: 576-577)。これは「第二次世界大戦学生ローン」(Student War Loan Program) と称される経済支援政策を含んでいた。このプログラムは，技術関連のマンパワーの欠乏を解消することを目的とし，学生にローンによる経済援助を行なうものであった。

学生の資格要件は，①技術，物理学，化学，医学，歯学，薬学，獣医学を専攻し2年以内に卒業する予定の者，②フルタイム学生を少なくとも10名以上在籍させ，2年間の集中短縮コースを開設している大学に在籍していること，③卒業後「戦時人材委員会」(War Manpower Commission) 議長の指定する雇用に就くことに書面で同意すること，であった。年2.5％の利子で，年額500ドルまでを学生に貸与する。原則として，学生は卒業後4年以内に全額返済しなければならない。このローンの返還金は財務省の雑収入に組み入れられた (Dyke 1949: 61-3)。経済恐慌時の学生ワーク・プログラムと同じく，このプログラムは学生と連邦政府が直接契約するものであった。したがって，公立・私立にかかわらずどの大学の学生でも，これを利用することができた[2]。

このローンは，戦時中に，暫定的で緊急な事業として実施されたが，これ

がその後の連邦政府による学生貸付金事業の先例となったことは重要である (Rivlin 1961: 64)。なぜなら,「第二次世界大戦学生ローン」の管理は,連邦教育局にまかされた。次項で詳述するが,それまで連邦教育局の役割は,教育関係の資料収集などに制限されていた。暫定的なプログラムとはいえ,「第二次世界大戦学生ローン」は連邦教育局(高等教育課)によるはじめての学生ローン事業である。小規模とはいえこのような権限および実績が,教育局に大学生への経済援助事業というあらたな役割を与えることになった。

プログラムが始まってから7年後の1949年に教育局高等教育課から発表された報告によれば,「第二次世界大戦学生ローン」は,1942年7月2日から

図表3-1 「第二次世界大戦学生ローン」分野別分布

| 領域 | ローン総額にしめる割合 | 学生の借りたローンの平均額(ドル) |
|---|---|---|
| 化 学 | 8% | 276.47 |
| 歯 学 | 11% | 339.34 |
| 工 学 | 36% | 261.43 |
| 医 学 | 35% | 342.41 |
| 薬 学 | 4% | 292.63 |
| 物理学 | 2% | 248.80 |
| 獣医学 | 4% | 309.06 |

出典:George E. Van Dyke, "Government Experience with the Student War Loan Program," 1949, p.61.

図表3-2 「第二次世界大戦学生ローン」を借りた学生の地域別分布

| 地 域 | プログラムに参加した大学数 | | ローン貸与学生 | | 総支給ローン額 | |
|---|---|---|---|---|---|---|
| | 校 | 比率 % | 名 | 比率 % | 総額ドル | 比率 % |
| 北部大西洋地域 | 103 | 35.9 | 3,768 | 34.1 | 1,205,419 | 36.2 |
| 南 部 | 78 | 27.2 | 2,419 | 21.9 | 713,997 | 21.5 |
| 中央部 | 82 | 28.6 | 3,861 | 35.0 | 1,105,178 | 33.2 |
| 太平洋部 | 23 | 8.0 | 981 | 8.9 | 303,864 | 8.9 |
| 国外領地部等 | 1 | 0.3 | 15 | 0.1 | 7,068 | 0.2 |
| 計 | 287 | 100.0 | 1,144 | 100.0 | 3,334,521 | 100.0 |

出典:George E. Van Dyke, "Government Experience with the Student War Loan Program," 1949, p.61.

1944年6月30日まで実施された。その後，ローンと利子の回収も局が行なっている (Dyke 1949: 61-63)。連邦議会は，このプログラムに500万ドルの予算を認め，初年度に総額約330万ドルが286大学の1万1,000人以上の学生に貸与された。学生の多くは，工学，医学を専攻した。そして，2年間に287の教育機関に在籍する7領域の1万1,044名の学生がこれを利用した。**図表3-1，図表3-2**のように，それぞれの学生が借りたローン額の平均は248ドル〜342ドル，学生の在籍した教育機関は全米にわたっている。

## 第2節　国防教育法（1958年）の成立

### (1)　連邦議会における審議過程

　ここで，スプートニク・ショックから同法成立までの審議過程を概観してみる。1957年10月4日のソ連による人工衛星スプートニク打ち上げは，「あらたなるパールハーバー」として，各メディアで報じられた。これに刺激されて，行政府では，連邦政府保健教育福祉省教育局が，中等・高等教育に対する財政援助法案を作成し始めた。また，立法府では，連邦議会の教育関係常任委員会に所属する議員らが，国防・科学教育関連の法案提出に向けて動きだした。

　翌1958年，第85議会第2会期の初めに，第34代大統領アイゼンハワー (Dwight David Eisenhower, 1890-1969) の「一般教書」「教育教書」によって，軍事教練の強化等ではなく，科学教育振興を主要目的とする教育援助法成立の意向が示された。「教育教書」の内容は，テスト，ガイダンス，カウンセリング，給付奨学金による学生の才能開発，科学・数学教育振興とその教育方法改善，大学教員の供給増加，語学教育の改善，教育局の拡充，を目的とする法律制定を促すもので，これに関連する教育法案に，議会審議の優先権を与えるものだった。これを受けて，翌議会会期8ヵ月間に，約150の教育法案が上程された。

　連邦議会において，提出された法案のうち重要なものは委員会に付託され

る。米国議会プロセスでもっとも重要な局面は、この各委員会における審議である。国防・科学教育関連の法案は、教育関係の管轄権をもつ常任委員会に付託された(上院「労働公共福祉委員会」、並びに下院「教育労働委員会」とその下の「特別教育小委員会」「一般教育小委員会」)。このことは、スプートニク・ショックの直後から、国防教育法が教育・公共問題という政治アリーナに問題設定されたということを示している。第1章で述べたGIビルや本章第1項で述べた第二次世界大戦学生ローンは、議会の国防問題の委員会で審議されたものである(Kiernan 1992: 160)。

　審議は、2つの法案を中心に行なわれた。一つは、保健教育福祉省教育局が草案を作成し、上院では、スミス(Alexander Smith. ニューヨーク州)、下院では、カーンズ(Carroll D. Kearns. ペンシルベニア州、共和党)、フレリングハイズン(Peter Frelinghuysen、ニュー・ジャージー州、共和党)らのいずれも東部選出の共和党議員によって提出された「教育振興法案」(Educational Development Act. H.R.10278. H.R.10279. S.3163. 1月27・28日提出)であった。もう一つは、上院では、リスター・ヒル(Lister Hill. 1894-1984. アラバマ州、民主党、上院労働公共福祉委員会委員長)、下院では、カール・エリオット(Carl Atwood Elliot. 1913-1999. アラバマ州、民主党、下院特別教育小委員会委員長)といういずれも南部アラバマ州選出の民主党議員による「国防教育法案」(National Defense Education Act of 1958, H.R.10381. S.3187. 1月30日提出)である(USGPO 1958a: 377-380)。前者は、保健教育福祉省、教育局、共和党議員らの支持によるもので、会期中、「政府法案」(administration bill)と略称された。後者は、議会多数党である民主党の議員らが支持するもので、「委員会法案」(committee bill)と略称された。

　下院において審議は活発に進み、5月20日、「政府法案」と「委員会法案」の調整が特別教育小委員会の最終審議において行なわれた。そして、「委員会法案」が、より包括的で具体的なプランであるとして残され、「政府法案」のテスト事業等がこれに吸収されて、更新法案H.R.12630号として教育労働委員会に提出された[3]。同法案は委員会の承認を受けた後、下院本会議において審議・修正され、最終法案 H.R13247号となり、8月8日、下院において賛

成266名，反対108名で承認された。一方，上院においても「委員会法案」は労働公共福祉委員会において支持され，8月13日，本会議において賛成62名，反対26名で承認された (Wilson 1960: 101-144)。そして，8月15日，上院案と下院案の調整を行なうために両院協議会が開かれた[4]。両法案の大きな違いは，大学生に対する学生経済支援プログラムにあった。

　下院案は，提出時にあったスカラーシップについての規定が審議の過程で削られていた。一方，上院案は毎年優秀な大学生に約2万3,000ドルを給付することを規定していた。この段階で，大統領，保健教育福祉省長官フレミング (Flemming Arthur, 任期1958. 8. 1-1961. 1. 19) から，給付奨学金に対する強い否定の見解が示された (Clowse 1981: 128-138)。そして，全体の予算が低く，大統領の意向に沿っているという理由で，下院案が最終的に残された。数度の修正の後，賛成・259名，反対110名で承認された下院案は最終法案となり，上院（賛成66名，反対15名），下院（賛成212名，反対85名）において承認され，登録法案として大統領に送付された。細かい修正が加えられた後，これをアイゼンハワー大統領が承認し，9月2日に国防教育法が成立した。同法は，人材開発と設備援助を基調としているが，法文は全10タイトルにわたる多様なプログラムの羅列であった (USGPO 1958a: 19595-19619)。

　同法タイトル1は，「青年男女の知能及び技能の涵養が国家の安全 (national security) にとって必要であることを認め」「合衆国の必要にこたえる資質を備えた人材訓練を確保するために，個人，州及びその附属機関に各種の十分な援助を与える」ことをその目的として規定している。①大学生への貸与奨学金，大学院生へのフェローシップ，②各州政府申請による「数学・科学・現代外国語，カウンセリング，職業教育等に関連するプログラム」への補助金，③教員養成・教育方法改善のためのフェローシップ，などを主な内容とする。当初は4年間の時限立法であったが，数度延長され実施から10年間に約30億ドルが支給された。

## (2) 審議における争点

　ここで，審議における争点を検討してみる。議会に提出された法案が重要性をおび，とくに論争の余地のある場合，委員会はヒアリングを設定する。国防教育法に関するヒアリングの証人は，保健教育福祉省次官パーキンス (Carl D. Perkins. 任期1957-1959)，同次官補リチャードソン (Elliot Richardson. 任期1957-1959 法制担当)，教育局長ダーシック (Lawrence Derthick. 任期1957-1959) ら5名の保健教育福祉省関係者，ハンフリー (Hubert H. Humphrey) など8名の上院議員，15名の下院議員，陸軍防衛ミサイル研究所ブラウン (Welnar Von Braun)，カリフォルニア大学放射エネルギー研究所のテラー (Edward Teller) といった軍産複合体の科学者や軍人，全米科学財団 (National Science Foundation, NSF)，全米教育協会 (National Education Association, NEA) などの代表であった (USCH 1958: 1307-2096, USCS 1958: 1-1602)。

　1958年1月21日から3月13日にかけて行なわれた労働福祉委員会ヒアリングにおいて，アメリカ公教育の問題点として指摘されたことは，①ハイスクールで，数学・理科・および外国語科目を履修する学生が少ない。②ハイスクールや大学で，それらの科目を教える有能な教員が少ない。③能力をもちながらも大学に進学しない高校生が多い，といったことであった。こういった事態の改善のために，④高等教育段階における学生経済支援の拡充，⑤ハイスクールにおける数学・理科・外国語科目の整備，能力開発方法の改善が，主要課題として確認された(USCS 1958: 1804-1861)。そして，以上の観点から，「政府法案」と「委員会法案」の主要な規程の比較を行なった報告書が委員会において作成された (USCS 1958: 1550-1584)。

　「政府法案」の目的は，「学生の資質を早期に発見することによって，国家の必要性に合致するように教育プログラムを拡充し改善することを助ける」ことであり，その方法として，「公立学校におけるカウンセリング，ガイダンスサービスの強化，貸与奨学金，公立学校における数学科学教育の強化，大学院生に対する研究費給付，各州教育調査統計の改善」を主要プログラムとするものであった(Lindquist 1971: 12)。一方，「委員会法案」は，「科学・技術・

数学・外国語やその他の学問領域における学生を増やし、国防にとって重要な技術教育を行なうこと、また、国防を強化するために、教員の能力を高めるように設定されたプログラムを実施し、とくに、科学・技術の領域での米国の知的な優位を確認すること」を目的とした (Lindquist 1971: 13)。内容は、「政府法案」と同一のプログラムに加えて、大学生への貸与・給付奨学金、外国語教育設備・教員養成の拡充、地域職業教育事業などが含まれている。

図表3-3は、スプートニク・ショック以前にエリオットが議会に提出した①「学生援助法案 (Student Aid Act of 1955, 廃案)」(USCL 1955: E55-6)、②「政府法案」、③「委員会法案」、④「委員会最終法案」(②と③の調整案)(USCL 1958: E279-280)、⑤国防教育法、それぞれのプログラム内容を比較したものであ

図表3-3　国防教育法・関連法案のプログラム内容の比較

（プログラムを含む場合は○、含まない場合は－）

| 法　案 | ①<br>1955. 3. 31<br>学生支援法案<br>H.R.2211 | ②<br>1958. 1. 27<br>政府法案<br>H.R.10381 | ③<br>1958. 1. 30<br>委員会法案<br>H.R.10279 | ④<br>1958. 7. 1<br>委員会最終法案<br>H.R.10279 | ⑤<br>1958. 9. 2.<br>国防教育法<br>PL85-864 |
|---|---|---|---|---|---|
| 大学生へのローン | ○ | － | ○ | ○ | タイトル2 |
| 大学生への給付奨学金 | ○ | － | ○ | ○ | － |
| 理科・数学・外国語教育への支援 | － | ○ | ○ | ○ | タイトル3 |
| 大学院生への研究費 | － | ○ | ○ | ○ | タイトル4 |
| ガイダンス、カウンセリング | － | ○ | ○ | ○ | タイトル5 |
| テスト事業 | － | ○ | － | ○ | タイトル5 |
| 外国語教育設備・教員養成 | － | ○ | ○ | ○ | タイトル6 |
| 教育方法改善・メディア利用 | － | － | ○ | ○ | タイトル7 |
| 職業教育計画 | － | － | ○ | ○ | タイトル8 |
| 科学情報活動 | － | － | ○ | ○ | タイトル9 |
| 忠誠宣誓条項 | － | － | － | － | タイトル10 |

出典：U.S. Congress, Library of Congress, Legislative Reference Service, "Digest of Public Bills with Index", 1955年、1958年より作成。

る。「委員会法案」は，テスト事業を除いて「政府法案」のすべてのプログラムを含んでいる。成立した国防教育法の1959年度総予算約1億7,700万ドルのうち，その6割があてられたタイトル (Title, 法律の編または章) 3, 4, 5に該当するプログラムについては，両法案は予算的にもほとんど一致している。この一致は，大統領，保健教育福祉省長官フォルソム (Marion Folsom. 任期1955. 6. 20-1958. 8. 1)の要請で，教育局と行政管理予算局が，議会開催前に，ヒルやエリオットなどの民主党有力議員等を招いた会議を開き，「政府法案」の原案を提示し，望ましい教育援助法案の内容や予算額について，ガイドラインを示したためであった (Clowse 1981: 63, 76)。

　審議では，フェローシップ（研究奨学金）について，援助金を大学院に与える「政府法案」のほうが，大学院生に直接給付する「委員会法案」より支持された。その他については，すべての領域に財政援助を行なおうとする包括的な「委員会法案」が支持された。図表3-3に見るように，①1955年の「学生援助法案」と，②1958年の「政府法案」，⑤国防教育法の内容構成には共通項が少ない。審議過程において争点となったのは，1955年の「学生援助法案」と1958年の「委員会法案」がもっとも重視していた大学生に対するスカラーシップであるが，これは最終的に削られた。

## (3)　連邦政府教育局による「政府法案」の策定過程

　ここで，「政府法案」作成までの政府側の動きを，教育局と大統領および科学エスタブリッシュメントの行動を中心にみてみる。国防教育法の内容に影響を与えた「政府法案」の原案策定は，スプートニク・ショック以前に始まっている。連邦政府教育局における国防教育法の内容形成は，保健教育福祉省副長官パーキンスが，教育局長ダーシックに宛てた1957年6月20日付けの局内文書から始まる (Lindquist 1971: 8)。このメモは，「ハイスクール後の教育に関する委員会」(Committee on Education Beyond the High School. 1956年にアイゼンハワーによって設立された諮問委員会)が，第二次中間報告を近日発表することを指摘し，その報告書の内容を受けて，今後，教育局の高等教育を総括する役

割が強化される旨を伝えるものであった。パーキンスは、この目的のために、局内から特別専門委員会 (Task Force, タスク・フォース) のメンバーを選出した。

タスク・フォースは、1957年7月24日に最初の会議を開き、10月31日、以下の6項目にわたる教育改革の法制化を勧告した。内容は、①大学院教育の強化、②州計画への補助金、③学士課程教育への財政援助、④国有地交付大学「ランド・グラント・カレッジ」の拡充、⑤自然科学関連の研究所への援助、を行なう連邦教育法の制定要求であった。このうち大学生への財政援助にもっとも高い優先順位がつけられている。この勧告は、保健教育福祉省長官フォルソムによって、11月8日の閣僚会議に提出され、大統領の内諾を受け、後の「政府法案」のうち高等教育関係項目の原案となった (Lindquist 1971: 9)。

国防教育法の関係者に聴きとり調査を行なったClowseの研究によれば (Clowse 1981)、スプートニクの反響が大きくなると、保健教育福祉省次官補リチャードソンを中心に、教育局が民主党議員らに積極的に働きかけている。高等教育に限定せず国家的関心に一致する方向で、できるだけ大きい連邦援助法案を作成することがその意図であったといわれる。しかし、大統領は、数学・科学教育に関する学校設備建設のみに対して連邦援助は行なわれるべきであるとの意向をもっていた。そのため、教育局は科学・数学のみに関連した草案作成を余儀なくされている (Clowse 981: 55)。

連邦援助に向けて動く教育局にとって、大統領の支持に次いで重要であったのは、財務長官と行政管理予算局の意向であったという。大統領、行政管理予算局、共和党議員は「一時的な」連邦援助プログラムが恒久化することを警戒していた。そのため、保健教育福祉省長官フォルソムは、このプログラムが5年間の時限立法であることを強調することで、彼らの反対を回避する戦術をとっている (Clowse 1981: 62)。大統領、行政管理予算局らの意向から、「政府法案」は教育局の構想に反して議会提出前にプログラムの費用と期間の縮小を迫られた。11月27日に最終的にできあがった法案は毎年8,400万ドルを援助する4年間の時限立法であった。

教育局が「政府法案」の縮小を余儀なくされていた一方、スプートニク・

ショックを利用して大きな教育援助法を成立させようとする教育利益団体の関心・要求は，教育局側が予想していたよりも大きかったという。「政府法案」の内容が教育関係者に伝えられるとNEA等の利益団体から，プログラムが小さすぎると批判されている (Clowse 1981: 74)。NEAは連邦政府に対するスポークスマンとしての役割を教育局に期待しており，連邦援助要求や教育局の役割拡大に関して，両者は協調的な関係を長い間保っていた (Munger & Fenno 1962: 80)。当時のNEAは，教員給与の上昇と学校建設を強く求めていたという。彼らは，毎年，1億1,000万ドルの一般補助金（用途を決定しないで州・地方の自由裁量に任せるもの）を交付する恒久的な教育援助法案を求めている (Wilson 1960: 65-67)。そして，議会における審議では，教育局が作成した「政府法案」は廃案になり，学生経済支援・外国語教育・職業教育プログラム等が盛り込まれた「委員会法案」が最終的に支持された。しかし，次にみるように，この展開は，結果的に教育局にとって望ましいことであったと思われる。

### (4) 連邦政府教育局の前史

1867年に教育局が設立されてから約100年の歴史は，教育行政についての管轄権の拡大をめざして連邦教育援助政策を求めた苦闘の記録であるといわれる (Munger & Fenno 1962: 77)。この努力はなかなか結実せず，その役割と権限は長い間情報の収集と提供のみに限られていた。1933年に，大恐慌による国費節減の結果，行政機構の改組が実施され，連邦職業教育委員会で行なわれていた職業教育プログラムが教育局に移管された。それまで調査情報機関であった教育局はその管轄権を拡大する。しかし，1950年代後半には，「教室数の不足」を解消するための連邦援助の必要性を説く教育局の調査報告に対して，連邦援助政策反対者より調査報告の妥当性について疑問がさしはさまれた。このように，教育局の存在そのものが問われることもあった (Munger & Fenno 1962: 85)。教育局は，行政機構の中で常に政治的に弱い機関であり，独自の権限と管轄権を拡大するために，連邦政府による教育援助法を成立さ

せることは,局の存続にとって積年の課題であったという。

ポストスプートニクのプログラムに関して,教育局と監督権を争っていた機関は,1950年に創設された全米科学財団 (National Science Foundation, NSF) である (Sufrin 1963: 9)。NSFの科学エリートたちは,カリキュラムと教員養成の改革を重視していた。「マンパワーの欠乏」という政策課題や「教育の質の底上げ」を目的とする給付奨学金政策には懐疑的であった。学生経済支援政策によって能力の劣る学生が入学し,高等教育の水準が落ちると彼らは考えていた。また,NSFは科学と数学教育改革のための協会をすでに監督しており,自分たちのプランや既得権限が,保健教育福祉省の「国防」をめざす「臨時」プログラムに吸収されていくことを警戒していた。一方,各州の教育当局は,初等・中等教育に影響を与えるプログラムをNSFではなく保健教育福祉省のものとすることを望んでいた (Clowse 1981: 58)。

教育援助法の動向は,教育局とNSFにとってターニングポイントとなるものであった (Clowse 1981: 74)。国防教育法タイトル10は,統計調査の改善を理由として,各州に予算を与える権限を教育局に与えた。上程前に縮小を余儀なくされた自分たちの「政府法案」が廃案になり,それよりも規模の大きい「委員会法案」が国防教育法として成立したことによって,教育局の管轄権と機能の拡大が実現したことになる。

一方,NSFは,財団設立時より進めていた理数系カリキュラム改革を,国防教育法によってさらに進めることになる。PSSC物理 (Physical Science Study Committee) やSMSG数学 (School Mathematics Study Group) などの教科書開発プロジェクトは,国防教育法によって大規模な予算を獲得した。同法タイトル3は,各州に新しい設備や教材を購入するための資金を提供した。これによって,新しいカリキュラム・教材が全米に普及することになる[5]。

## (5) 大統領アイゼンハワーの思想と政治力学

次に,大統領アイゼンハワーの国防教育法に対する態度をみてみる。初等中等教育法 (1965年) 成立以前の連邦教育援助立法過程の実証的研究を行なっ

たMungerとFennoは，アイゼンハワーの行動について以下のように記述している。1953年の就任当初，アイゼンハワーは，連邦教育援助に否定的な共和党の立場を守っていた。その後，ホワイトハウス会議報告などの影響を受けた大統領は，1955年頃から教育援助法成立に協力的になった。しかし，その協力は，①学校建設のみの援助，②狭い範囲に限定されたプログラム，③財政的に小さい援助，に限って支持するという消極的なものであったとしている (Munger and Fenno 1962: 104)。また，1945～1963年の連邦援助法の動向を整理したKizerは，「アイゼンハワー期 (1953～1960)」の記述に際し，国防教育法には言及せず，この時期大統領の強力なリーダーシップは発揮されなかったと簡単に結んでいる。たしかに国防教育法制定においても，アイゼンハワーは，冷戦の長期化を警戒して財政負担の大きい給付奨学金プログラムには消極的であった。しかし，MungerとFennoやKizerの分析は，科学エスタブリッシュメントと結びついた大統領に対するNEAの批判を重視し，連邦援助に対するアイゼンハワーの行動をやや小さくみている。

各国の立法過程を分析した研究によれば，F・ローズヴェルト以降1970年代まで議会と大統領の力関係は「大統領優越型」である。アイゼンハワーも，いわゆる「強い大統領」であり，議会を通過した法案に対する拒否権発動回数は任期中181回である。これは，ローズヴェルト，トルーマンに次いで多い (比較立法過程研究 1980：79)。就任時の1953年には，行政再組織を行なって保健教育福祉省を設立しており，当初から教育行政への関与は深い。

ソ連によるスプートニク打ち上げ成功は，国内・国際メディアによって大きくとりあげられた。科学・技術・軍事においてソ連に負けたという全米の騒ぎによって，アイゼンハワーは自由主義社会のリーダーとしてのアメリカの地位を回復せざるをえなくなった (Killian 1985: 326)。アイゼンハワーの大統領としてのリーダーシップ行使方法の一つは，経験ある学者，科学者に援助を求めるやり方であったといわれている。スプートニク後，科学政策面で大統領を直接援助する大統領科学特別補佐官の職を設けて，MITの学長であったキリアン (James Rhyne Killian Jr..1904-1988)を任命している。

そして，スプートニク・ショック後，アイゼンハワーは「教育教書」によって，連邦教育援助法制定を促し議会での優先権を与えた。国防教育法に関する最初のヒアリングは，エリオットを議長として1958年1月8日に開かれた。しかし，このヒアリングは，アイゼンハワーの「教育教書」と「政府法案」によって教育法の動向が示されるまで，一次中断されている。大統領の意向と「政府法案」が議会に与えた影響力の大きさがうかがわれる (Lindquist 1971: 10)。

「政府法案」作成までに，大統領に影響を与えた人物は，前述したキリアンと，ハイスクールに関する報告書をまとめたハーバード大学元学長のコナントなどである。MITの科学者らは，連邦援助はソ連との学問的な「数の競争」ではなく「質の競争」をめざして行なわれるべきであるとエリート主義的立場に立った。しかし，キリアンは「国家のすべての才能を利用すべき時である」とし，教育援助法における「マンパワー・ポリシー」を主張した (Clowse 1981: 55)。コナントは「教育改革は地方学校区に任せ，連邦政府は教育に関与するべきではない」とし，望まれる教育改革は外国語教育振興であると進言した。コナントは，科学・数学教員のみ給与を上昇させることは，科目によって教職のランク付けを行なうことになり，NEAなどの反発を招くと主張した (Wilson 1960: 65-67)。

大統領は，これらの科学者の意見を重視し，教育局が作成していた草案から，学校建設や教員給与の上昇に関する章を削らせた。そして，外国語教育改革プログラムを加えさせている (Clowse 1981: 57)。Springの指摘のように，国防教育法は，連邦政府の教育政策決定においての「NEAのような教育専門家集団に対する科学エスタブリッシュメントの勝利」であったとの解釈がある (Spring 1989: 65)。

## (6) 「南部」の連邦議員による教育援助法要求

最後に，スプートニク・ショック前後の連邦議会議員の動きを検討してみる。米国二大政党である民主党と共和党は，長い間，連邦政府による教育援助には無関心であった。共和党は1880, 1884, 1888年に，国家による教育の

支援を政策綱領に入れている。一方，民主党も，1920年に，識字の普及・教員給与の上昇・公民教育を目的とする各州への連邦教育援助を政策綱領に含めている。しかし，いずれも選挙争点にはならず，1930年代まで両党とも教育援助に関する活発な行動には至らなかった。

　1930年代のニュー・ディール政策期に入ると，民主党は，低所得層の学生支援を目的とする援助法案を提出するようになる。以後，民主党は，連邦援助法案を積極的に議会に提出していく（Munger and Fenno 1962: 96-97）。これに対して，共和党は，1952年の政策綱領において「公教育の権限は各州と地方学区に留保され，党はこの原則に従う」と言明し，連邦教育援助には反対の立場を守っている。しかし，ベビーブームの進行によって1960年代に深刻な教室不足がおこるという調査報告が，教育局によって発表された後は，民主党との違いを解消し始める。アイゼンハワー期の1955, 1956, 1957年には，この教室数の不足解消を目的として，学校建設を目的とする連邦教育財政援助法を議会に提出している（Munger and Fenno 1962: 97-99）。

　民主党による連邦教育援助要求の動きの中で，重要な役割を果たしたのは，後に，国防教育法原案を提出したリヒター・ヒルとカール・エリオットである（Hamilton 1987: 224-240）。アラバマ州選出の二人は，北部に比べて著しく劣っている南部の教育財政・設備を改善するために，毎年，連邦教育援助法案を議会に提出している。

　**図表3-4**は，スプートニク・ショック以前に，両議員らによって提出された教育援助法案である。ヒルは一般補助金法案を，エリオットは低所得層の高校生を対象とする給付奨学金法案をそれぞれ提出している[6]。これらは，いずれも廃案になっている。固定資産税を主要財源とする米国教育行政のローカルコントロールは，現在でも，富裕な州と貧しい州の間に，教育環境の格差を招いている。ヒルとエリオットは教育設備が不十分な「南部」より選出されており，彼らは，連邦による教育援助政策を重視していた。アメリカ合衆国憲法修正第10条（1791年確定）の原理では，教育行政は連邦ではなく州の権利に属するものである[7]。したがって，連邦政府は権限をもつ国防分

**図表3-4 ヒル議員,エリオット議員らによって提出された教育援助法案**
(スプートニク・ショック以前の主要法案,いずれも廃案)

| 提出日 | 法案名(法案番号) | 提出議員 |
|---|---|---|
| 1943/2/4 | Educational Finance Act of 1943 (S.637) | Thomas, Hill |
| 1945/1/10 | Educational Finance Act of 1945 (S.181) | Thomas, Hill |
| 1946/3/27 | Educational Finance Act of 1946 (S.181) | Taft, Hill |
| 1952/3/18 | Public School Construction Act of 1951 (H.R.7105) | Elliot |
| 1952/7/4 | Student Aid Act of 1952 (H.R.8523) | Elliot |
| 1953/2/9 | Student Aid Act of 1953 (H.R.2838) | Elliot |
| 1955/3/31 | Student Aid Act of 1955 (H.R.5422) | Elliot |
| 1956/3/13 | War Orphans' Educational Assistance Act of 1956 (S.3431) | Hill |
| 1956/7/27 | Area Vocational-Technical Education of 1956 (S.4301) | Hill |

出典:U.S. Congress Library of Congress, Legislative Reference Service "Digest of Public General Bills with Index," 1943-1958年より作成。

野(軍事訓練,戦時中の訓練事業,GIビル)以外に,学生経済援助政策を実施しなかった。そのため,各州政府の政策を中心に,民間財団,大学,個人などが,それぞれ独自に学生経済支援事業を行なってきた。歴史的に資本家が多く住み,民間財団支援の私学が多数存在し,州民の所得が高く税収の多い「東部」は,その経済力を高等教育に投入することが可能であった。豊かな教育施設に恵まれ,高等教育への進学率も高かった。

一方,アラバマ州のような南部では,高等教育機関の質・量ともに十分でなかった。低所得層の青年は,成績がよくても高等教育への進学を諦めなければならなかった。連邦政府による学生援助法を制定させることは,南部議員たちにとって,十分政治的に理にかなうことであった。南部諸州は,ニュー・ディール政策の恩恵を受けた歴史をもつ。この記憶をもつ市民のなかには,連邦による施策を求める強い要求が存在していた(Biles 1994: 125-153)。

近年のアメリカ政治研究では,フランクリン・ローズベルトのニュー・ディール以降,ジョンソン政権の終わりまで,民主党によるニュー・ディール政策が続いたと解釈されている。そのなかで,1950年代後半に共和党のアイゼンハワーが政権を獲得したのは,第二次世界大戦の英雄という個人的な魅力に有権者がひきつけられたためで,政策が支持されたわけではないとい

われている (砂田 1991:55-61)。実際, 第85議会は民主党が多数党であった。これまで, 国防教育法の成立については, 冷戦やスプートニク・ショックという社会的背景の影響が強調されてきた。しかし, 各州間における教育環境整備の差を, ニュー・ディール的な連邦援助によって解消しようとする発想が, 低所得層の多い州の政治家たちとその支持層にあったことも事実である。

実際, 1957年10月にスプートニクが打ち上げられた時, エリオットは, 上院教育労働委員会特別教育小委員会で「大学生への経済支援に関するヒアリング」(1957年8月12日-11月4日)を開いていた。ヒアリングは, 低所得層の能力ある高校生を対象に, 連邦政府による給付・貸与奨学金事業を開始するべきかという議題であった。Clowseの研究によれば, ヒルとエリオットは, この時点でスプートニク・ショックを連邦教育援助法を成立させる好機と判断したという。そして保健教育福祉省と同様, 教育制度全段階を対象として「国家の安全」をめざすことをできるだけ強調した教育法案の作成をスタッフに命じている。彼らがめざした基本的な政策課題は, 教員の質と給与の上昇, 並びに, 学校設備の建設であった。

「政府法案」は, 連邦援助に消極的な共和党の路線を守る大統領の意向を反映した小規模なものであった。一方, 12月4日に完成したヒルとエリオットの「委員会法案」の草案は, 教員給与への連邦援助金や, 学生援助・学校設備建設援助に大きな予算を認めるものであった (Clowse 1981: 70)。しかし, 行政管理予算局との会合の結果, 法制化実現のためには, 科学教育振興を中心にプログラムを作成する必要が判明し, 彼らはその方向で草案をまとめていく (Clowse 1981: 67)。

一方, NEAは, 教員給与増額ということで民主党を支持していた。第二次世界大戦以後, 収入の高い仕事を求めて, 教員が企業に移動する傾向があり, 教員給与の増額で教職を魅力あるものにすることがNEAの課題であった。当時, NEAとNSFの科学者たちとは反目しあっていたという。ヒルとエリオットやそのスタッフは, これらの団体のメンバーや教育局とたび重なる会合をもち, ヒアリングにおいて対立がおきないように, 事前に証言の統一

を要請している (Clowse 1981: 74)。

　同法立法過程における主要アクターの行動で注目されるのは，議員と官僚の連携である。南部出身の民主党議員と保健教育福祉省上層部・教育局を中心として，委員会レベルで超党派的行動が行なわれている。アイゼンハワーのリーダーシップに導かれる共和党色の強い内閣と，民主党が多数派を占めていた当時の議会の連携が行なわれ，同法は成立をみた。主要アクターであるヒル議員とエリオット議員は，連邦議会の教育関係常任委員会の委員長を務める有力議員であり，以前より一般援助，学生経済支援法案を議会に提出しており，このような一連の系譜が，同法につながったといえよう。

　国防教育法立法過程について重要なのは，連邦政府における立法府・行政府による教育政策決定過程の変容である。アメリカの教育政策に大統領が強力なリーダーシップを発揮されるようになったのは，1960年代の大統領ジョンソン以降からであるといわれている。しかし，国防教育法制定過程にみるように，教育援助法制定に向けての大統領アイゼンハワーのリーダーシップは強いものであった。さらに，科学エスタブリシュメントの影響力に加え，「政府法案」による政策価値の方向づけ，並びに，教育局の調整作業のもつ政治作用が強調される。教育局の機能拡大指向についてはとくに論じなかったが，同法政策課題形成・原案策定・決定過程における教育局の機能拡大は，次の項でみるように，国防教育法の実施・延長によって，さらに制度化される。同法の成立は，連邦政府による教育援助政策の展開過程において，意思決定様式の変容をもたらし，かつ教育に対する連邦政府の関与を促進する契機となるものであった。

　国防教育法制定による教育局の組織拡大とその制度化，連邦教育法制定に対する大統領・議員行動の原理・様式の変容は，「高等教育法」(1965年)「初等中等教育法」(1965年)などの新たな教育政策の展開を生みだす要因になったと思われる。

## 第3節 「国防教育法学生ローン」と学生の進路

### (1) 国防教育法の構造

　国防教育法は,成立当初4年間の時限立法であったが,後述するように,1960年,1962年,1963年,1964年に修正延長された。国防教育法そのものは,1972年まで存在するが,1965年以降は,初等・中等教育法や高等教育法によって修正,管理され,プログラムは縮小していった。そして,1972年,連邦議会は,国防教育法の延長を行なわず,いくつかのプログラムに修正を加えた後,1972年改正教育法 (Educational Amendments of 1972) のなかに,これを統合した。したがって,国防教育法の当初のタイトル2から10までの教育プログラムのほとんどは,1958年の成立から約10年前後のうちに,大幅な修正または資金不足によって,失効もしくは他の教育法に吸収されている。国防教

**図表3-5　国防教育法の各タイトルと統合された法律**

| | |
|---|---|
| タイトル1 | 総　則 |
| タイトル2 | 高等教育機関の学生に対する学生ローン(国防教育法学生ローン) |
| | →「高等教育法」(1965年)※1972年から |
| タイトル3 | 理科,数学,現代外国語教育拡充のための財政援助 |
| | →「初等・中等教育法」(1965年) |
| タイトル4 | 国防のためのフェローシップ(国防教育法フェローシップ) |
| | →「高等教育法」(1965年) |
| | →「改正全米科学財団法」(1968年) |
| タイトル5 | ガイダンス,カウンセリング,テスト事業(英才の発見と奨励) |
| | →「初等・中等教育法」(1965年) |
| タイトル6 | 外国語教育の拡充―センター設立,教員養成(国防教育法外国語フェローシップ) |
| | →「国際教育法」(1966年) |
| タイトル7 | テレビ,ラジオ,映画などのメディア利用による調査と実験 |
| | →「初等・中等教育法」(1965年) |
| タイトル8 | 地域職業教育計画 |
| | →「職業教育法」(1963年) |
| タイトル9 | 科学情報活動 |
| | →「改正全米科学財団法」(1968年) |

法時代の形をとどめながら，現在まで十分な予算で継続されているのは，タイトル２の「国防教育法学生ローン」(National Defense Student Loans) のみといえる。

成立当初の国防教育法の各タイトルと，それらが統合されることになる法律を，**図表3-5**に示す。

同法による学生経済支援政策は，タイトル２の「国防教育法学生ローン」(National Defense Student Loans)，タイトル４の「国防教育法フェローシップ「(National Defense Fellowships)，タイトル６の「国防教育法外国語フェローシップ」(National Defense Language Fellowships) の３つのプログラムによって構成されている。タイトル２は，学士課程と修士・博士課程の学生を，タイトル４と６は，修士・博士課程の学生を対象としている。本書の目的は，学士課程の学生に対する経済支援政策の分析にあるので，ここでは，主として，タイトル２の国防教育法学生ローン実施過程について述べる。

## (2)　「国防教育法学生ローン」の目的

国防教育法学生ローンは，前述した小規模な緊急プログラム「第二次世界大戦学生ローン」を除外すれば，連邦政府による学士課程の一般学生を対象とした最初の経済支援政策である。連邦政府からのこの経済援助を受けるために，学生は，前述したGIビルやROTCプログラムのような兵役に就く必要はなかった。卒業後教職に就くことを希望する学生，とりわけ科学，数学，現代外国語に対する関心を表明した学生が当初優先されたとはいえ，経済的に必要性がある学生は誰でも，これに応募することができたのである。この貸与奨学金は，「全米学生直接ローン」(National Direct Student Loans. 1972年より)，「パーキンス・ローン」(Perkins Loans, 1988年より) と名称変更されたが，1958年の開設当初の形を残したまま現在まで継続されている。開始以来40年を超える歴史的な長さに加えて，その後の連邦政府による学生経済支援政策の基盤を形成したということにおいては，国防教育法学生ローンの果たした先駆的役割は大きい。

国防教育法のタイトル１の「総則」は，学生経済支援政策を含めて同法の

目的と性質を知る上で重要である。そこには，次のように記されている。

> タイトル1 「総則」
> 「セクション101・政策の決定および宣言」
> 　議会は，青年男女の知能および技能をできる限り発達させることが<u>国家の安全</u> (Security of the Nation)にとって必要であることを認め，ここに宣言する。現在の緊急事態は，より多くそしてより適切な<u>教育の機会</u> (additional and more adequate educational opportunities)が確保されることを求めている。<u>わが国の防衛</u> (Defense of this Nation)は，複雑な科学の原理から発展した近代技術の習得にかかっている。また，それは，新しい原理，新しい技術および新しい知識の発見および発展にかかっている。
> 　われわれは，わが国の人材をより多く見出し，教育するために一層努力しなければならない。そのためには，有能な学生が，<u>経済困難</u> (financial need)という理由によって，<u>高等教育の機会</u> (opportunity for higher education)を失うことがないように保障するプログラムが必要である。そして，そのプログラムによって，理科，数学および現代外国語の素養を得た人々や技術訓練を受けた人々の不足をすみやかに充たさなければならない。
> 　議会は，州および地方公共団体が公教育に対する監督と責任をもつという原則をここに再確認し宣言する。しかし，わが国の防衛 (our defense)にとって重要な教育プログラムに対して，連邦政府が援助を行なうということは，国家の利益をはかる上で必須なことである。
> 　現在の教育上の緊急事態に対処するためには，連邦・州・地方学校区におけるより一層の努力が必要とされる。したがって，この法律の目的は，アメリカの国防 (national defense)の必要を充たすべく，資質を備えたマンパワーを質・量共に充分確保するように，さまざまな形の援助を，個人，州とその下部機関に行なうことにある。(USGPO 1958c: 1581-1582.下線筆者)

　以上のように，総則において，国防教育法の目的は，「国家の防衛」のために，すべての若者に才能を十分発揮するための「機会」を与えることであると述べられている。したがって，国防教育法学生ローンの目的は，「国家の防衛」に役立つ人材の養成を援助することにある。しかし，その一方で，「経

済的な理由」で，能力ある人材が教育機会を奪われてはならない，という原則をも総則は示している。実際，立法過程における争点を検討した前節でみたように，同法制定の背景には，貧しい学生を援助するという意図が働いていた。さらに，学生経済支援の支給方式やその受給者層，このプログラムの実施過程を詳細に検討すると，同法の学生経済支援プログラムが，低所得層に経済援助によって教育機会を拡大する方向性をもっていたことがはっきりとわかる。このような観点から，国防教育法学生ローンの実施方法を分析してみる。

### (3) 「国防教育法学生ローン」の支給，返還，管理方法

　国防教育法タイトル２は，高等教育機関において学生が学士課程を履修するために必要な低利のローンを設けるためのファンドを設立することを教育局長にゆだねた。初年度（1960会計年度）の予算は4,750万ドル，1961会計年度には7,500万ドル，1962会計年度には8,250万ドル，1963会計年度には9,000万ドルの予算が認められていた。そして，1963会計年度以後の３年間は，1962年７月１日以前の各学年に貸付を受けた学生が，その教育を継続，完了するために必要な金額が支給されることになっていた。この予算は，大学の在籍者数にもとづいて，各州に比例配分される。各州の高等教育機関は，連邦からの補助金をもとに学生ローンのためのファンドを設ける。連邦政府がファンドの90％を，各高等教育機関が残りの10％を負担する。学生の申請受付，受給者の決定などは，すべて大学にまかされる（「キャンパス・ベース」の学生経済支援）。各高等教育機関が受けとる連邦によるローン補助金は，1会計年度に25万ドルまでと決められていた。

　ローンは，次の学生に対してのみ与えられる。

①高等教育機関における教育課程を履修するためにローンを必要とする者
②高等教育機関がその教育課程において良好な成績を修める能力があることを認めた者
③高等教育機関にフルタイムの学生として登録された者。または，高等教育

機関において在学生または卒業生として良好な成績を修めて常時通学している者

　各学生に対するローン総額は、年額1,000ドル以内、全年度を通じて5,000ドル以内である。返済は、ローンを受けた学生がフルタイムの学生でなくなった1年後から10年間にわたって年3％の有利子で行なわれる。しかし、学生が大学院に在学または兵役に服した場合は、3年間までローンの返還が猶予される。また、ローンの返還免除も認められていた。たとえば、貸与者が常勤の教員になった場合には、教職在任期間1年につき10％の割合で、ローンの総額の半額まで返還が免除される。しかしながら、学生は、ローンを受けるためには、後述するように、アメリカ国家に対して、忠誠宣誓と信条否認証書に署名しなければならない。

　そして、奨学生の選考にあたっては、以下の学生に特別な配慮が払われ優先される。

　　①経済的な援助を必要としている学生（セクション201）
　　②成績優秀で、かつ、初等・中等学校の教員となる希望を表明した学生（セクション204-A）
　　③理科、数学、工学（engineering）または現代外国語の能力や素養が十分あると認められる学生（セクション204-B）

　このように、国防教育法学生ローンの奨学生の選考とローンの返済については、初等・中等学校の教員志望者が優遇されている。**図表3-6**、**図表3-7**のように、ローンを受けている学生に対する就職希望調査（1960年7月1日〜61年6月30日の期間にローンを受けている学生が対象）によれば、全体の6割近くが教育職に就くことを希望している。しかもそのうちの9割近くが初等・中等学校の教員志望である。

　このプログラムの実施過程について分析した松浦は、『国防』という問題意識の先鋭さに比べて、国防教育法の現実は、連邦資金を国内の諸教育分野に導入するためのいわば教育財政法にすぎないと指摘している（松浦　1988）。

**図表 3-6　「国防教育法学生ローン」奨学生の就職希望調査（1963年）**

| 職業分野 | 総計 | | 大学1, 2年生 | | 大学3, 4年生 | | 大学院生 | |
|---|---|---|---|---|---|---|---|---|
| | 人数 | % | 人数 | % | 人数 | % | 人数 | % |
| 総　計 | 148,348 | 99.9 | 72,466 | 100 | 64,945 | 100 | 10,937 | 99.9 |
| 教　育 | 87,640 | 59.1 | 42,239 | 58.3 | 39,736 | 61.2 | 5,665 | 51.8 |
| 科　学 | 35,944 | 24.2 | 16,969 | 23.4 | 14,335 | 22.1 | 4,640 | 42.4 |
| 数　学 | 1,471 | 1.0 | 804 | 1.1 | 624 | 1.0 | 43 | 0.4 |
| 工　学 | 15,338 | 10.3 | 7,820 | 10.8 | 7,265 | 11.2 | 253 | 2.3 |
| 現代外国語 | 290 | 0.2 | 210 | 0.3 | 72 | 0.1 | 8 | — |
| その他 | 6,295 | 4.2 | 3,330 | 4.6 | 2,640 | 4.1 | 325 | 3.0 |
| 未　定 | 1,370 | 0.9 | 1,094 | 1.5 | 273 | 0.4 | 3 | — |

出典：Robert C. Hall " Occupational Plans of Student Borrowers under NDEA" 1963, pp.26-27. 松浦良充「アメリカ合衆国国家防衛法（1958年）の教育史的意義」1988年, p.32より構成。

**図表 3-7　教職志望者の内訳（1963年）**

| 希望する学校段階 | 総計 | | 大学1, 2年生 | | 大学3, 4年生 | | 大学院生 | |
|---|---|---|---|---|---|---|---|---|
| | 人数 | % | 人数 | % | 人数 | % | 人数 | % |
| 総　計 | 86,992 | 100 | 42,003 | 100 | 39,498 | 100 | 5,421 | 100 |
| 初等教育 | 21,434 | 24.7 | 11,451 | 27.3 | 9,512 | 24.1 | 471 | 8.7 |
| 中等教育 | 55,560 | 63.9 | 27,427 | 65.3 | 25,605 | 64.8 | 2,528 | 46.6 |
| 高等教育 | 9,928 | 11.4 | 3,125 | 7.4 | 4,381 | 11.1 | 2,422 | 44.7 |

出典：Robert C. Hall " Occupational Plans of Student Borrowers under NDEA"1963, pp.26-27. 松浦良充「アメリカ合衆国国家防衛法（1958年）の教育史的意義」1988年, p.32より構成。

たとえば，国防教育法学生ローンは，優れた能力をもつ生徒・学生への援助を規定している。しかし，その主たる政策的意図は，エリートの養成ではなく，理科・数学・外国語を中心とした初等・中等教育の改革を通しての全般的な人材養成の質的改善を課題としている。つまり，国防教育法学生ローンは直接的には高等教育に向けられているが，間接的には，あるいは究極的には，それは初等・中等教育の改善をめざしていたというのである（松浦 1988：1-33）。国防教育法の各タイトルの内容，国防教育法学生ローンにおける奨学生の選抜や教職に就く者への返済免除など，同ローンの方式，松浦の指摘と一致する。

さらに，ここで，本研究では，次のことを強調したい。奨学生の選抜にあたっては，一番優先されたのは，先述した①〜③のうち，①の「経済的な援助を必要としている学生」ということである。①は，タイトル2の原則を述べたセクション201号で規定されており，②，③など学業成績評価よりも先に考慮されることがらであった (Gale 1974: 50)。つまり，学業優秀で教員志望であっても，経済的な必要性を認められない場合は，このローンを借りることはできない。つまり，国防教育法学生ローンの基本的な方針は，低所得層の援助にある。

事実，ジョンソン政権になり，1964年の国防教育法修正，1965年の高等教育法による幾多の修正を受けることによって，科学などに限定されていた学習領域の制約がなくなる。国防教育法学生ローンは，科学，外国語教育の振興や教員養成の改善というもともとの文脈から徐々にはずれ，「教育の機会均等」を実現するための学生援助政策になっていく。

## (4) 「国防教育法学生ローン」と学生——ビル・クリントンの場合——

国防教育法学生ローンの奨学生の一人は，第42代大統領のビル・クリントン (Bill Clinton, 1946-) である。回想録によれば，彼は大学進学にあたり，カトリック系私立名門大学のジョージタウン大学の国際関係学部 (School of Foreign Service, Georgetown University) を第一志望にしていた。合格通知は得られたが，スカラーシップを得ることはできなかった。彼は，南部アーカンソー州の比較的豊かな中所得層 (comfortable middle class family) の家庭に育ったが，ジョージタウン大学の当時1,200ドルの授業料と，寮費・手数料・図書・生活費のための700ドルを，4年間自己負担することは難しく思われたという。一時は，州内の学生にオープン・アドミッションを行なっていた州立アーカンソー大学への進学も考えたが，家族と高校のカウンセラーの強い勧めがあって，入学してから奨学金をみつける，ということで進学を果たした (Clinton 2004: 87)。

細かい経緯は不明であるが，彼は，1964年9月から1968年の卒業までの一部の期間，国防教育法学生ローンを借りている (Clinton 2004: 263)。後述する

が，この時期，国防教育法学生ローンの「科学，数学，外国語」を学ぶ学生という制約はなくなっている。1996年2月16日にペンシルベニア州のキングス・カレッジの50周年記念行事において，クリントンは「私の教育の一部分は，国防教育法ローン（national defense education loan）によって可能になった。これを得られたことを誇りに思うし，また，利息とともに期限どおり返済したことを誇りに思う」と語っている（Remarks by President to People of Wilkes Barre Scarnton Area, White House）。彼は，ローズ奨学金による英国留学の後，イェール大学ロー・スクールに進学した。ロー・スクール終了後は，ジョージタウン大学時代の国防教育法ローンの返済の一部免除を目的として，アーカンソー大学法学部で1年間教鞭をとった。回想録では，クリントンは，イェール大学法学部からもローンを借りて苦労している。こういった経験から，大統領になってから，連邦政府による学生ローン・プログラムの改革を行なうに至ったと述べている（Clinton 2004: 263）。

## 第4節　忠誠宣誓・信条否認規定，学習・成績要件の廃止

### (1)　忠誠宣誓，信条否認の撤廃

　国防教育法学生ローンは，1962年，1963年，1964年に一部修正された後，延長された。その後は，1965年高等教育法，1972年改正教育法（後述）に統合されて管理されるようになった。ここでは，1958年～1972年までに加えられた重要な修正について述べる。
　国防教育法は，タイトル10で以下のことを規定していた。

タイトル10
　「セクション1001（F）」
　　この法のもとに支出または使用されるべき資金は，すべて次の条件が充たされなければ，いかなる個人にも支払われたり，貸与されたりしてはならない。

> ①その個人が，代表者とともに，暴力，暴動その他の違法ないし違憲の手段によるアメリカ政府の転覆を信じたり，教えたりするいかなる団体をも信ぜず，それに与せず，また，それを支持しない旨の宣誓書を完成し，提出した場合。
> ②下記形式の誓約または証言を行ない，その書類に署名をした場合。
> ・私は，アメリカ合衆国に対し真の忠実，忠誠を保ち，合衆国の憲法と法律とをその内外の敵に対して支持し擁護することを厳かに誓い（または証言し）ます。

①は，信条否認 (disclaimer affidavit) と称されるものである。連邦政府による経済支援に対して，このような宣誓が求められた前例としては，1950年の全米科学財団法のフェローシップがある。これは，科学研究を行なう大学院生に求められたものであった。②は，忠誠宣誓 (loyalty oath) と称されるもので，当時は，軍人や公務員をはじめ州によっては初等教育から高等教育までの教員にも課せられていた。しかし，奨学金の貸与を理由に，学士課程の学生にこれらが課されたのは異例のことであった。

国防教育法制定の翌年1959年からから1961年まで，上院議員ケネディ (John F. Kennedy, 1917-1963 マサチューセッツ州，民主党)らによって，信条否認・忠誠宣誓の撤廃を求める法案が，毎年連邦議会に提出されたが，議会両院を通過するには至らなかった。高等教育界においては，まず，ハーバード大学，イェール大学などの有名大学と，ハーバーフォード大学，ブリンマー大学などの東部のクェーカー派キリスト教系大学が反対し，国防教育法の学生経済支援プログラムに参加しないことを表明した。数年後には，他の大学もこれに続いたが，大学関係者の問題意識および反応は全体として鈍く，反対活動は有効でなかったといわれる (Shwegler 1982: 99-127)。最終的には，プログラム開始から4年後の1962年に信条否認が，12年後の1970年に忠誠宣誓が廃止された (Gale 1974: 64)。

**(2) 学習領域・学業成績による制約の廃止**

前節で述べたように，国防教育法学生ローンは，当初，「国防」に関連する科目として，科学，数学，外国語を学ぶ学生に限定して貸し付けられた。この制約は，プログラム開始から6年後の1964年に廃止され，いかなる領域の学科を専攻する学生も申請することが可能になった。国防教育法学生ローンが，国防色をなくしていくという意味で，また，特別な科目に限定するカテゴリーがはずされ一般的な援助になったという意味で，この修正は重要である。また，「フルタイム学生」に限定されていた受給資格が，年間「ハーフタイム」以上学ぶ学生に拡大された。「ハーフタイム」とは，履修単位時間(credit hours)で1セメスターに最低6単位とることを意味する。1968年には，「成績優秀な学生」(superior student)を優先する，という規定が削除された。「エリート」に限定せず，援助を行なうことになったということにおいて，この修正も重要である。

　さらに，次の章で述べる1972年改正教育法によって，国防教育法学生ローンは，大幅な修正を受けた。まず，名称から，国防(National Defense)という言葉がとり去られた。「全米直接学生ローン」(National Direct Student Loans)という名称に代わった[8]。信条否認，忠誠宣誓の撤廃，「国防」に関連した科目という制限の撤廃に続いて，名称からも「国防」をなくし，「国防教育法学生ローン」は，1972年以降，名実ともにごく一般的な学生経済支援政策へと発展していく。

## (3) 「心理的突破口」としての国防教育法

　前出した国防教育法の法案発議者の議員ヒルは，同法は，「マンパワー政策」や「エリート養成」をめざすというよりも，連邦政府による教育援助事業のための「心理的突破口」(psychological breakthrough)であったと後年述懐している(Hill 1987: 230)。本章でみたように，学生ローンだけでなく，国防教育法の他のプログラムも，法律名とは異なって「国防色」はそれほど強くない。国家の安全にとって教育が大事であるという認識から立法化が促進されたとはいえ，具体的な国防とはかけ離れた各プログラムは，数年で「国防問題」や「冷

戦」といった社会的文脈からは離れていった。

国防教育法は，最終的に，初等・中等教育法，高等教育法に吸収され，連邦政府による一般教育援助プログラムへと発展解消した。同法の学生ローン政策は，スプートニク・ショックという国防的関心から，立法化が促進されたものである。しかし，その支給・管理方法や実施・変容過程をみると，それは，当初から「貧しい学生」を援助する方向性をもっていたものだったことがわかる。それは，信条否認・忠誠宣誓，科目制約といった規程が，数年の間にはずされていったこと，さらに，国防教育法学生ローンがその後40年以上も歴史を重ね，現在まで継続されていることにも示されている。また，その成立の背景においても，アメリカの地域的な教育格差を解消しようとする立法的試みの歴史が南部を中心としてあったことが指摘できる。

これまで，国防教育法については，冷戦期のマンパワー問題やスプートニク・ショックとの関連性のみ強調されてきた。しかし，同法制定のために強調された連邦政府や連邦議会による国防的関心は，大規模な教育援助法を制定させるために用いられたと解釈できる[9]。議会と政府にとって，同法制定と実施は，次なる大規模な教育援助法——初等・中等教育法，高等教育法——を制定させるための突破口となったといえよう。

**注**

**1** 高橋(2002)は，「『安全保障(security)』とは，軍事的防衛すなわち『国防(defense)』よりもやや広い意味内容を持つ概念であり，『何が(＝主体)』，『何を(＝価値)』，『何によって(＝手段)』守るのか，という問題をめぐる『語り』である。そして冷戦の終結と前後して，安全保障概念の拡散現象ともいうべき，以上の3つの変数についての変化が見られる」と分析している。花井・木村の分析は「何から守るのか」ということを重視しているのに対し，高橋においては「誰が守るのか」という問題を変数としてあげている。花井・木村は冷戦期の二極構造時代が残っている国際状況を分析しているのに対し，高橋においては，欧州・旧ソ連の小国家独立問題，中東問題に関係したテロリズムの発生によって，「国家＝主体」という構図が所与条件とはならなくなった国際状況を反映している。本章は，冷戦期を対象としているので，花井・木村の定義に依拠する。

2 たとえば，マサチューセッツ州における1942会計年度，1943会計年度での奨学金貸与状況は次の通りである。ボストン・カレッジ（8名），ボストン大学（43名），ハーバード大学（241名—うち工学152名），マサチューセッツ薬科大学（30名），ミドルエセックス大学（80名），ノースイースタン大学（71名），タフツ大学（172名—うち医学116名，歯学50名）である。マサチューセッツ工科大学には貸与者がいないが，同大学では，当時より大きなプロジェクトである原子爆弾の開発「マンハッタン計画」，レーダー開発などが進められていた。同大学では，これらの別事業によって，教育・訓練や生活費の支給などが行なわれていたと推察される（第2章第3節を参照）。

3 最終的に上程されたのは，エリオット提案によるH.R.13247法案であったが，同一法案として，H.R.13248（スティーブサント議員提出。Wainwright Stuyvesant. ニューヨーク州，共和党），H.R.13249（ベイリー議員提出。Cleveland Bailey. ウェスト・バージニア州，民主党），H.R.13250（ハスケル議員提出。Harry Haskell.デラウェア州，共和党）の三法案が提出された。二人の民主党員と二人の共和党員が同一法案を提出したことは，H.R.13248が，超党派的支持を得たことを示している（Lindquist 1971: 16）。

4 両院協議会の構成は次の通りである。下院は，エリオット（本文参照），バーデン（Graham A. Barden. ノース・カロライナ州，民主党），ベイリー（注3），メカリフ（Lee Mecalif. モンタナ州，民主党），グウィン（Ralph W. Gwinn. ニューヨーク州，共和党），カーンズ（本文参照），ハスケル（注3）の7名である。上院は，ヒル（本文参照），マクナマラ（Partrick V. McNamara. ミシガン州，民主党），イヤーボロー（Ralph W. Yearborough. テキサス州，民主党），スミス（本文参照），アロット（Gordon L. Allott. コロラド州，共和党）の5名である。

5 NSFによるカリキュラム開発を分析したSpringは，国防教育法を「直接的なコントロールを押しつけることなく，ナショナル・カリキュラムを実現させることが，どうすれば可能であるのかを示す一例である」と指摘している（Spring 1989: 64）。

6 エリオットは，1956年に「図書館サービス法」（Library Service Act of 1956）を上程・成立させている。同法は，車による「移動図書館」サービス事業の推進を規定していた。南部などは，財政的に図書館新設が難しく，このような代替サービスによって，成人教育に役立てようとするものであった。

7 修正第10条「州および人民の権利」（1791年確定）は次のように規定している。「本憲法によって，合衆国に委任されず，また州に対して禁止されなかった権限は，それぞれの州または人民に留保される」（序章注1も参照のこと）。

8 国防教育法学生ローンは，NDSLと略称されていた。この略称とあわせて，National Direct Student Loanという名称が採用された。

**9** 国防教育法は一種の時限立法であり1972年に再授権を受けず，他の法律に吸収された。しかし，初の大規模な教育援助法の成立を成功させたという議会の政治力学的記憶は消えないようで，その後も，さまざまな新しい立法の審議過程で，議員から国防教育法について言及されている。1991年には，上院議会の情報活動特別委員会に「情報活動に関する歳出法案」(Intelligence Authorization Act, S.1539)が上程され「1991年国家安全保障教育法」(National Security Education Act of 1991, PL102-183)が制定された（第5章第3節参照）。同法は，安全保障分野に役立つ専門家養成を目的とし，大学生への奨学金，大学・大学院助成を規定するものである。奨学生に対して，卒業・修了後，連邦政府機関などで受給期間と同じだけ働くことが努力目標として掲げられている。国防総省が管理するものであり，これに対して批判はあるが，内容的には，エリア・スタディ，外国語教育関係プログラムの助成であり国防教育法の踏襲ともいえる。上院委員会のレポートは「国防教育法の時代は，教育財政における国際研究・外国語研究の割合は1.5％あったが，現在は，0.13％という低い状態にある」と報告している。同法案を上程した同委員会委員長デビット・ボレーン議員（David L. Boren. オクラホマ州，民主党。現在は，オクラホマ大学学長）も，国防教育法を評価する言葉を述べ，同法案を提出している（Swenson 1999: 162）。

# 第4章
## 「教育の機会均等」を求めて
――「高等教育法」給付奨学金・連邦保証ローン――

## 第1節　大統領ジョンソンの政治的手法と高等教育界

### (1)　大統領ジョンソンの経歴と政治的手法

　本章でとりあげる高等教育法の基本的理念は，教育機会の均等・拡大であるといわれる。これまで述べてきたGIビル，ROTCスカラーシップ，国防教育法は，連邦政府の役割として認められている国家防衛問題と関係して誕生した学生支援であった。高等教育法は，この伝統をこえて，すべての学生に，すべての教育機会を与えようとして生まれた。この違いは，第36代大統領ジョンソン (Baines Lyndon Johnson, 1908-1973) の政策志向と関係していると思われる。本項では，高等教育法の成立に少なからず影響を与えたと思われるジョンソンの経歴と政治的手法について述べる。教育の機会均等政策を掲げたジョンソンの意図は，1930年代に遡ることができる。当時，ジョンソンは，メキシコ系住民の子どもが多数を占める学校で教職に就いている。1965年に高等教育法に署名をするセレモニーは，彼の母校であるサウスウエスト・テキサス州立教員養成大学 (Southwest Texas State Teachers College) で行なわれた。彼は次のようなスピーチをしている。

私は，メキシカン・スクール (Mexican school) の教室にいた少年少女の顔を，
　　　決して忘れない。経済的な理由から，あの子どもたちのすべてが，現実的に，
　　　大学の門を閉ざされていた。私は，その事実を認識した時の自分の心の痛み
　　　を今も思い返すことができる。あの時，私は，心に決めた。いかなるアメリ
　　　カ人に対しても，この国家が，知識への扉を閉ざしたままであってはならな
　　　いと (Chaundhry 1981: 68)。

　ジョンソン政権期には，「初等中等教育法」を初めとして，60以上の教育法
が制定された。ジョンソン自身，「教育大統領」(education president) と認識され
ることを望んでいたと，周囲のスタッフも回顧している (Finn 1977: 61)。彼は，
1908年，5人兄弟の一子としてテキサス州に生まれた。父親 (Sam Johnson)
はテキサス州州議員を6期務め，母親 (Rebekeh Johnson) は教員である。彼は，
教員養成大学卒業後，ヒューストンの公立学校の教員を勤めた。また，メキ
シコ系住民の多く住む貧しい地域コチュラ (Cotulla) でも，教鞭をとっている。
ジョンソンは，幼い頃の貧しい時代や，教員としての経歴を「ロマン化して
語る」傾向があったといわれている (Finn 1977: 59)。
　南部出身の政治家にとって，貧しさとの対決や，教育の機会均等政策をう
ちだすことは，有権者獲得においての定石ともいえよう[1]。しかし，その一
方で，彼の教員としての経歴と，教育政策の方向性を切り離して考えること
も難しい。とりわけ，前二期政権の大統領の経歴との違いはきわだっている。
　アイゼンハワーは，ウェスト・ポイント陸軍士官学校卒業の将軍であった。
一方，ケネディは，ハーバード大学を卒業し，東部「エスタブリッシュメント」
と称される学友知人を閣僚にそろえた。こういった事実と重ねあわせると，
ジョンソン政権は，前二代政権とは異なった人脈と政策志向をもつ大統領に
導かれた時代であったといえよう。
　ジョンソン政権についての研究は，冷戦終結後，政治学・歴史学分野にお
いて活発に進められてきた。しかし，その多くは外交政策を対象としたもの
である。人物研究については，その政治的業績の影響の大きさに反して少な

い。ベトナム戦争時の意思決定、ケネディ暗殺事件への関与疑惑などに焦点があてられている。彼の教育歴の背景や、教師としての活動、ローズベルト政権時の全米青年局 (National Youth Administration) 時代については、あまり研究されていない[2]。彼の教員・社会教育担当官としての経歴は短いため、教育法の政策形成への直接的な影響を指摘することはできない。しかし、その支持層、政治的人脈や行動を知るてがかりになると思われるので、先行研究にもとづいて、学校教育・社会教育を中心としたジョンソンの経歴を、**図表**

**図表4-1 大統領ジョンソンの経歴**

| | |
|---|---|
| 1908年 | テキサス州ストーンウォールにて出生 |
| 1913年 | 同州Albert Schoolに入学 (9学年までの学校) |
| 1921年 | 同州Johnson City High Schoolに入学 (11学年までの学校) |
| 1923年 | 同州サウスウェスト州立教員養成大学の予備課程に入学 (卒業高校が11学年までしか設置されていなかったため) |
| 1924年 | ジョンソン・シティ・バンクに大学進学のためのローンを申込むが、父親の負債を理由に申請は不受理 |
| | サウスウェスト・テキサス州立教員養成大学 (Southwest Texas State Teachers College) に入学。学業成績は不振。学生自治活動では活躍 |
| 1928年 | テキサス州コチュラのWelhousen Elementary Schoolの臨時教員に採用。9ヵ月間、5, 6, 7年生を担当する |
| 1929年 | 大学に復帰 |
| 1930年 | 学士号取得 (B.A. Education and History) |
| 1930年 | テキサス州ヒューストン市Sam Houston High Schoolの教員に採用。9ヵ月間、スピーチ科目を教える。弁論部を指導 |
| 1931年 | クレバーグ下院議員のワシントンDC事務所秘書に採用 |
| 1935年 | ジョージタウン大学法律大学院に入学 |
| 1935年 | ローズベルト大統領によって、全米青年局 (NYA. National Youth Administration) のテキサス州支部長に任命される。約2年間、大学生事業に従事する |
| 1937年 | 連邦議会下院議員選挙 (テキサス州) に立候補するために、NYAを離職。下院議員に当選 (1948年まで連続当選) |
| 1940年 | 予備役海軍少佐 |
| 1941年 | 現役に志願 (1942年まで) |
| 1948年 | 上院議員に当選 (1961年まで) |
| 1961年 | ケネディ政権の副大統領に就任 |
| 1963年 | 第36代大統領に就任 (1965年再選、1969年辞任) |
| 1973年 | テキサス州で逝去 |

出典：Robert A. Caro, *The Years of Lyndon Johnson: The Path to Power*, 1982, Robert Dallek, *Lone Star Rising: Lyndon Johnson and His Times, 1908-1960*, 1991 より作成。

4-1に示す (Dallek 1991, Caro 1982)。

　1963年11月前大統領ケネディの暗殺によって，大統領に昇格したジョンソンは，ケネディ政権の政策路線を継承することになる。ケネディは，1960年の民主党大会において，大学生への給付奨学金事業計画を発表している。しかし，当時の連邦議会はこれを支持しなかったため，学生経済支援事業の拡充は，ジョンソン政権にもちこされることになった (吉田 1995：140-141)。

　2ヵ月後の1964年1月の年頭教書において，ジョンソンは「アメリカの貧困に対して無条件降伏を求める戦争」(unconditional war on poverty) の開始を宣言する。そして，同年5月には，ミシガン大学卒業式において「君たちの時代は，物質的に豊かで強力な社会に向かうだけでなく，偉大な社会 (The Great Society) に向かう道もまた開けている。偉大な社会は，すべての人々に豊かさと自由があることによって成り立つ。それは，貧困と人種的不平等の廃絶を必要としている」という演説を行なった。この「偉大な社会」という構想は，同年の大統領選挙でのジョンソンの圧勝の後，1965年の年頭教書において政権の基本政策に位置づけられた。「偉大な社会」計画は，公民権法，「貧困との戦い」，教育援助政策の3つの柱のもとに遂行されることになる (山田 1988：212)。

　次に，ジョンソンの政治的手法の特徴についてみてみる。ジョンソンは，1937年にテキサス州から上院議員当選して後，「ニュー・ディール派」の下院議員として，低所得層や社会的弱者に対する政策志向をうちだしている。ケネディの暗殺によって，1963年11月に大統領に昇格するにあたっては，前大統領が手がけようとした社会改革をめざす諸政策を引き継いだ。ケネディのような個性的な政治スタイルではなかったが，30年余りにおよぶ議員生活を経て，議会プロセスや議員に対する知識，説得能力は抜群であったといわれる。「政治的プラグマティスト」として，水面下で各利益団体や組織の妥協を求めていくアプローチの仕方が，その特徴とされる (Finn 1977: 61)。高等教育法の成立において，彼は，行政機構を活用してコンセンサスを作り，議会に先んじたといわれている (教育局の歴史的・政治的背景については，第3章第2節

を参照)。

## (2) 教育タスク・フォースによる政策形成

　ジョンソン政権の政治手法は，タスク・フォース (作業部会) を多数作り，そこで政策形成を行なったことである。それらのタスク・フォースは，ケネディ時代よりも小規模で，最終報告が出されるまで，審議内容を全く公開しないことが多かった。タスク・フォースによる政策形成が非公開のまま進められるため，連邦議会側は，政権主導の法案を後追いせざるをえなかったという (Parsons 1997: 36)。

　教育問題については，ジョンソン政権は，1964年に，特別専門委員会「大統領教育タスク・フォース」(President's Task Force on Education) を設置した。タスク・フォースの委員長には，カーネギー委員会 (Carnegie Commission) の委員長であり，後に，ジョンソンから，保健教育福祉省の長官に指名されるガードナー (John Gardner) を任命した。タスク・フォースの人選は，ガードナーと，教育局局長ケペル (Francis Keppel, 1918-1990) が中心になって行なわれた (Chaundhry 1981: 71)。

　図表4-2は，同タスク・フォースの委員リストである。東部アイビー・リーグの大学,州立大学，黒人大学，カトリック系私立大学など，連邦援助の方向性によっては,対立関係に立つ各方面の大学関係者が委員に招かれている。クラーク・カー，デビッド・リースマンなどの当時の大学界を代表する識者が，ジョンソン政権の「偉大な社会」構想に基づいた教育政策立案のために総合的勧告書を作成することになる。

　1964年に発表されたタスク・フォース勧告書は，以下のことを提案した。経済支援を必要とする学生のうち能力の高い学生に対して，連邦政府が援助 (Grants-in-Aid) を与えること，経済機会法によって始まった連邦ワーク・スタディ・プログラムを拡充すること,貸与奨学金および連邦政府による学生ローン保証事業を活性化することである。さらに，経済援助を必要としている小規模大学への援助も提言された。これらの勧告の内容は，最終的に高等教育

図表4-2 「教育タスク・フォース」(Task Force on Education, 1964年)委員リスト

| 議　長 | John W. Gardner | カーネギー財団会長 |
|---|---|---|
| 事務局長 | William, B. Cannon | 連邦政府予算局 |
| 委　員 | James E. Allen Jr. | ニューヨーク州教育省長官 |
| | Hedley W. Donovan | タイム誌編集者 |
| | Harold B. Gores | ニューヨーク市教育施設ラボラトリー |
| | Clark Kerr | カリフォルニア大学学長 |
| | Edwin H. Land | ポラロイド社社長 |
| | Sidney P. Marland | ピッツバーグ市教育長 |
| | David Riesman | ハーバード大学学長 |
| | Paul C. Reinert | セント・ルイス大学学長（神父） |
| | Raymond R.Tucker | セント・ルイス市市長 |
| | Ralph W. Tyler | スタンフォード大学研究所所長 |
| | Stephen J. Wright | フィスク大学学長 |
| | Jerrold R. Zacharias | MIT教授 |
| | Francis Keppel | 連邦政府保険・教育・福祉省長官 |
| | Richard Goodwin | ホワイト・ハウス渉外担当官 |

出典：Hugh Davis Graham, *The Uncertain Triumph,* 1984, pp.64-65.

法の規定に盛り込まれる（Chaundhry 1981: 69）。

　タスク・フォースによる高等教育法の原案は，利害の異なる多様な集団を一つにまとめあげたものであった。Parsonsの先行研究に依拠し，その内容を，利益集団と重ねあわせて概観してみる（Parsons 2004: 221）。タイトル1は，国有地交付大学（ランド・グラント・カレッジ）のエクステンション講座を都市部にまで拡大するものである。これは，アメリカ教育協議会（American Council on Education, ACE）と連邦教育局の求めるものであった。タイトル2は，大学図書館の拡大と司書の養成を拡張するための資金を提供するものである。大学生の数の急速な増加に対処するために，研究図書館連盟（Association of Research Libraries）が求めていたプログラムであった。タイトル3は，発展途上の大学への援助というプログラムであるが，その趣旨は「黒人大学」の歴史をもつ大学への助成である。そして，学生支援プログラムであるタイトル4には，給付奨学金だけでなく，中所得層も利用できる連邦保証ローンが含まれていた。これは,中所得層が主に受益者になる授業料タックス・クレジッ

ト(税額控除)を推進する共和党議員を融和するために含められたものであった。タイトル4には,カレッジ・ワーク・スタディと国防教育法ローンの拡大も含まれていた。タイトル5は,全米教員部隊(National Teachers Corps)プログラムであり,国内の貧困地域に教員を派遣するものである。これはVISTAというボランティア・サービスになった。タイトル6は,学士課程教育の指導方法を改善するために,大学に助成金を交付するものである。タイトル7は,高等教育施設法の改正であった。このタスク・フォースの原案は,高等教育法の中に吸収され,その後の高等教育界を経済的に潤すことになる。

　ジョンソンの教育政策は,全体として3つの基本路線に立っている。第一に,低所得層にターゲットを絞り,教育援助を行なうことである。学校への援助法については,それまで何度も審議されていたが,ジョンソン期まで成立に至らなかった。その理由の一つは,公立学校側と私立学校側双方が,援助法によってそれぞれ片方のセクターが潤うことを回避しようとしたためだといわれる。しかし,低所得層を援助するというジョンソン政権の方針は,対立するセクターに援助を受けさせたくないという利害によって,これに反対する行為にブレーキをかけさせた。後述する公民権法と「偉大な社会」政策によって作られた雰囲気は,他者の利益を拒否して,代わりに自分たちの利益を主張するという行為を正当化しにくくしていたのである。

　第二の方針は,初等,中等,高等教育全段階の教育の「質」を改善する方法を,教育政策の各プログラムの規定に盛り込んでいくということである。第三の方針は,すべての関係者を納得させるために,これらの教育プログラムを,一括して「パッケージ」法案として,議会に提出していくということであった。それゆえ,先に「初等中等教育法」が成立してしまうと,高等教育法も同じパッケージ法案であるというとらえ方から,スムーズに立法化が促されることになったという (Chaundhry 1981: 79)。

## (3) 1965年前後における連邦議会の動向

　1965年の高等教育法制定に先立って,前年の1964年7月2日に「1964年公

民権法」(Civil Rights Act of 1964)が制定された。同法のタイトル4によって、連邦政府から資金援助を受ける学校は、人種、肌の色、民族性を理由に差別をしてはならないということが規定された。連邦政府からの資金援助が人種差別を行なう学校やプログラムにまで流れることを危惧していた団体は,以後,連邦援助支持にまわるようになった。

　1965年前後、連邦議会の勢力構成は次の通りである。連邦政府による教育援助に対して、第二次世界大戦以降、民主党は一貫して支持の立場をとっていた。一方、共和党はおおよそ反対の立場である。しかし、1964年末の選挙によって、上院・下院ともに、民主党議員が議会の圧倒的多数をしめるようになった（共和党員140名に対し、民主党員は295名）。しかも、この選挙に敗北し議会を去った共和党議員の多くは、連邦援助に反対し続けた年配の議員であった (Chaundhry 1981: 80)。

　加えて、党派政治をこえて、学生経済支援政策の成立に向けて活動を行なう共和党議員も多数存在していた。ジョンソン政権の「偉大な社会」プログラムの開始とともに、下院では、フォード (Gerald Ford, 38代大統領)が、積極的に学生支援政策成立に向けて動き、コールマン (Coleman, E. Thomas, 1943-, ミズーリ州)、グッドリング (William F. Goodling, 1927-, ペンシルベニア州)などの共和党古参議員と連携した。

　教育援助立法を容易にした下院におけるもう一つの変化は、下院教育労働委員会 (Committee on Education and Labor)の委員長が、バーデン (Graham Arthur Barden, 1896-1967, ノース・カロライナ州、民主党)から、パウエル (Adam Clayton Powell Jr. 1908-1972, ニューヨーク州、民主党)に代わったことである[3]。連邦議会の常任委員会委員長は、公聴会のスケジュールを決定し、小委員会を組織してその委員長を任命する。委員長とそのスタッフの立法過程における影響力は強い。前任者のバーデンは、連邦政府による教育援助に対して一貫して否定的であった。一方、パウエルは、教育援助法の制定の支持派であった (Chaundhry 1981: 83)。

## 第2節　高等教育法 (1965年) の成立

### (1)　政府法案の内容

　1965年1月12日，大統領ジョンソンは，連邦議会に対して，教育援助法の制定を促す「教育教書」を発表した。そして，第88議会を，アメリカのすべての人々に教育を機会均等に与えるための「教育議会」とすることを約束し，次のように述べた。

> アメリカの人々に最高の仕事—若者に対する就学前教育，初等・中等教育，高等教育—を奨励しなければならない。高等教育は，もはや，贅沢品ではなく，必要欠くべからざるものである (CQS 1965: 1374)

　「教書」は高等教育については，大学生への経済支援，小規模大学への援助，大学図書館援助，大学・地域エクステンション・プログラム，特別な領域における人的資源開発を重視することを明らかにした。大学生への経済支援については，第一に，給付奨学金の実施計画を発表した。その理由として，国防教育法学生ローンが不十分であり，経済的な理由から約10万人の優秀な学生が大学進学を諦めているという推計を提示している。第二に，既存の連邦ワーク・スタディ・プログラム（後述）を，低所得層の学生だけでなく中所得層の学生にも利用できるようにすることも提案された。そして所管を経済機会局から，保健教育福祉省に移す意図が示された。第三には，民間貸し付け機関と大学生が結ぶローンについて，連邦保証制度を作り，利子を補給することが提案された。

　この教書にもとづいた初等教育から高等教育までの教育プログラムが，第89議会において，政権側から提出される。このうち，高等教育に関連するプログラムは，高等教育法「政府法案」(以下，「政府法案」) としてまとめられ，上院 (S.600号法案)，下院 (H.R.3220号法案) に提出された。「政府法案」は，次の新しい教育プログラムを含んでいた。①学生支援，②大学エクステンション

および継続教育，③図書館援助，④小規模大学への援助，である。詳細は次の通りである (CQS 1965: 298)。

① 学生支援 (タイトル4)
学生に対する経済支援で，4つのプログラムから構成されている。
(a) 低所得家庭のハイスクール卒業生のためのスカラーシップ事業を開始する。学士課程学生を対象とする。1年間に200ドルから800ドルの学生経済支援金を給付し，初年度予算は7,000万ドル。
(b) 学生ローンに対する連邦保証ファンドを設立する。学生1人につき，毎年最高1,500ドルまでを保証する。さらに，毎年2％まで利子を補給する。
(c) 1964年より経済機会局 (Office of Economic Opportunity) が実施しているワーク・スタディ・プログラムの管轄を，保健教育福祉省教育局に移管する。さらに，低所得層家庭の学生に限定されていたのを，中所得層にまで範囲を広げる。初年度予算は1億2,900万ドル。
(d) 「国防教育法学生ローン」を，1971年度まで3年間延長する。

② 大学エクステンションおよび継続教育 (タイトル1)
大学における成人教育，エクステンション・プログラムをより効果的にするために，補助金を交付する。その教育目的は，住宅，娯楽，雇用，保健，貧困などのコミュニティ問題 (特に都市部) の解決にある。初年度予算は2,500万ドル。

③ 大学図書館援助 (タイトル2)
図書等の購入，職員の養成，図書館研究への補助金を交付する。初年度予算は5,000万ドル。

④ 小規模大学への援助 (タイトル3，5，6)
教育の質を高めるために小規模大学に経済支援を行なう。他大学との教員・学生の交換制度，新しいカリキュラム開発などを奨励する。このような大学への教員採用を目的として，教育局長の権限において，大学院生および教員に対して研究奨学金 (フェローシップ) を授与する。初年度の予算は，3,000万ドル。

この「政府法案」をもとに，連邦議会で審議が行なわれることになるが (**図表4-3参照**) この法案の目的は，①教育の質の向上と，②すべての人々への教育機会の拡大という2つにある。ジョンソンは，次のような声明を議会に送った。

第4章 「教育の機会均等」を求めて　145

**図表4-3　高等教育法立法過程（1965年）**

| 1月12日 | 大統領ジョンソンによる「教育教書」が連邦議会に送られる |
|---|---|
| 2月1日 | HR.3220法案（「政府法案」、上程者は、教育労働委員会委員長であるPowell）が下院に発議される |
| 3月15日 | S.600（「政府法案」、上程者はMorse）が、上院ヒアリングに付託される |
| 4月30日 | 下院ヒアリング終了 |
| 6月11日 | 上院ヒアリング終了 |
| 6月30日 | 下院教育労働委員会の審議で、「政府法案」と「更新法案」H.R.9567が提案される |
| 7月14日 | 下院教育労働委員会が、「更新法案」と報告書（No.621）を下院本会議に上程する |
| 8月25日 | 下院が、368対22で「更新法案」を承認する（「下院案」） |
| 8月31日 | 上院公共福祉委員会に「更新法案」が送付される |
| 9月1日 | 上院公共福祉委員会は「更新法案」を承認し、これを上院本会議に上程する |
| 9月2日 | 上院が、修正ののち79対3で「更新法案」を承認する（「上院案」） |
| 10月19日 | 「上院案」が採用した両院協議会報告書が採択される（No.1178） |
| 10月20日 | 下院で、313対63で「上院案」が承認される |
| 10月21日 | 上院で、両院協議会報告書が承認される |
| 10月23日 | 最終法案（H.R.9567）に下院議長が署名する |
| 10月27日 | 最終法案が大統領に送付される |
| 11月8日 | 大統領が最終法案に署名し、高等教育法が成立する（PL89-329） |

出典：Congressional Quarterly Service, *Congressional Quarterly Almanac, 89th*, Congress 1st sess. 1965年より構成。

　われわれのこの時代、この社会にとって、第一番目の任務は、教育であり、それは、われわれの議題のなかでもっとも重要なものである。高等教育は、もはや贅沢品ではなく、必要品である。大学短大は発展してきた。しかし、われわれは、それをもっと必要としており、高等教育の機会を、中・低所得層の人々に対しても拡大しなければならない。小規模大学やまだ発展途上にある大学を援助すれば、その教育プログラムが改善されるであろう。大学の図書館を充実させよう。貧困や地域開発という国家の問題を処理するために、われわれの偉大なる高等教育という貴重なすばらしい財産を利用しよう（Chaundhry 1981: 87）。

## (2)　連邦議会下院における審議過程とその争点

　高等教育法「政府法案」HR.3220は、教育労働委員会委員長パウエルと他の議員数名によって、下院に提出された。そして、下院教育労働委員会の教育特別小委員会において、「政府法案」に対するヒアリングが行なわれた（1965

年2月1日〜3月19日)。上程者の一人である下院議員グリーン (Edith Starrett Green, 1910-1987. オレゴン州, 民主党)は, 法案発議にあたって, 2つのことを強調して述べている**4**。第一に, これがジョンソン政権の勧告にもとづく包括的教育援助法案であること。第二に, コミュニティ問題を解決するために, 都市部においても, 従来農村部で行なわれていた大学のエクステンション・サービスと継続教育 (continuing education) を行なうということである。第2章で論じた1862年の「モリル法」は農業社会の発展を目的としたが, 1965年の高等教育法は, 現代の都市社会に役立つことをめざしていた (Chaundhry 1981: 84)。

　前項でみたように,「政府法案」は,学士課程の大学生を対象とするスカラーシップ・プログラムを含んでいる。アメリカ教育政策史において, 経済支援を必要としている大学生に対するスカラーシップが, 政権から提案されたのは, これがはじめてのことである。

　第3章第2節の図表3-3で比較を試みたように, 国防教育法成立において争点となったのは, 大学生を対象とするスカラーシップの是非であった。国防教育法のたたき台となった「委員会法案」は, 大学生へのローンとスカラーシップを含んでおり, それが「政府法案」との大きな違いであった。最終的に, 連邦議会が承認した「委員会最終法案」は, ローンとスカラーシップの両方を含んでいた。しかし, アイゼンハワー前政権は, 巨額な予算を必要とするスカラーシップに難色を示し, 最終的な調整時に, 国防教育法からスカラーシップをはずした。

　このように, 学士課程の大学生に対するスカラーシップは, 国防教育法の制定時には最後まで争点となったものであった。また, またアイゼンハワー政権からは最後まで拒否されたプログラムであった。したがって, 高等教育法の立法化にあたって, 政権側から, 大学生に対するスカラーシップが提案されたことは特筆されるべきことである。

　下院ヒアリングにおける最初の証言者は, 保健教育福祉省長官であるセレブリーズ (Anthony J. Celebrezze) である。彼は, 1970年までに, 大学の学生数が

50％増えると想定し，施設を増やし改善することを主張した。そして，学生支援の機会が拡充されないと，能力ある約10万人のハイスクール卒業生が，大学に進学できないだろうと証言した。そして，教育局長のケペルが，個人の状況にあわせて，スカラーシップ，ローン，ワーク・スタディの3種類の学生経済支援を組み合わせる「パッケージ」方式をとることを提言した (CQS 1965: 298)。

一方，大学関係者は，次のような意見を述べた (CQS 1965: 299)。「アメリカ教育協議会」(American Council on Education, ACE) と「アメリカ大学協会」(Association of American Colleges, AAC) の会長バビッジ (Homer Babbidge) は，四年制大学に限定されている「小規模大学への援助」プログラムに，二年制の短大やコミュニティ・カレッジも含めることを求めた。「全米職業学校協会」(United Business Schools Association) の会長トリビー (Walter Tribbey) は，ビジネス，貿易，技術系の職業専門学校に在籍している低所得層の学生が，利子の低い学生ローンを望んでいることを証言した。「高等教育協会」(Association for Higher Education)，「全米州立大学ランド・グラント・カレッジ連盟」(National Association of State Universities and Land-Grant Colleges)，「アメリカ学校カウンセラー協会」(American School Counselor Association) も「政府法案」を支持した。

アメリカ最大の労働組合として，百余りの加盟労働組合と合計1,000万人以上の労働者を擁する「アメリカ労働総同盟—産業別組合会議」(American Federation of Labor-Congress of Industrial Organizations, AFL-CIO) を代表して，法制担当委員長ビミラー (Andrew J. Biemiller) が「政府法案」を支持した。そして，学生一人当たりのスカラーシップの最高限度額，初年度予算を増額し，受給のための家庭の所得基準を緩めるよう要請した (CQS 1965: 299)。

また，「黒人スカラーシップ・サービス基金」(National Scholarship Service and Fund for Negro) を代表し，会長のプラウト (Richard Plaut) も，「政府法案」を支持した。彼は，もっとも困難な状況にいるのは，能力がありながら経済力がなく，しかもローンを借りるには信用保証のない学生であると報告した。そして，彼らには，「政府法案」のタイトル4のセクション407と408が有益である

と証言した。セクション407は,高等教育機関に対して,ハイスクールのガイダンス職員と協力して,低所得層の優秀な学生をみつけだし,ハイスクール在学中から試験的に奨学金を支給することを義務づけていた。また,セクション408は,教育局長に対して,低所得家庭の優秀な学生に大学や奨学金についての情報を提供する任務を,民間や公的機関に請け負わせる権利を与えるというものであった (Chaundhry 1981: 97)。

特別教育小委員会は,1965年5月18日,スカラーシップを含み,他のプログラムの予算増額を行なう一方,連邦保証ローンを削除する形で,政府法案の修正法案を承認した。これが下院教育委員会に上程されたが,審議中,政権から連邦保証ローンを復帰させるよう強い要請があったため,委員会は,最終的にこれを復帰させた。また,スカラーシップには,「教育機会給付奨学金」(educational opportunity grant) という名称が与えられた。「政府法案」はこのような経緯の後,下院委員会で,21対2で承認され (反対の2名は南部共和党議員),「更新法案」(HR.9567) となり報告書 (Report No.621) とともに,7月14日,下院本会議に付託された (CQS 1965: 300)。

委員会の報告に対して,下院多数党である民主党は次のような見解を発表した。第二次世界大戦以後,高等教育機関の数は,866校から2,300校へと増加した。1954年から1964年までの10年間には,大学生の数は240万人から480万人へと増加している。この傾向はさらに10年間続くと予想される。人口増によって,現在の教育施設は過密状態になっている。新しい教育機関が全国に誕生したが,成長とひきかえに,教育の質がおろそかにされている。不十分な図書館,能力ある教員の欠如,学生でひしめく教室,不十分なスカラーシップ財政,これらは,アメリカの多くの大学の特徴となっている。この状態が続けば,とても危険な現象になるといえよう」(CQS 1965: 300)。

下院本会議での争点は,スカラーシップ問題であった (CQS 1965: 301)。共和党で2番目の古参議員であるグリフィン (Robert Paul Griffin, 1923-. ミシガン州,共和党)は,スカラーシップを削除し,その予算をコミュニティ・カレッジの増設に利用することを求めた。スカラーシップよりも,無償で簡単に入学

できる短期大学を援助するほうが，貧しい学生に恩恵をもたらすであろうと述べている。

　一方，教育特別小委員会の委員長であるグリーンは，次のように述べている。「現在行なわれている12年間の無償初等中等教育に異議を唱える議員はいないはずである。また，大学院で学ぶ17年生（筆者注，大学院の１年生を意味している）に，フェローシップを与えることにも，連邦政府と議会は好意的である。しかし，その中間である13年生から16年生に対して（筆者注，大学の４年間を意味している），いかなる援助も与えないというのはおかしい。マンパワー開発・再訓練法の受給者に1,000～1,100ドルを，『職業部隊』(Job Corps)の登録者に6,000～7,000ドルを与える一方で，IQが120以上ある低所得層のハイスクール卒業生に，500ドルの『教育機会給付奨学金』(educational opportunity grant)すら与えない，というのは疑問である」。これがグリーンの主張であった (CQS 1965: 301)。

　このような審議が行なわれた後，下院本会議は，1965年８月26日，「更新法案」(HR.9567)を，368対22の圧倒的多数で承認した。「更新法案」に対して，いくつかの修正案が出された。連邦政府による学生ローン保証事業に対する修正案が，特別教育小委員会の委員長グリーンから提出された。これは，州のローン保証プログラムのみならず民間ローンにも，連邦の前貸金の支給を認め，連邦の基準を充たせないローンに対しては，２年間利子支給を認めるというものであった。この修正案は「アメリカ銀行連盟」(American Bankers Association)とジョンソン政権によって導きだされた結論であると委員長が伝え，これが承認された (CQS 1965: 301)[5]。

## (3) 連邦議会上院における審議過程とその争点

　一方，上院では，1965年１月19日に，労働公共委員会の教育小委員会の委員長モース (Wayne Morse. 1900-1974. オレゴン州，民主党) によって，高等教育法「政府法案」(S.600号法案) が上程された。小委員会でヒアリング（３月16日～６月11日）が開かれたが，証人のほとんどは，下院と同じ顔ぶれである。

まず，保健教育福祉省長官のセレブリーズが証言し，国防教育法ローンの財政が逼迫していると述べた。そして，1,574大学に交付された国防教育法学生ローンのファンドから，約60万人以上の学生に，約4億5,300万ドルが貸し付けられていると発表した。同ローンの債務不履行について尋ねられた彼は，「思われているほど悪くはなく，約3％である」と答えている (CQS 1965: 302)。

全米教育協会 (NEA) を代表して，マッケイ (Robert McKay) は，同団体が，能力ある生徒に大学入学の機会を拡充することを望んでいると証言した。そして，高等教育機関は全米の初等・中等学校の教員・職員を誕生させる場所であるので，その教育を質的にも量的にも改善することを期待していると述べた (Chaundhry 1981: 108)。

上院での審議中，7月17日，大統領ジョンソンが，高等教育法「政府法案」とは別の教育法案である「1965年教職法」(Teaching Profession Act of 1965) も，この会期に成立させるよう議会に申し入れた。この法案は「アメリカのもっとも才能ある人々を，アメリカの学校へ導く」ことを目的とし，次の3つのパートから構成されている。①使命感をもつ教員が，都市のスラムや地方の貧困地域で就職することを援助する「全米教員部隊」(National Teachers Corps)制度の創設。②教員志望の学生や教員経験者に，能力開発を援助するためのフェローシップを与える。③フェローの在籍する大学に対して教育費を支給し，教員養成コースを拡充するための援助金を交付する。初年度に，3,000万ドルの補助金と，最高3,000人のフェローシップ予算を認める法案であった (CQS 1965: 302)。

9月1日，上院労働公共委員会に，下院から「更新法案」(HR.9567)が送付された（以下，「下院案」と記す）。同委員会は，これに，いくつかの修正を加えてから承認し（以下，「上院案」と記す），上院本会議へ上程した。「上院案」は，大統領の要請した「1965年教育養成法案」のうちの「全米教員部隊」プログラムを含んでいた。これは，上院議員エドワード・ケネディ (Edward Moore Kennedy, 1930- マサチューセッツ州，民主党) とネルソン (Gaylord Anton Nelson, 1916-,

第4章 「教育の機会均等」を求めて　151

ウィスコンシン州，民主党)による修正である。上院本会議では，クラーク(Joseph Sill Clark, 1901-1990, ペンシルベニア州，民主党)が，連邦保証ローンの対象機関に州の教育当局も含めるよう修正を要求し，これが認められた。そして，1965年9月2日，上院は「下院案」を修正した「上院案」を，79対3で可決し両院協議会へ送付した。

## (4) 下院案と上院案の調整

下院案と上院案は，次の内容で異なっていた (CQS 1965: 303)。

① プログラムに関する予算支出権限について，下院案は，1966会計年度分のみ議会に与える。その後の数年間に関しては，各年ごとに新たに予算が検討される。上院案は，1966年から1970年までの会計年度に，総額約47億ドルの予算支出権限を議会に与える。

② 大学エクステンションおよび継続教育（タイトル1）と図書館援助（タイトル2）のための予算額は，上院案のほうが小額である。

③ 「小規模大学への援助」（タイトル3）について，下院案は，二年制の短期大学を除外し，1966会計年度の予算額は3,000万ドルである。上院案は短期大学も含め，予算額を5,000万ドルに増額している。

④ 「学生への援助」（タイトル4）については，両法案ともほとんど同じである。ただし上院案は，学生ローンの返済をスムーズにするために，国防教育法を修正する新しいセクションを含んでいる。これは，国防教育法学生ローンの徴収に問題が発生しているという，保健教育福祉省長官セレブリーズの発言を上院委員会が考慮したことによる。

⑤ 「教職関連事業」（タイトル5）について，上院案は，貧しい地域における教育活動を改善するための新しいプログラムの実施と，ジョンソンより要請された「全米教員部隊」プログラムを含んでいる。また，公立学校の人種差別撤廃政策によって解任された教員のための予算を確保している。

⑥ 「学士課程の改革」（タイトル6）については，上院案は，諸大学の要望

を加味して，設備の改善や教授陣の質向上のための新しいタイトルを追加している。

⑦ 「1963年高等教育施設法 (Higher Education Facility Act of 1963)の改正」(タイトル7)について，上院案は，学士課程および大学院の施設建設のためのグラントを，特別な科目領域に限定して認めている。施設建設のための予算は，下院案が2億9,000万ドル，上院案では1億6,000万ドルであった。

10月20日，両院協議会で，下院案と上院案の調整が行なわれ，上院案が採用された。両院報告書を作成するにあたって，上院案の「全米教員部隊」プログラムをめぐって対立がおきたが，結局これは残されることになった。最終採決が行なわれ，313対63で，上院案が下院で承認された。最後に，再び，両院協議会で，若干の小規模な修正が行なわれた。タイトル5の「全米教員部隊」と教員へのフェローシップ，タイトル6「小規模大学の改善」プログラムが正式に認められた。また，タイトル2の『学生支援』のスカラーシップを，国防教育法学生ローンのファンドから切り離し，名称も「教育機会給付奨学金」(Educational Opportunity Grant, EOG) とすることが正式に承認された (CQS 1965: 305)。

10月27日，両院協議会でまとめられた最終法案と両院協議会報告書(下院上程報告書1178号)がホワイト・ハウスに送付された。1965年11月8日，大統領ジョンソンが，最終法案に署名し，ここに高等教育法が制定された。

高等教育法の制定が進められた要因の一つは，大統領の教育への関心と，民主党多数支配という連邦議会の政治的力学である。第二には，ヒアリングにみたように，大学関係者や経済界のなかに，人口の増加，知識と技術の発達によって，アメリカの高等教育の歩みが遅れているというコンセンサスができていたことが大きい。高等教育法案を積極的に支持したAFL-CIO代表の証言にみるように，高等教育は現代においては必要不可欠なものであり，経済力がないという理由で能力ある若者の教育機会を剥奪してはならないという考え方は，経済界にも及んでいた。この急速な変化に大学が追いつくのを

助けるために，連邦資金は不可欠なものであるとみなされていた。第三に，教育への新たな需要を満たすため，連邦援助が必要であるということを，高等教育の代表者たちが，議会ヒアリングにおいて積極的に印象づけていったことが大きい。高等教育法の成立において，高等教育関係団体は，利益団体として連邦議会に積極的に関与していった。

　ジョンソン政権の手法の卓越さは，「貧しい人々」を支援するという，批判を受けにくい教育理念を用いたこと，初等から高等教育まですべての利益団体に有利に働く包括的なパッケージ法案をまとめたことにあるといえる。この手法には，本書の第3章第1節でみた国防教育法の立法過程での動きと共通するものがある。国防教育法成立過程でも，「国家の安全」という，連邦政府に与えられた大義名分が用いられた。そして，その内容は，すべての利益団体を納得させられるような包括的教育法であった。

　また，国防とは直接関係しないが，ジョンソン政権の用いたスローガンの一つが，*War on Poverty*であったことも重要であろう。「貧困との戦い」と柔らかい日本語で訳されることが多いが，"貧困に対する戦争"もしくは"宣戦布告"という言葉を政権が使うことの意味は大きい。当時のアメリカ国内での地域における貧富差は大きかったが，先進諸国の先頭にいる当時のアメリカ社会の福祉・教育政策に用いるには，強いレトリックである。

　後述するように，第3章でみた国防教育法の各プログラムは，初等・中等教育法，高等教育法，職業教育法にすべて吸収された。一方は「国防」，他方は「偉大なる社会」「貧困との戦い」という異なる理念を掲げながらも，アイゼンハワー政権の国防教育法と，ジョンソン政権の教育援助法は，立法の内容と立法化の手法において共通する部分が多い。

　また，同じく第3章第1節でみたように，国防教育法成立まで，教育局は，連邦政府のなかできわめて権限の弱い部局であった。同法によって，教育局は，初等教育から高等教育までの教育プログラムに財政的に関与するようになった。そして，各州の教育当局には直接的に，各地方学校区には間接的にその影響力を及ぼすようになっていく。国防教育法の成立・実施によって連

邦政府教育局の力が拡大したことは，高等教育法の成立・実施過程において大きな役割を果たすことになった。

## 第3節 「教育機会給付奨学金」(EOG)と「連邦保証ローン」(GSL)

### (1) 高等教育法の構造と大学生への経済支援

1965年に制定された高等教育法は，その後，数度の修正を経て，現在(2005年)まで，アメリカ連邦政府による高等教育政策の基本法として機能することになった。成立当初の高等教育法の各タイトルを次に記す (USGPO 1965: 4027-32)。

> 1965年高等教育法
> タイトル 1 「大学の行なう社会奉仕活動と成人教育活動に対する援助」
>      2 「大学図書館の拡充および図書館職員の養成」
>      3 「『発展中の大学』の強化」
>      4 「学生に対する援助」
>      5 「初等・中等学校教員に関する事業」
>      6 「大学の設備拡充を目的とする財政援助」
>      7 「雑則」

タイトル4は，①スカラーシップ，②連邦保証ローン，③ワーク・スタディの3つの学生支援事業に連邦支出金を認めた。経済必要度に応じて，給付奨学金，貸与奨学金，ワーク・スタディを組み合わせた「パッケージ」方式 (package) によって，学生支援を行なう。このパッケージ方式はアメリカの大学生経済支援政策の基本的特色となり，現在まで継続されている。学生支援政策の制度的な枠組みは高等教育法によって形成された。

高等教育法による学生支援政策の目的は，アメリカの「すべての子ども」

の知力と技能を最大限に伸ばすことであり，機会均等の実現である。学生支援を規定したタイトル4は，4つの内容から構成されている。次に，高等教育法によって始まった3つの学生支援プログラム（パートA，B，C）の内容，方法，当時の予算などについて概略する。

**高等教育法（1965年）タイトル4の構成**

| パートA | EOG（Educational Opportunity Grants, 教育機会給付奨学金） |
|---|---|
| | 大学生に対する連邦給付奨学金 |
| パートB | GSL（Guaranteed Student Loans,連邦保証ローン） |
| | 地方自治体や銀行の学費ローンに対する連邦政府による保証事業 |
| パートC | ワーク・スタディ・プログラムのための補助金（Grants for work-study program） |
| | 学生のアルバイト賃金に対する連邦政府の補助金支給 |
| パートD | 「国防教育法学生ローンの修正」（管理・返還方法の変更） |

## (2) EOG（教育機会給付奨学金）

　パートAの「EOG（教育機会給付奨学金）」(Educational Opportunity Grant)は，低所得層の大学生を対象とする。大学に入学を認められた者，また，成績良好な在学生のうち，経済支援がなければ学業の継続が困難な者であること，というのが条件となっている。給付であるので「グラント」という奨学金カテゴリーに入る。しかし，「大学入学レベルの成績良好者」を対象にしているので，現実には受給資格に能力も含まれている。そういう視点に立てば「スカラーシップ」にカテゴライズできなくもない。事実，「政府法案」が上程された段階では，このプログラムはスカラーシップと称されていたが，審議の途中でこの名称に変更された。Congressional Quarterly Serviceの議会記録は，「"scholarships"ではなく，"educational opportunity grants"と，外見を変えてはいるが，高等教育法によって連邦スカラーシップ予算が認められた」と記載している（CQS 1969: 714）。通常使われるスカラーシップという言葉には，優秀なエリートのため奨学金という響きがある。「貧困との戦い」政策を掲げるジョンソン政権にとって，「教育機会給付奨学金」のほうが望ましかったと思われる。

EOGは，以上の条件を充たしている限り，大学を卒業するまで，最高4年間継続して支給される。金額は，一人当たり年額200ドルから800ドルである。EOGは，その学生にとって必要であると計算された学生経済支援の総額の50％を上限として支給される。あとの50％は，大学の提供する給付・貸与奨学金，国防教育法学生ローン，あるいは，州または民間機関による学生経済支援でまかなわねばならない。成績良好な者（学年上位50％圏内にある者）は，大学入学後第2年目から毎年200ドルの追加支給を受けることができる。

　EOGのための連邦予算は，大学の在籍者数にもとづいて各州に比例配分される。教育局長が，各州への配分額を決めた上で，どの大学にどれだけの額を交付するかを決める。その後は，各大学が，奨学生の選考，各奨学生への支給額の決定などを行ないEOGの管理責任をもつ。この方式は，第3章で考察した「国防教育法学生ローン」と同じく「キャンパス・ベース」の学生経済支援にカテゴライズされるものである。

## (3)　GSL（連邦保証ローン）

　パートBの「GSL（連邦保証ローン）」(Guaranteed Student Loan)は，銀行その他の機関が大学生のために進んでローンを貸し付けるよう促すことを目的としている。具体的には，州または民間の非営利的な学資ローンに対する債務保証ファンドの新設または強化に対して，連邦政府が一定の融資を行なう。この融資の目標は，ローンを必要とするすべての学生にそれを与えることにある。州または民間機関ローンの再保証事業が，その州内の学生の必要を充たしていないと連邦教育局が認めた場合には，教育局が自ら連邦政府の保証ファンドを設置しうることになっている。

　債務保証の対象となるローンは，学生一人当たり年額1,000ドル以上1,500ドルまで，返済期間が大学卒業後9ヵ月後から5年ないし10年以内のものとなっている。利子は6％である。一年当たりの返済額は最低360ドルとされている。死亡その他の理由で学生がローン返済義務を履行することができなかった場合，この保証ファンドから元金の未返済額の80％が支払われる。

また，連邦政府は，家庭の所得が年間1万5,000ドル未満の学生に対するローンについては，在学中に支払うべき利子の総額および卒業後支払うべき利子の最高3％分までを負担する。各州の18〜22歳人口に応じて，連邦政府の資金が50州に比例配分される。GSLは，現在まで継続しているが，この拡充に功績のあった上院議員スタフォード（Robert Stafford, 1913-, バーモント州，共和党）の名前をとり，「スタフォード・ローン」(Stafford Loans) と名称が変更されている[6]。このローンの返済方法についての規程は，国防教育法学生ローンとほぼ同じである。国防教育法学生ローンは，連邦政府による学生経済支援の基本様式とみなされていた（Kiernan 1992: 180）。

### (4) ワーク・スタディ

「ワーク・スタディ（Work-Study）」は，学生に「働きながら学ぶ」ことを奨励するために設けられたものである。連邦補助金の交付先は，教育機関，非営利団体，あるいは連邦，州，地方公共団体などである。大学などで行なわれるアルバイト賃金の90％を連邦政府が補助する。対象となるアルバイトは，学内の場合，食堂，図書館，奨学金担当事務などの仕事が多い。この制度は，1964年の経済機会法（Economic Opportunity Act）によってはじめて設けられたものである。その後，高等教育法タイトル4に編入され，次の2点が改正された。第一に，連邦補助金の所管が経済機会局から保健教育福祉省教育局に移された。第二に，経済機会法では，対象は，年間所得3,000ドル以下の家庭の学生に限られていた。高等教育法はこの制約を原則はずす一方，低所得家庭の学生に優先権を与えることを規定した。フルタイムで大学に在籍する学生に対して，学期中は週20時間，休暇中は週40時間を超えない範囲で雇用の機会が与えられる。アルバイト賃金は法定最低賃金と同じで，その管理は大学にまかされる。

## 第4節　政治的アリーナを形成した高等教育界

連邦議会は，1966会計年度に，EOGに5,800万ドル，GSLに1,000万ドル，ワーク・スタディに4,000万ドルを支出することを可決した。3年後の1969会計年度の学生数と総費用を示したものが**図表4-4**である。EOGは，アメリカ教育史上はじめての一般大学生に対する連邦政府給付奨学金である。国防教育法では，大学院学生に対する給付奨学金が実施されたが，大学生に対してはローンしか行なわれなかった。また，その受給資格も，当初は「国防」と関連した科目を学習する学生に限定されていた。しかし，高等教育法のEOGは給付であり，かつ連邦政府の役割とされてきた国防問題とは関係なく，一般の学生を対象としている。高等教育法のEOGによって，教育の機会均等を直接目標にした連邦政府の大学生経済支援政策が誕生したといえよう。

**図表4-4　1969会計年度の学生経済支援プログラム**

| 1969会計年度 | 学生数（人） | 総費用（100万ドル） |
|---|---|---|
| 教育機会給付奨学金（EOG） | 292,600 | 131.4 |
| 連邦保証ローン（GSL） | 515,408 | 39.9 |
| ワーク・スタディ | 375,000 | 133.8 |
| 国防教育法学生ローン（NDSL） | 429,000 | 181.8 |

出典：Congressional Quarterly Service, *Congress and the Nation, 1945-1964*, 1969, p.715 より作成。

また，EOGプログラムは，これに参加する大学に対して，「特別に支援を必要とする」学生を特定し，彼らを募る「厳しい」努力を行なうことを求めた。これによって，高等教育機関における学生支援サービスの発展が始まることになる。高等教育機関の学生支援担当者は，業務の拡大による新しい知識の習得や情報の交換のために，1966年10月に全国的な組織「全米学生経済支援委員会」（National Student Financial Aid Council, NSFAC）を設立した。この組織は，1969年に名称を「全米学生経済支援管理者連盟」（National Association of Student

Financial Aid Administrators, NASFAA) に変え，現在に至っている。NASFAAには，個人会員だけでなく，約3,000の高等教育機関が団体会員として加盟しており，雑誌 *"Journal of Student Financial Aid"* を発行している (Gladieux 2005: 175)。

　高等教育法以降の学生経済支援政策によって，希望すれば高等教育への進学は実現可能なことであるという認識が，アメリカにおいて一般的に定着した。公民権運動に代表されるような社会的正義と公正をもとめる運動の一つの成果として，高等教育法は評価される。

　これまで分析したように，高等教育法の目的は，教育機会の均等であった。同法立法過程における争点，および成立した法規の中心的内容は，学生に対する経済支援であった。それは，高等教育への門戸開放を，経済力のない人々にも開くものであった。低所得層にとりわけ焦点をあてて，すべての場所ですべての段階の教育を発展させ拡充させようとしたジョンソン政権の総合的な努力の結果であるといえる。それ以前の連邦政府による教育援助法が，世界大戦や国家の危機を契機としてなされてきたのに対し，高等教育法は，ジョンソン政権の社会福祉的視点と結びついたものであり，高等教育における機会均等の実現をめざした政策選択であった。

　また，高等教育法の成立は，その後の学生支援政策の発展へとつながっていく連邦議会教育関係委員会を中心とした，高等教育界，教育局らの連携というメカニズム，政治力学的な場を形成したことでも重要といえる。連邦レベルでの高等教育政策の意思決定について研究を行なっているParsons (Parsons 1993, 2004) は，1965年の高等教育法制定過程において，高等教育政策決定のための "Communication Community" が誕生したと位置づけている。Parsonsによれば，高等教育法以前は，議会と教育局と高等教育関係者の間に，連携のための共通言語がなかったという。高等教育法制定のための議会ヒアリング，ロビイング活動，利益団体の議論や連携を経て，公平性，アクセス，直接貸与，保証ローン，ローンと給付奨学金のバランス，ニード分析といった政策概念を，関係者が獲得していくことになった。ジョンソンは高等教育法という立法を作っただけでなく，高等教育政策と政治的アリーナの発展の

ための基礎を敷いたとParsonsは位置づけている(Parsons 2004: 216)。

首都ワシントンDCにおける高等教育関係の団体の活動と協力関係は,高等教育法の成立以降活発になった。**図表4-5**は,高等教育団体のロビイング活動についての量的・質的調査を行なったCookが,「ビッグ・シックス」(Big Six)とよばれる団体の関係を示したものである。すでに19世紀から存在していた団体もあるが,いずれの団体も,1960年前後に,ワシントンDCの「デュ

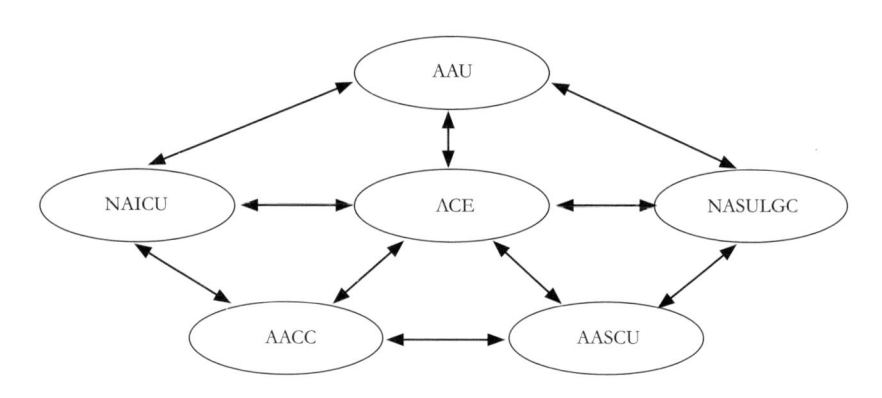

**図表4-5 主要高等教育団体の関係**

```
              AAU
         ↗    ↕    ↘
        ↙           ↘
    NAICU ←→ ACE ←→ NASULGC
        ↘     ↕     ↙
         ↘   ↙ ↘   ↙
          AACC ←→ AASCU
```

| 略　　称 | 正式名称(1997年時) | 主な加盟校 | 設立,前身など |
|---|---|---|---|
| NASULGC | National Association of State Universities and Land Grant Colleges(全米州立大学ランド・グラント・カレッジ連盟) | 州立大学 | 1963年<br>AAACES(1887年)<br>NASU(1895年)<br>SUA(1930年) |
| AAU | Association of American Universities(アメリカ大学連盟) | 研究大学 | 1900年 |
| NAICU | National Association of Independent Colleges and Universities(全米私立大学連盟) | 私立大学 | 1976年<br>AAC(1915年) |
| ACE | American Council on Education(アメリカ教育協議会) | 諸団体の統括団体 | 1918年 |
| AACC | American Association of Community Colleges(アメリカ・コミュニティ・カレッジ連盟) | コミュニティ・カレッジ | 1992年<br>AACJC(1972年) |
| AASCU | American Association of State Colleges and Universities(アメリカ州立大学連盟) | NASULGC,AACC以外の公立大学 | 1961年 |

出典：Constance Ewing Cook, *Lobbying for Higher Education: How Colleges and Universities Influence Federal Policy*, 1998, p.11, pp.19-25 より構成。

ポン広場」周辺に事務所を設置した。そして，連邦議会での証言，議員・行政関係者との公的・私的交渉，他の団体との連携，法案の草案作成の支援などのロビイング活動を行なうようになっている（Cook 1998: 146）。

注
1　たとえば，ジョンソンは，自分自身について次のように語っている。「私は，人間にとって貧乏がどのようなものであるかということを知っている。私自身失業したことがある。職業安定所に行き，就職口を待っていたことがかつてあった。少年の頃は靴磨きもした。早朝から暗くなるまで働いて，一日1ドルしかならない道路工事の仕事もした。ボーナス・アーミー（第一次世界大戦後の退役軍人のデモ行進―第1章第1節を参照）の一団が，アナコスチアの低湿地へと道を追われていった日のことをおぼえている。私は，ローズベルト政権の初期，全米青年局の支部長をしていた時，子どもたちが，貨車に無賃乗車をしていた頃のことを思い出す。ごみ箱に捨ててあるグレープ・フルーツの皮を探し出し，子どもたちは朝食がわりに食べていた」（Johnson 1964: 22）。
2　全米青年局（NYA）は，1935年の経済恐慌期，ローズベルト政権によって，失業青年の救済を行なうために労働振興局（Works Progress Administration）の一機関として設立された。目的は，青年の教育機会を拡大し，教育訓練によって就職ができるような技能を青年に与えることであった。各州に下部機関を組織し事業が行なわれた。ジョンソンは，大学時代の自治活動の経歴を評価され，ローズベルトより異例の若さでテキサス州の支部長に任命されている。
　NYAの活動は，中・高等教育機関の学生への援助，18歳から24歳までの失業青年への援助，各州の機関および連邦雇用機関との連携事業，「黒人」青年への援助が中心であった。学生にはアルバイト，失業青年には雇用提供の形で援助が行なわれたが，単なる労働提供ではなく訓練・経験を与え雇用能力を高める仕事が選ばれた。ジョンソン政権時の高等教育法による連邦ワーク・スタディ・プログラムもこの流れをくむと思われる。
　柳久雄は，NYA事業を評価しつつも，次のように批判的な視点を提示している。「とくに注意すべきことは，第二次世界大戦の直前には，国防上の熟練労働者の不足から，この方向にNYAの計画の重点が移されたことである。すなわち，1937年頃には，失業者が500万人もいるのに，他方では軍需生産の熟練労働者の不足が訴えられ，軍需生産目的のために，NYAはCCC（筆者注―Civilian Conservation Corps, 市民保全部隊）とともに，その一翼を担うことになったのである」。そして，ミネソタ大学学長コフマンの次の発言を引用している。「私は，少なからざる不安をもって，教育計画について命令する連邦政府の圧力の増大を見守ってきた。

……NYAを設置するさいに，州や地域の教育職員は無視された。教育にほとんど経験のない人の手に，権威が集中された。……やがて，教育内容がワシントンから指令され，要求される事態になるのも，ほんの一歩手前であろう」(柳 1976：122-123)。コフマンの発言は，連邦援助に対する当時の懐疑的な見方を代表するものである。

**3** パウエルの経歴は次の通りである。1908年にコネチカット州ニューヘイブンに生まれ，ニューヨーク市内の公立高校を経て，ニューヨーク州のコルゲート大学(Colgate University)，コロンビア大学を卒業後，ノースカロライナ州の「黒人大学」であるショー大学 (Shaw University) の神学部を卒業。1937年に，アビシニアン・バプティスト教会の牧師となる。1941年には，ニューヨーク市市会議員になり，1945年に下院議員に選出される。アイゼンハワーの選挙時には，民主党員でありながら応援に回る。1960年より下院教育労働委員会の委員長を務める。1967年に議会公費の流用疑惑によって除名されるが，再選挙で再選される。1969年には下院の除名処分に対して，連邦最高裁判所より違憲判決が下るが，1970年の再選挙では敗北する。パウエルは，当時のアフリカ系アメリカ人の指導者的役割を果しており，教育援助法案に対して常に肯定派であった。

**4** グリーンは，教育関係者を支持団体とする女性議員である。経歴は次の通り。1939年にオレゴン大学卒業後，1930年から1941年まで，オレゴン州セーレムの学校教員を経た後，1943年から1947年までオレゴン教育連盟 (Oregon Education Associations)の公報部長を務める。1955年から1975年まで下院議員。NATO, UNESCOの政府代表，「女性の地位に対する大統領委員会」委員などを歴任した。1972年の改正教育法 (1965年高等教育法の再授権を含む)の制定においては，高等教育団体とともに「機関援助」を支持したが委員会をまとめあげることはできなかった。その一方で，1972年改正教育法の男女差別撤廃規定 (タイトル９) の法案作成には大きな影響を与えた (今野 2004：164)。

**5** 吉田は，この経緯について，次のように述べている。「既存の民間保証機関との利害関係から，金融機関の団体であるアメリカ銀行協会や非営利団体である学生支援基金連合 (United Student Aid Funds)の圧力を受けて『保証ローン』案は一時棚上げされ，妥協の末，連邦政府は民間保証を再保証するという二重構造が形成される」(吉田 1997a：22)。「教書」では，給付奨学金の受給資格のない中間所得層の学生が有利な条件で民間ローンを借りられるよう連邦政府が保証し，利息を負担することが提案されていた。しかし，金融関係機関からの反発によって，最終的には政府側からこのプランを削除し，再保証制度に変更することを議会に求めた。

**6** 1990年代においては，スタフォード・ローンは，連邦政府による大学生経済支援プログラムのなかでもっとも大きな事業となっている。しかし，保証機関に対

して連邦政府が再保証を行なう二重の債務保証制度は，保証機関のローン管理運営をずさんにし，ローンの返還不履行を多発させた。これについては，第5章第3節を参照。

# 第5章
## 拡大した大学生経済支援政策
―― 税優遇・教育費運用口座政策への展開 ――

　1965年の高等教育法は，authorizing statuteであり，「歳出権限法」もしくは「授権立法」と訳されるものである。したがって，同法は，プログラムの目的・運営方法・歳出限度額を設定し，政策の実施権限を行政府に与える（授権）ことのみを規定している。実際の予算支出額は，これとは別に「歳出法」(appropriation act)によって定められる。成立時の高等教育法は，この「授権」を2年間としていた。高等教育法の最初の「再授権」(reauthorization)は1968年に行なわれ，その後，1972年，1976年，1980年，1986年，1992年，1998年に再授権が行なわれている (Parsons 1997: 38-39)。

　再授権時の社会的背景と政策評価を反映した改正によって，高等教育法の学生経済支援政策は多様に変化していく。なかでも，1972年の教育改正法 (Educational Amendments of 1972)による高等教育法の改正の歴史的意義は大きい。30年を経た現在でも，大学生経済支援政策の構造は，同法によるプログラムが基調となっている。予算的にも，同法以降，連邦政府による大学生への経済支援政策は著しく拡大した。本章では，まず，1972年教育改正法のうち大学生への経済支援政策に焦点をあてて，その成立経緯，プログラムの内容などを考察する。そして，1972年以降の学生経済支援政策の変化の過程を

素描し政策史上の意義を検討する。

## 第1節　1972年教育改正法
―― BEOG（ペル・グラント）の誕生とその特徴 ――

### (1)　高等教育法の改正（1968年）

　1965年高等教育法によって連邦政府による学生経済支援政策の骨格が形成されたが，その後，同法はいくつかの改正を経る。連邦政府が学生支援を一つの手法として，高等教育政策を行なっていくメカニズムが確立していく。1972年に先立ち，高等教育法は，1968年10月16日に成立した1968年改正高等教育法 (Higher Education Amendments of 1968, PL90-575) によって再授権を受ける。同法は，1965年の高等教育法，1958年の国防教育法，1963年の高等教育施設法，1966年の国際教育法を整備拡充するために一つの法律にまとめたものである。次のような5つのタイトルから構成されている。

```
1968年改正高等教育法
タイトル 1　学生に対する援助
       2　「高等教育法」の改正
       3　「国防教育法」の改正
       4　「高等教育施設法」の改正
       5　雑則
```

　改正の重点は，タイトル1の学生経済支援事業の変更におかれている。第一に，1965年に開始されたEOG（教育機会給付奨学金）が拡充され年間の予算が40％増額された。第二に，GSL（連邦保証ローン）が拡充され，ローンの資格要件や返済条件について規定が緩和された。また，全米職業学生保証ローン法 (National Vocational Student Loan Insurance Act) の貸付金が，高等教育法の貸付金に統合された。第三に，ワーク・スタディ事業に対する補助金が増額され，

職業教育機関の学生にも適用されるようになった。アルバイト賃金に対する連邦政府の補助金負担額は90％から80％に改められた。

また，ベトナム戦争に対する学生運動の急進化・拡大を反映した改正も行なわれた。大学紛争に参加し意図的に大学の正常な活動を妨害した学生に対し，大学の判断によって，高等教育法の奨学金支給を２年間停止することが決められた (CQS 1969: 730-333)。その他については，基本的に1965年の高等教育法のプログラムが継続された。

### (2) 「1972年教育改正法」までの争点

前項でみた高等教育法の改正は，今日では研究者からあまり論じられることがない小さな改正であり，高等教育法の延長に主眼をおいたものであった。高等教育政策史の研究者，大学生経済支援の専門家たちが，学生経済支援体制を確立する法的整備として一致して評価しているのが，1972年の教育改正法である。同法は，先住民の教育 (Indian Education)，高等教育における性差別の禁止規定など10タイトルにわたる規定を含んでいる。その中でも，中心となったのがタイトル１の高等教育法の改正である。

高等教育法の改正においては，当時２つの大きな争点があった。一つは，「機関援助か個人援助か」という議論である。連邦政府による高等教育への助成事業を教育機関に直接行なうべきか，学生経済支援によって行なうべきかという問題である。そして，第二の争点は，連邦政府による保証ローン (Guaranteed Student loan program) において，銀行，ローン保証会社などの貸与関係機関をどう位置づけるのか，という問題である。この２つの大きな争点の他には，①機関援助もしくは個人援助による連邦の助成金によって，公立大学と私立大学はどのように異なった影響を受けるのか，②助成金を直接的・間接的に得ることになる教育機関は，４年制大学が中心なのか，それとも中等後教育機関の多くが含まれるのか，③その支援は，中間所得層を支援するのか，それとも低所得層を支援するのか，という論点があった。③については，どちらに焦点をあてるかによって，最終的にどのような教育機関が財政的に潤うの

か,という問題にかかわってくる。

当時,アメリカ高等教育政策には,2つの選択肢があったとされる。一つは,個別大学への経営的補助の総額を増大し,その対象を私大まで拡大して機関援助の拡充をはかることである。もう一つは,学生経済支援制度を抜本的に拡大して,個人援助を拡大することであった(日本私立大学連盟学生部 1991:17-19)。この争点をめぐって,高等教育法の改正にもっとも影響を与えたのは,「カーネギー高等教育審議会」の答申であったといわれている。審議会は,1968年から1973年にかけて,22の報告書「カーネギー委員会報告」(Carnegie Commission Reports)を発表している(金子 1988:85)。

そのなかでも,1968年の答申『質と平等——高等教育に対する連邦の責任の新しい段階』(Quality and Equality: New Levels of Federal Responsibility for Higher Education)は,連邦政府による大学生への経済支援政策の推進を明確に提示した(Carnegie Commission on Higher Education 1968)。審議会は,高等教育の受益者は,学生・家族だけでなく,社会全体であるとする立場に立っている。したがって,受益者の一部として,連邦政府は高等教育の費用を負担するべきであるとする。その分担の割合については,個人(学生)が三分の二,政府が三分の一というバランスが望ましいとしている。そして,教育政策の権限が法的に州にゆだねられているアメリカにおいて,連邦政府による管理・統制をミニマムにするためには,経済援助は教育機関に対してではなく,学生支援による個人援助によって行なうことを勧告している。具体的には,高等教育法のEOGをさらに拡大すること,スカラーシップ資金を連邦から大学に交付することなどを提言している(日本私立大学連盟学生部会 1991:7-19)。

また,審議会は,これからのアメリカの高等教育は,「教育機会の平等」を目標の一つとするべきだとの勧告を行なった。そのためには,人種,身分,身体,経済状態において,ハンディをもつ者に配慮する施策が必要となる。ただし,ここで述べられている「機会の平等」は,「自己の能力を証明する機会の平等」(equality of opportunity to demonstrate ability)であり,「結果の平等」(flat equality of results)ではない(日本私立大学連盟部会 1991:200)。

「自己の能力を証明する機会の平等」を重視する審議会は、学生への援助は、個人の状況や能力にあわせて、給付奨学金、貸与奨学金、ワーク・スタディを組み合わせて行なう方法を肯定した。そして、教育機関の独立性を重んじ、かつ個人の状況にみあった援助を行なうには、教育機関が、学生経済支援事業の管理を中心に担うことが望ましいとした。このような勧告の影響を受け、連邦議会は、国防教育法、高等教育法奨学金プログラムを修正・拡充していくことになる。

### (3) 「1972年教育改正法」の成立

1972年6月23日に、連邦議会は、高等教育法や初等中等教育法等を修正する「1972年教育改正法」(Educational Amendments of 1972, S.659, PL92-318)を制定した。これによる高等教育法の修正の規模と理念の斬新さは画期的なものであった。修正条項のタイトルは多岐にわたっているが、予算の三分の二は、高等教育法のプログラムの修正、とくに学生援助の拡充にあてられている。その理由は、低所得家庭の学生に対して教育の機会均等を保証するためには、教育機関への援助は適切でないという考え方が、議会で確認されたからであった。機関援助では低所得家庭の学生に対しても、高所得家庭の学生に対しても均等に援助を与えることになるからである（日本私立大学連盟学生部会1991:19）。1972年教育改正法によって、新たに「BEOG（教育機会基本給付奨学金）」(Basic Educational Opportunity Grant) と「州学生経済支援事業への連邦補助金」(State Student Incentive Grant SSIG) という新しい2つの学生経済支援プログラムが開始された。1972年教育改正法制定までの議会の動きを図表5-1に示した。

1972年教育改正法は、初等・中等教育から成人教育までを含む多岐にわたる内容であり、議会での議論も、当時の人種差別問題を反映し複雑な思想的対立と政治的な力学を含むものであった。ここでは、本研究の趣旨である大学生への経済支援政策に焦点をあてて、議会を中心とする同法の成立までの流れを考察する。

**図表 5-1 1972年教育改正法の立法過程**

| 第1会期（1971年） | |
|---|---|
| 8月4日 | S.659法案が，上院に上程される（上程者は，Claiborne de B. Pell, 民主党，モンタナ州） |
| 8月6日 | S.659法案が，上院で承認される。 |
| 11月2日 | H.R.7248法案が，下院に上程される（上程者は，Edmondson） |
| 11月4日 | H.R.7248法案が，下院で承認される。 |
| 11月8日 | 下院が，上院法案S.659を承認する。修正案をもって委員会の開催を要求 |
| 11月24日 | 上院において，下院法案H.R.7248が全会一致で承認され，労働・公共福祉委員会に付託される。 |
| 12月3日 | 労働・公共福祉委員会実行委員会開催，S.659法案への修正代替案への賛成を勧告 |
| 第2会期（1972年） | |
| 5月22日 | 上院会議報告S.543-13の提出 |
| 5月23日 | 上院，上院会議報告S.543-13を賛成63：15で可決 |
| 5月23日 | 下院会議報告S.543-6の提出 |
| 6月8日 | 下院，下院会議報告H.343-6を賛成218反対180で可決 |
| 6月23日 | ニクソン大統領が署名し，教育改正法が成立する（PL92-318） |

出典：*CQS, Congressional Quarterly Almanac*, pp.385-398, 今野真希「米国連邦政府の男女別学教育政策―1972年改正教育法タイトルIXの成立を中心に」，2002年，pp.162-163より構成。

1972年教育改正法は，上院を中心とする2年半にわたる議会公聴会，審議を経て制定された。同法制定にあたり，保健・教育・福祉省の長官エリオット・リチャードソンは，「教育史における真のランドマークである」と賞賛した。1975年度まで，高等教育プログラムに関して190億ドルを授権した。その一方で，具体的な内容は，ニクソン政権側が提示した連邦教育援助法案からは大きく離れたものであった（CQS 1973: 582）。第3章，第4章で考察した国防教育法，1965年高等教育法の成立においては，アイゼンハワー政権，ジョンソン政権のリーダーシップが大きいものであった。一方，1972年教育改正法においては，ニクソン政権の提案と連邦議会の提案は一致をみなかった。連邦議会側の展開に，大統領はしばしば介入しようとしたがこれは成功しなかった。連邦議会と政権との関係についての先行研究では，1972年法を境に，学生経済支援政策の形成において，政策のイニシアティブは，ホワイト・ハウスから連邦議会へとシフトしたといわれる（Parsons 1997: 51）。

ニクソンは，1970年の「特別教書」において，低所得層の学生への連邦政府による教育援助プログラムを見直すことを提案した。大統領は，年収3,000ドル以下の家庭の子どもは，150万ドルを超える家庭の子どもの5分の1しか大学に進学していないことを危惧していると述べた。そして，連邦政府が実施しているローン・プログラムを廃止し，民間金融市場にシフトさせることを提案した (CQS 1973: 582)。

　これに対して教育関係者などは，政権の提案は，実質的に中所得層の学生のための支援プログラムを削減することを意図しており，提案された民間金融市場へのシフトは，ローンの総額を減らすことになるだろうとのコメントを出した。財政支援は，学生経済支援によって学生数が増えて，スタッフ・施設面で負担を強いられている教育機関に対して交付するべきであるとの立場を示した (CQS 1973: 582)。1970年から1971年にかけての議論を経て，下院も上院も，ニクソン政権側の法案の学生支援プログラムの案のほとんどを拒絶した。そのような経緯を経て，政権は，上院によって採択された基礎的学生給付金プログラムを支持した。

## (4) 「1972年教育改正法」による大学生への経済支援

　1972年教育改正法のうち，タイトル1の高等教育関係以外のプログラムについての概要は次の通りである。タイトル2は職業教育であり，障害をもつ学生のための特別職業プログラム，消費者教育・家庭科教育などへの助成を認めるものであった。タイトル3は，国立教育研究所 (National Institute of Education) の設立を認めるものである[1]。タイトル4は，先住民族 (Indian) の教育に関して，初等・中等教育法 (Elementary and Secondary Education Act)，成人教育法 (Adult Education Act) を改正して拡充を行なうものであった。タイトル5は，地方学校区に対する設備関係の助成，タイトル6は，青少年キャンプ (Youth Camp) の安全性についての連邦政府の基準策定のために，保健教育福祉省長官に調査権を与えることを規定した。タイトル7は，差別・人種問題で緊急を要している学校区に助成を行なうことを規定している。タイトル8は，タ

イトル7と関係して，人種差別・別学を行なっている学校区の改善のために行なわれるバス通学プログラムについての詳細な規定であった。タイトル9は，連邦政府から何らかの助成を受けているプログラムに対して，性差別を禁止した[2]。タイトル10は，学生数に応じて，中等後教育機関に連邦政府に助成を行なうものであった。このように1972年教育改正法は，当時の政治的・社会的背景を色濃く反映し多岐にわたるものであった。学生支援に関しては，タイトル1において，次のプログラムが規定された。

```
1972年教育改正法
    タイトル 1    高等教育（Higher Education）
    タイトル 2    職業教育（Vocational Education）
    タイトル 3    教育プログラムの管理（Administration of Education）
    タイトル 4    先住民の教育（Indian Education）
    タイトル 5    関連プログラム（Related Programs）
    タイトル 6    青少年キャンプの安全性（Youth Camp Safety）
    タイトル 7    緊急学校支援（Emergency School Aid）
    タイトル 8    バス通学（Busing）
    タイトル 9    性差別（Sex Discrimination）
    タイトル10    教育機関への支援（Institutional Aid）
```

① 「BEOG」(教育機会基本給付奨学金，Basic Educational Opportunity Grant)

BEOGは，「中等後教育」機関に入学を認められた学生，または優秀な成績で在籍している（good standing）の低所得層の大学生に対する連邦政府の給付奨学金である。「中等後教育」(postsecondary education)とは，中等教育「以後」の教育をいう。コミュニティ・カレッジ，専門学校などの非伝統的な高等教育を示し，この頃から用いられるようになった概念である。BEOGは，高等教育法の「EOG（教育機会給付奨学金）」を継承するものだが，教育機関を通さず，資格のある学生に連邦政府が直接支給する方式になったことが特徴である。それまでの国防教育法ローン，EOG，連邦ワーク・スタディは，学生への支給決定は大学が行なう「キャンパス・ベース」のプログラムであった。これを，図式化したのが**図表5-2**である（各奨学金は，現在名称の変わっているも

## 図表5-2 連邦政府による学生経済支援配分の流れ
### （キャンパス・ベースと非キャンパス・ベース）

(a) キャンパス・ベースの学生経済支援

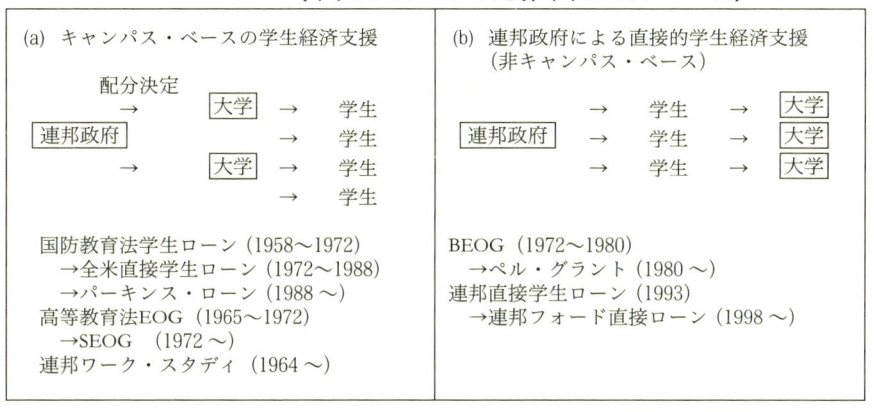

```
              配分決定
              →        大学 →  学生
  連邦政府                  →  学生
              →        大学 →  学生
                           →  学生
```

国防教育法学生ローン（1958〜1972）
　→全米直接学生ローン（1972〜1988）
　→パーキンス・ローン（1988〜）
高等教育法EOG（1965〜1972）
　→SEOG （1972〜）
連邦ワーク・スタディ（1964〜）

(b) 連邦政府による直接的学生経済支援
（非キャンパス・ベース）

```
              →  学生 →  大学
  連邦政府    →  学生 →  大学
              →  学生 →  大学
```

BEOG（1972〜1980）
　→ペル・グラント（1980〜）
連邦直接学生ローン（1993）
　→連邦フォード直接ローン（1998〜）

## 図表5-3 「経済支援必要額」計算のフォーミュラ（1972年時）

教育費用 － 家庭負担額（FC） ＝ 経済支援必要額
(Cost of Education)　(Family Contribution)　(Financial Need)

のが多いので，それも含めて示す）。「キャンパス・ベース」のプログラムは，ニードにもとづくものであっても，大学は決まった財源の中でこれを運用して学生に交付するため，資格をもつすべての学生が受給できるとは限らない[3]。

　EOGの支給限度額が，学生一人当たり年1,000ドルであったのに対して，BEOGでは，年額1,400ドルまで給付される。BEOGは，「経済支援必要額」（needニード）を基準にして支給される。「経済支援必要額」とは，在籍する大学の学費，各種手数料，食事・部屋代，書籍代その他を含む「実際の教育費用」（actual cost of attendance）から，学生と家庭の経済状態から判断して負担が可能と予想される額「家庭負担額（FC）」（Family Contribution）を差し引いたものを基準として算定される。1972年時の計算方式（フォーミュラ）を簡略化すると，**図表5-3**になる（日本私立大学連盟学生部会 1991：20）。

　期待される「家庭負担額」は，各家庭の経済力から連邦教育局が算定する。BEOGの当初の上限額は年額1,400ドルであり，また，最高で「教育費用」の

50％までしか支給されないと規定されていた。高等教育法のEOGの給付基準が，学生の家庭の「経済状態だけ」であったのに対して，BEOGは，学生および家庭の負担能力と，その学生が「入学を希望している大学の教育費用との差額」を考慮して算定される。これによって，低所得層の学生も，学費の高い大学で学ぶことが可能になる。この「全教育費用―家庭の負担能力」との差額によって「経済支援必要額」(ニード)を決定するフォーミュラは，部分的な修正を受けながらも基本的に現在まで継続され，アメリカ特有の学生支援の様式となる(「家庭負担額〈FC〉」は，その後，「家庭負担期待額〈EFC, Expected Family Contribution〉」という名称に変わる)。

　以前の高等教育法のEOGなど，キャンパス・ベースの学生支援は，教育機関に入学後，大学を通して申請・受給が行なわれた。一方，BEOGは，キャンパス・ベースではない。初年度においては，学生は，教育機関に入学を決定する以前に，学生支援額の金額を知ることができる。学生は，経済支援額を考慮しながら，進学する教育機関を選ぶことが可能になる。

　BEOGは，1972年の実施以後現在まで，アメリカ高等教育における基本的な学生経済支援事業となっている。BEOGは，法案提出者のペル議員(Claiborne Pell, 1918- .ロード・アイランド州，民主党)の功績をたたえ，1981年より「ペル・グラント」(Pell Grants)へと名称変更された(Kiernan 1992: 262)。

② **SEOG（教育機会補助給付奨学金, Supplemental Educational Opportunity Grant）**

　高等教育法のEOG（教育機会給付奨学金）は，先に述べたBEOG（教育機会基本給付奨学金）の成立とともに「SEOG（教育機会補助給付奨学金）」(Supplemental Educational Opportunity Grant)と名称を変え，BEOGを補充する給付奨学金として今日まで続いている。SEOGも，低所得層の学生に対して，中等後教育の機会を保障することを目的としている。補助額は年額200ドル以上から1,500ドル以下である。SEOGは，学生一人が入手する全学生経済支援額の2分の1を超えてはならない。財源は連邦政府から支給されるが，学生への支給額の決定，管理などは教育機関にまかされる「キャンパス・ベース」であり，それがBEOGとの違いでもある。この給付奨学金は，他の学生経済支援の支

給額に応じて決まる。さまざまな経済支援を組み合わせて「パッケージ」式の援助を行なうことの目的は，高所得層の家庭には貸与分を増やし，また，利子率を高く設定することである。この「パッケージ」という学生支援の方針は，現在まで継続されている。

### ③ 州の学生経済支援事業への連邦補助金

「州の学生経済支援事業への連邦補助金」(State Student Incentive Grant, SSIG) は，州政府による学生経済支援事業を連邦政府が援助するために設けられた。各州による支援事業の新設・拡充に対して，連邦政府がマッチング・グラント (matching grant) を交付する。連邦政府が，各州の学生経済支援事業の経費のうち50％を補助する。1972会計年度に，5,000万ドルの連邦支出金が承認された。この連邦ファンドは，各州の学生数にもとづいて比例配分される（仙波 1978：7）。この制度によって，1974会計年度以前には，独自の学生経済支援事業をもたなかった州 (22州) のすべてが，その後，数年以内に学生経済支援制度を創設した（今村 1993：47-49）。

### ④ 「国防教育法学生ローン」の名称変更

1972年教育改正法は，国防教育法学生ローン (National Defense Student Loan, NDSL) の名称を，「全米学生直接ローン」(National Direct Student Loan, NDSL) に変更することを規定した。「国防教育法学生ローン」は，1964年の改正で，「『国防』に関連する領域」の学生という科目制限をすでに廃止している。1972年教育改正法によって，その名称からも「国防」がとりはらわれた。その後，名実ともに一般的な学生経済支援事業として現在まで継続することになった。それまで，国防教育法も一種の時限立法であり，数年ごとに延長されてきたが1972年には延長されなかった。そして，同法の各プログラムは，それぞれ，高等教育法，初等・中等教育法，職業教育法などに編入された。「全米学生直接ローン」は，1988年には，この拡充に功績のあった下院議員パーキンス (Carl Dewey Perkins, 1912-1984. ケンタッキー州，民主党。コーネル大学元学長，カーネギー委員会のメンバー) の名前をとって，1988年に「パーキンス・ローン」(Perkins Loan) へと改称された (Damron 1990: 153)。

⑤ 連邦保証ローン（GSL）予算の増額

1965年高等教育法によって実施されている連邦保証ローン（GSL）関係の予算が増額された。それまで，年間1,500ドルまでとされていた上限が2,500ドルまでに引き上げられた。また，各学年での借入額の合計は最高で7,500ドルまでとされた。ただし，学生が，高額な教育費を支払わねばならない場合は，教育局長の権限においてこの上限を緩和することが認められた。また，年間家庭所得（諸費用控除後）が1万5,000ドルを超える学生も，場合に応じて保証ローンの在学中の利子補助を受けられるものした。

⑥ 学生ローン市場協会の設立

1982年までに，連邦政府の財政支援によって学生ローン市場協会（student loan marketing association）を設立することが規定された。協会の役割は，連邦保証ローンに参加する教育機関・貸与機関から，保証ローンを購入・保管し回収事業を行なうこととされた。協会の設立のために，500万ドルの歳出を認めた[4]。

⑦ 連邦ワーク・スタディ・プログラムの拡充

「ハーフ・タイム」学生もこのプログラムに参加できることを規定した。また，学生の選抜においては，「学生経済支援を強く必要としている」学生を優遇することとした。

1965年高等教育法による「EOG（教育機会給付奨学金）」は，大学生に対する連邦政府による最初の給付奨学金事業であった。一方，1972年教育改正法によるBEOG（教育機会基本給付奨学金，現在のペル・グラント）は，学生が入学を希望している大学の教育費用と，学生および家庭の負担能力との差額から算定されるニードによって奨学金を給付するというフォーミュラを形成した。この2つの法律によって，連邦政府学生経済支援政策の理念と基本構造が確立したといえよう。そして，高等教育法の再授権並びに修正によって，大学生経済支援政策を時代に応じて改革し，変化させていく過程が始まっていく。

## 第2節　中所得層学生支援法（1978年）
――カーター政権と連邦保証ローンの拡大――

前述したように，1965年高等教育法と1972年教育改正法によって，アメリカにおける連邦政府による学生支援政策の体制が定まり，その基調は現在まで継続されている。とくに，1972年教育改正法によって開始されたBEOGは，その名称をペル・グラントに変え，アメリカにおけるもっとも主要な学生支援プログラムとして継続された。**図表5-4**は，BEOGの初年度から2004年までの支出，最大交付金額，最小交付金額，受領者の数を表にしたものである。1972年に開始されたBEOG（ペル・グラント）の受給者は，プログラム開始後4年目の1976-77年度の約194万人から，2003-04年度の513万人へと約2.6倍

図表5-4　BEOG（ペル・グラント）の変遷

| 学年度 | 支　出 (単位：100万ドル) | | 最大授権額 (単位：ドル) | | 実際の最大支給額 (単位：ドル) | | 実際の最小支給額 (単位：ドル) | | 学生 (千人) |
|---|---|---|---|---|---|---|---|---|---|
| | インフレ調整前 | インフレ調整後 | インフレ調整前 | インフレ調整後 | インフレ調整前 | インフレ調整後 | インフレ調整前 | インフレ調整後 | |
| 1973-74 | 48 | 200 | 1,400 | 5,873 | 452 | 1,896 | 50 | 210 | 176 |
| 1974-75 | 358 | 1,364 | 1,400 | 5,328 | 1,050 | 3,996 | 50 | 190 | 567 |
| 1975-76 | 926 | 3,199 | 1,400 | 4,837 | 1,400 | 4,837 | 200 | 691 | 1,217 |
| 1976-77 | 1,475 | 4,799 | 1,400 | 4,554 | 1,400 | 4,554 | 200 | 651 | 1,944 |
| 1977-78 | 1,524 | 4,671 | 1,800 | 5,516 | 1,400 | 4,290 | 200 | 613 | 2,011 |
| 1978-79 | 1,541 | 4,405 | 1,800 | 5,146 | 1,600 | 4,574 | 50 | 143 | 1,893 |
| 1979-80 | 2,357 | 6,100 | 1,800 | 4,658 | 1,800 | 4,658 | 200 | 518 | 2,538 |
| 1980-81 | 2,387 | 5,442 | 1,800 | 4,104 | 1,750 | 3,990 | 150 | 342 | 2,708 |
| 1985-86 | 3,597 | 6,172 | 2,600 | 4,461 | 2,100 | 3,603 | 200 | 343 | 2,813 |
| 1990-91 | 4,935 | 7,007 | 2,900 | 4,117 | 2,300 | 3,265 | 100 | 142 | 3,405 |
| 1995-96 | 5,472 | 6,615 | 4,100 | 4,957 | 2,340 | 2,829 | 400 | 484 | 3,612 |
| 2000-01 | 7,956 | 8,527 | 4,800 | 5,144 | 3,300 | 3,537 | 400 | 429 | 3,899 |
| 2001-02 | 9,975 | 10,364 | 5,100 | 5,299 | 3,750 | 3,896 | 400 | 416 | 4,341 |
| 2002-03 | 11,642 | 11,912 | 5,100 | 5,219 | 4,000 | 4,093 | 400 | 409 | 4,779 |
| 2003-04 | 12,661 | 12,661 | 5,100 | 5,100 | 4,050 | 4,050 | 400 | 400 | 5,135 |

出典：College Board, *Trends in Students Aid,* 2004, p.14.

増えた。一方，年間の支出額は，約14億ドル（1976-77年度）から約126億ドル（2003-04年度）へと約8.3倍拡大した。法定上の年間最高額は，当初の1,400ドルから5,100ドルへと引き上げられている。2003-04年度に，実際に，学生に授与された年間の最高額は4,050ドルとなっている。しかし，学生一人当たり給付額を，インフレーションを加味して計算し直すと，1976-77年度の最高給付額1,400ドルは，2003-04年度の貨幣価値では4,554ドルとなる。つまり，学生が得ているペル・グラントの額は物価の伸びに比べて目減りしていることになる。

図表5-5は，アメリカにおける学位授与型の高等教育機関の数の変遷を記したものである。1949年〜1995年までの統計は，大学認定機関から資格認定（accreditation, アクレディテーション）を受けた機関に限定している。1997年以降については，高等教育法タイトル4のプログラムに参加する資格をもつ高等教育機関を，アクレディテーションの有無にかかわらず合計したものである。1949-50年度においては，学位を授与する教育機関は1,851校であった

図表 5-5　学位を授与する教育機関の数（1949 〜 2002年）

| 学年度 | 公立・私立 | | | 公立 | | | 私立 | | |
|---|---|---|---|---|---|---|---|---|---|
| | 合計 | 4年制 | 2年制 | 合計 | 4年制 | 2年制 | 合計 | 4年制 | 2年制 |
| 1949-50 | 1,851 | 1,327 | 524 | 641 | 344 | 297 | 1,210 | 983 | 227 |
| 1955-56 | 1,850 | 1,347 | 503 | 650 | 360 | 290 | 1,200 | 987 | 213 |
| 1960-61 | 2,021 | 1,431 | 590 | 700 | 368 | 332 | 1,321 | 1,063 | 258 |
| 1965-66 | 2,230 | 1,551 | 679 | 821 | 401 | 420 | 1,409 | 1,150 | 259 |
| 1970-71 | 2,556 | 1,665 | 891 | 1,089 | 435 | 654 | 1,467 | 1,230 | 237 |
| 1975-76 | 3,026 | 1,898 | 1,128 | 1,442 | 545 | 897 | 1,584 | 1,353 | 231 |
| 1980-81 | 3,231 | 1,957 | 1,274 | 1,497 | 552 | 945 | 1,734 | 1,405 | 329 |
| 1985-86 | 3,340 | 2,029 | 1,311 | 1,498 | 566 | 932 | 1,842 | 1,463 | 379 |
| 1990-91 | 3,559 | 2,141 | 1,418 | 1,567 | 595 | 972 | 1,992 | 1,546 | 446 |
| 1995-96 | 3,706 | 2,244 | 1,462 | 1,655 | 608 | 1,047 | 2,051 | 1,636 | 415 |
| 2000-01 | 4,182 | 2,450 | 1,732 | 1,698 | 622 | 1,076 | 2,484 | 1,828 | 656 |
| 2002-03 | 4,168 | 2,324 | 1,844 | 1,712 | 611 | 1,101 | 2,456 | 1,713 | 743 |

出典：National Center for Education Statistics, *Digest of Education Statistics, 2003*, p.310.
※　1975年以降については，分校は一つの教育機関として計算している。1996年以降の統計は，学位を授与するがアクレディテーションを受けていない高等教育機関も含めて，高等教育法タイトル4のプログラムの助成を受ける資格をもっている機関の合計となっている。

# 東信堂愛読者カード

　ご愛読ありがとうございます。本書のご感想や小社に関するご意見をお寄せください。今後の出版企画や読者の皆様との通信に役立たせますので、お名前、ご住所をご記入のうえ、ご返送ください。

┌─ ご購入図書名 ─────────────────────────
│
│
└───────────────────────────────

## ■ご購入の動機
1. 店頭　　　　　　　　　　　　　2. 新聞広告（　　　　　　　　　）
3. 雑誌広告（　　　　　　　　）　4. 学会誌広告（　　　　　　　）
5. ダイレクトメール　　　　　　　6. 新刊チラシ
7. 人にすすめられて　　　　　　　8. 書評（　　　　　　　　　　）

## ■本書のご感想・小社へのご意見・ご希望をお知らせください。




## ■最近お読みになった本




## ■どんな分野の本に関心がありますか。

哲学　経済　歴史　政治　思想　社会学　法律　心理　芸術・美術　文化　文学
教育　労働　自然科学（　　　　　　　　）　伝記　ルポ　日記

郵 便 は が き

**料金受取人払**

本郷局承認

3589

差出有効期間
平成19年 6月
14日まで

113-8790

（受取人）

東京都文京区向丘1-20-6

株式会社 **東信堂** 読者カード係行

|||||llı·llıı·lllı·ıllllı·ılllı·ıııllı·ılı·ıllı·lı·ılı·lılıı·ıllııl

| ふりがな お名前 | | （　　　歳）男・女 |
|---|---|---|
| ご住所 | （〒　　　）　　　　（TEL　　－　　－<br>市 区<br>郡 | |
| ご職業　1. 学生（高 大 院）2. 教員（小 中 高 大）<br>3. 会社員（現業 事務 管理職）4. 公務員（現業 事務 管理職）<br>5. 団体（職員 役員）6. 自由業（　　　　　　　）7. 研究者（　　　）<br>8. 商工・サービス業（自営 従事）9. 農・林・漁業（自営 従事）<br>10. 主婦　11. 図書館（小 中 高 大 公立大 私立） | | |
| お勤め先<br>・学校名 | | |
| ご買上<br>書店名 | 市　　　　　区<br>郡　　　　　町 | 書店<br>生協 |

図表5-6 学位を授与する高等教育機関に在学している学生数(1969〜2001年, 単位:千人)

| 年 | 合計 | フルタイム | パートタイム | 男性 | 女性 | 男性 公立 | 男性 私立 | 女性 公立 | 女性 私立 |
|---|---|---|---|---|---|---|---|---|---|
| 1969 | 6,884 | 4,991 | 1,893 | 4,008 | 2,876 | 2,997 | 1,011 | 2,162 | 714 |
| 1970 | 7,376 | 5,280 | 2,096 | 4,254 | 3,122 | 3,241 | 1,013 | 2,387 | 735 |
| 1975 | 9,679 | 6,169 | 3,510 | 5,257 | 4,422 | 4,245 | 1,012 | 3,581 | 841 |
| 1980 | 10,475 | 6,362 | 4,113 | 5,000 | 5,475 | 4,014 | 985 | 4,427 | 1,048 |
| 1985 | 10,597 | 6,320 | 4,277 | 4,962 | 5,635 | 3,953 | 1,010 | 4,525 | 1,110 |
| 1990 | 11,959 | 6,976 | 4,983 | 5,380 | 6,579 | 4,353 | 1,027 | 5,357 | 1,223 |
| 1995 | 12,232 | 7,145 | 5,086 | 5,401 | 6,831 | 4,380 | 1,021 | 5,524 | 1,307 |
| 2000 | 13,155 | 7,923 | 5,232 | 5,778 | 7,377 | 4,622 | 1,156 | 5,917 | 1,460 |
| 2001 | 13,716 | 8,328 | 5,388 | 6.004 | 7,711 | 4,804 | 1,200 | 6,182 | 1,529 |

出典:National Center for Education Statistics, *Digest of Education Statistics, 2003*, p.238.

が,1995-96年度には3,706校へと増えている。一方,**図表5-6**は,1969年から2001年度における学士課程の学生数の統計である。1969年度と2001年度を比較すると,フルタイム学生は166%,パートタイム学生は284%増えている。

　これらの教育機関・学生数の変化と相互に関係しあいながら,1972年から2005年までの間に,高等教育法は,数度の再授権や小規模な修正を受けた。また,再授権とは別に,大幅な改革をもたらす学生経済支援法も制定された。とくにローンは大きく変容し,中等後教育機関による悪質な濫用や金融機関の回収事業の不備,ローン不履行,授業料の高騰問題など,さまざまな社会問題をも生み出している。

### (1) 中所得層学生支援法の成立

　高等教育法の数度の再授権による改正と平行して,連邦政府は,新たな法律制定によって,高等教育法の改正や新しいプログラムを実施してきた。その中でも,1978年に制定されたカーター政権の「中所得層学生支援法」(Middle Income Student Assistance Act, PL95, 566)は,その後の連邦政府学生支援プログラムの発展,並びに,さまざまな問題点の発端ともなる政策展開であった。同法制定時に審議され,カーター政権の圧力によって廃案化した「授業料税額

控除」(Tax Credit, タックス・クレジット)は，約20年後，民主党のクリントン政権の主導で1997年に法制化された。そのような歴史的展開によって，1978年の中所得層学生支援法の成立経緯は，アメリカの高等教育政策の展開を検証する上であらためて重要な研究素材となった。

**図表5-7**に，同法の立法過程を記した。この法律は，カーター政権と民主党のリーダーシップによって成立をみた。社会的背景としては，教育コストの急激な上昇によって，中所得層が経済的負担を強いられているという共通理解があった。1966年〜1976年の間に，高等教育費のコストは約77％上昇している（CQS 1981: 665）。

1972年の教育改正法による学生支援プログラムは，画期的なものであったが，その主たる対象は低所得層であった。そのため，教育コストの上昇の一

**図表5-7　中所得層学生支援法 (1978年)の立法過程**

| | |
|---|---|
| 2月 8日 | カーター大統領「一般教書」によって，中所得層に対する学生支援政策についての提案が行なわれる |
| 2月10日 | 民主党議員ペル（Claiborne Pell，ロード・アイランド州）によって，S.2539が，上院に提出される |
| 2月22日 | 上院の人的資源・教育小委員会が，S.2539を承認する |
| 2月24日 | 上院の人的資源委員会が，修正を行なった後，S.2539を承認する |
| 2月28日 | S.2539が，報告書（S.Rept. 95-643）と共に上院に送られる |
| 3月 3日 | 民主党議員フォード（William David Ford，ミシガン州）によって，H.R.11274が，下院に提出される |
| 3月 8日 | 下院の教育・労働委員会が，H.R.11274を承認する |
| 3月14日 | H.R.11274が，報告書（H.Rept. 95-951）と共に下院に送られる |
| 3月21日 | 下院議事運営委員会によって，中所得層学生支援法案（S.2539/H.R.11274）と，税額控除（タックス・クレジット）法案（H.R.12050）をめぐって，ヒアリングと審議が行なわれる。税額控除法案を支持する下院多数派と，これを廃案にしようとするホワイト・ハウス，上院民主党勢力とが対立し，その後5ヵ月間，H.R.11274の審議が議事運営委員会で棚上げされる |
| 10月 6日 | 政権からのプレッシャーにより，議事運営委員会が，再び，学生支援法案を，議事日程に組み入れる |
| 10月14日 | 下院本会議，S.2539を承認する |
| 10月15日 | 上院，下院が承認したS.2539を承認する |
| 11月 1日 | カーター大統領が，S.2539に署名，中所得層学生支援法（PL95-566）成立 |

出典：CQS, *Congressional Quarterly Almanac, 1978*, 1979, pp.568-571.

方で，中所得層の家庭は連邦政府のプログラムの受益者にはなれなかった。2月8日の「一般教書」において，カーター大統領は，高等教育費の値上げによって，低所得層ではなく中所得層の家庭が経済的なダメージを受けているとの演説を行なった。そして，中所得層にむけて設計した学生支援政策を実施することを提案した。これを口火に，1978年の連邦議会では，中所得層を対象とする学生支援政策と，中所得層が受益者となる授業料税額控除法案が同時に審議されることになる。

カーター政権の提案は次の通りである。①BEOG（Basic Educational Opportunity Grant）プログラムの修正。所得が1万5,000～2万5,000ドルの家庭の学生が，年間250ドルの給付奨学金を得られるようにする。この所得層の学生は，当時の高等教育法のプログラムでは有資格者ではなかった。②カレッジ・ワーク・スタディを拡大して，100万人以上の学生を参加させる。学生の三分の一以上は，1万6,000ドル以上の所得層の家庭出身であると想定される。③GSLプログラムの利子補給の資格のための所得制限を，2万5,000ドルから4万5,000ドルへと上昇させる。また，学生ローンを保証して利子コストを支援する（CQS 1981: 665）。

政権からの提案を受けて，連邦議会上院（S.2539）と下院（H.R.11274）に，中所得層の学生への経済支援法案が提出され審議が行なわれた[5]。これらの法案の内容は，カーター政権の内容とほぼ同じであるが，次の点では異なっていた。カーター政権案は，年間の所得が1万5,000ドルから2万5,000ドルの家庭の学生に対して，均一に250ドルを支給することを提案していた。これに対し，議員が中心となって提出・審議された上院・下院の2つの法案は，可処分所得（discretionary income）のうち，子どもの教育のために家庭が支払うべきであるとみなされる額の割合を下げようとするものだった（CQS 1981: 665）。

1972年教育改正法から実施された学生経済支援の計算フォーミュラは，税金，生活費等などを除いた家庭の可処分所得から，20％を教育費として貢献することを前提としてニードを算定していた。教育コストから，家庭に期待

される貢献分 (20%) を引き算した額によって，BEOGの授与額の大きさを決定していた。したがって，この割合を下げることによって，学生が得る学生経済支援額は大きくなる。これを，下院・上院の法案とも，可処分所得のうち家庭の貢献する額を，10.5%まで下げようとするものであった。そうすることで，年間所得2万6,000ドルまでの家庭の学生が，BEOGを支給される資格をもつことになる。

　この提案は，カーター政権の案と異なり，スライド制になっているため，所得が少ない家庭への援助は大きくなる。下院教育・労働委員会の見積もりでは，可処分所得1万6,000ドルの標準的家庭からの学生は，プログラムによって完全に経済支援を得られるならば，991ドルを授与されることになるはずであった。所得が2万6,000ドルの家庭の学生は208ドル，所得が6,000ドル以下の学生は最高1,800ドルを得ることが予測された (CQS 1981: 665)。

　また，下院・上院両方の法案とも，連邦保証ローン (GSL) に関して，所得に関するすべての制約を撤廃することを求めた。加えて，両方の法案とも，カレッジ・ワーク・スタディやSEOGのために必要とされる年間再低支出額の拡大を含んでいた。これらの法案そのものに対する審議は当初スムーズであったが，その後，下院を中心に審議が膠着状態に陥った。図表5-6に立法過程を示したが，3月に上院・下院で，審議が円滑に進んだ後，下院議事運営委員会によって審議は宙吊りになった。下院は，中所得層学生経済支援法案の他に，授業料税額控除法案 (H.R.12050) も採択する方向で進んでいた。そして，学生経済支援法案に修正案として，税額控除も加える方向性が強まっていた。これに対して，カーター政権側は難色を示し圧力をかけた。税額控除法案を支持していた議事運営委員会委員長を中心とする勢力は政権側の圧力に抵抗し，中所得層学生支援法案は，その後，5ヵ月間議事運営の日程から棚上げされた (CQS 1981: 665)。

　最終的に，政権側のプレッシャーにより，10月の議会閉会の間際に審議が進み，中所得層学生支援法案 (S.2539) が採択された。一方，税額控除法案は廃案になった。大統領の署名によって成立した中所得層学生支援法 (PL95-566)

の内容は次の通りである。

①BEOGの支援額の算定において，学生の教育コストに家庭が貢献すると期待される可処分所得の割合を，10.5％までに引き下げる。有資格者の中に所得1万5,000ドル～2万6,000ドルの層を含める。②連邦政府によって利子補給を受ける連邦保証ローンの対象者の所得制限2万5,000ドルという枠を撤廃する。そして，このプログラムの学生全員が，在学中は，利子補給を受けられるようにする。③SEOGのための最低年間予算を3億7,000ドルへ，カレッジ・ワーク・スタディを5億ドルへ引き上げる，などである[6]。11月1日に，最終的に法に署名するにあたって，カーターは，これを，「教育に対する連邦政府による援助の歴史的な拡大であり，大学生支援への連邦政府のコミットメントとして，GIビルと同じものである」との演説を行なった (CQS 1979: 569)。

### (2) 教育省の設置

これまで述べてきたように，現在に連なる連邦政府による学生経済支援政策の基調は，国防教育法，高等教育法，1972年教育改正法によって定まった。そして，1978年中所得層学生支援法によってローンが拡大する傾向が作られた。ここで，さらに，学生経済支援政策の成立と直接的には関係しないが，その後の展開にとって重要と思われる法的整備がカーター政権によって行なわれたことを指摘しておかねばならない。

1979年9月27日，カーター政権より提案されていた教育省の設置法案(S.210, PL96-88)が，連邦議会において承認された。そして，10月17日の大統領の署名を経て，それまで保健教育福祉省 (Department of Health, Education and Welfare) の一部局であった教育局 (Office of Education) を発展させ，閣僚を有する13番目の省として「教育省」(Department of Education)が誕生した。教育省は，それまでさまざまな分野で実施されていた152の連邦政府による教育関係プログラムを管下に収めた[7]。人員スタッフ（約1万7,000名）では5番目の規模，予算的には8番目（約140億ドル）であった。それまでの保健教育福祉省は，保健人

的サービス省 (Department of Health and Human Services) に組織変更された。

　独立した教育省の設置は，1976年の選挙戦時のカーター陣営の公約であった。教育省設置法案は，1978年からカーター政権から提案され，約1年間議会で検討された。当時180万人の会員（初等・中等学校の教職員を中心とする）を有する全米教育協会 (National Education Association, NEA) によるカーターの再選支持という支援によって，ホワイト・ハウスの主導でこの法案は成立をみた。反対したグループは，AFL-CIO (American Federation of Labor-Congress of Industrial Organizations, アメリカ労働総同盟―産業別組合会議)，アメリカ教員連盟 (American Federation of Teachers, AFT) などであり，その意図は，当時の政権と近いNEAに対する政治力学的な牽制であった。

　高等教育関係団体においては，教育省設置において目立った動きは見られなかった。省庁の改編は，高等教育界にはさしたる影響を与えないであろうというのが一般的な立場であった。そのような傾向の中で，反対の立場を唱えたのは名門大学約50校の学長から構成される一団であった。ハーバード，コロンビア，スタンフォードなどの私立名門大学，イリノイ，カリフォルニア，ミシガンなどの大規模州立大学の学長たちは，教育省が，リベラルな大学経営に強い影響を及ぼすのではないかと危惧したという (CQS 1981: 670)。

　政権，議会，初等・中等教育界，労働組合界などのこのような政治的力学の攻防の末，最終的に，下院では215対201，上院では69対22という票決の結果，教育省設置法案が承認された。「教育省組織法」(Department of Education Organization Act, PL96-88) のタイトル1は，教育省設置の目的について，「平等な教育機会への連邦政府のコミットメントを強化し，教育改善のために，州政府，地方政府，私立教育機関を支援し，親，学生，市民による参加を高めることを奨励し，連邦政府の支援による研究を通じて，教育の質と有益性の向上を促進し，連邦政府の各プログラムの協調と有効性を改善し，連邦の教育プログラムを，大統領，連邦議会，市民に対して，より会計説明責任を果たすものとする」ことであると規定した。

　また，タイトル2は，省の組織について，①初等・中等教育 (Elementary and

Secondary Education)，②中等後教育 (Postsecondary Education)，③職業／成人教育 (Vocational and Adult Education)，④特別教育／リハビリテーション・サービス (Special Education and Rehabilitation Service)，⑤教育研究・改善 (Educational Research and Improvement)，⑥公民権 (Civil Rights) の 6 部局を設置することを規定した。

およそ四半世紀たった2005年においても，教育省の構成には大幅な変更はなく，学生経済支援に関しては中等後教育局が監督している。1990年代に，インターネットによる情報提供，オンライン申請，コンピュータによる個人情報・資産関係の全システムの管理という体制へと移行し，現在は，中等後教育局と独立して「学生支援課」が設置されている。

立法過程の素描でみたように，教育省の設置は，カーター政権と初等・中等教育関係団体のリーダーシップで推進され，高等教育界には大きな動きはなかった。しかし，カーター政権の中所得層学生支援法以降の学生支援の拡大，それに付随したさまざまな問題とともに，中等後教育局を中心に，学生支援政策の改革や政策評価が行なわれていく。その意味では，あまり指摘されていないことだが，連邦政府による学生経済支援政策の制度設計の最後のパズルは，独立した教育省と中等後教育局の誕生によって解けたといえよう。

## 第3節　1980年代の社会的問題
―― 選抜徴兵登録とローン返還不履行 ――

以下の節では，1980年代以降の連邦政府による大学生経済支援政策の展開を，高等教育法の再授権，改正を追いつつ考察する。高等教育法の政策展開，問題点，社会的背景を概観し，連邦政府による大学生に対する経済支援政策が開始されたことの意味づけを深めることとしたい。**図表5-8**は，連邦政府教育省教育統計に掲載されている「連邦政府による教育援助」の年表，学生経済支援部がウェブ上で公開している資料などを参考に作成した学生経済支援政策の法的展開である。

**図表 5-8　連邦政府による大学生への経済支援の法制（1944～2005年）**

| 政権 | 年 | 法律番号 | 法律（一部通称） | 主な内容 |
|---|---|---|---|---|
| ローズベルト | 1944年 | PL78-346 | 1944年退役軍人援助法（Servicemen's Readjustment Act of 1944） | 第二次世界大戦GIビル |
| トルーマン | 1952年 | PL82-550 | 1952年退役軍人援助法（Veteran's Readjustment Assistance Act of 1952） | 朝鮮戦争GIビル |
| アイゼンハワー | 1958年 | PL85-864 | 国防教育法（National Defense Education Act of 1958） | 低所得層の大学生に対する連邦政府による貸与奨学金（現在のパーキンス・ローン）の開始 |
| ジョンソン(1) | 1964年 | PL88-452 | 経済機会法（Economic Opportunity Act of 1964） | カレッジ・ワーク・スタディへの連邦経済支援の開始 |
| ジョンソン(2) | 1965年 | PL89-329 | 高等教育法（Higher Education Act of 1965） | 低所得層の大学生への給付奨学金の開始。連邦保証ローン（現在のスタフォード・ローン）開始 |
| | 1966年 | PL89-358 | 1966年退役軍人援助法（Veteran's Readjustment Benefits Act of 1966） | ベトナム戦争GIビル |
| | 1968年 | PL90-575 | 1968年改正高等教育法（Higher Education Amendments of 1968） | 高等教育法の第1回再授権 |
| ニクソン(1)(2) | 1972年 | PL92-318 | 1972年教育改正法（Educational Amendments of 1972） | 高等教育法の第2回再授権。連邦政府が直接管理する低所得層の大学生への給付奨学金（BEOG）の開始（現在のペル・グラント）。志望する教育機関の全コストと家庭負担可能額との差額によってニードを計算するフォーミュラの形成。非キャンパス・ベースの経済支援の開始 |
| フォード | 1976年 | PL94-482 | 1976年教育改正法（Educational Amendments of 1976） | 高等教育法の第3回再授権 |
| カーター | 1978年 | PL95-566 | 中所得層学生支援法（Middle Income Student Assistance Act） | 給付奨学金、貸与奨学金の対象者を中所得層にまで広げる |
| | 1979年 | PL96-88 | 教育省組織法（Department of Education Organization Act） | 教育省の設置 |
| | 1980年 | PL96-374 | 1980年教育改正法（Educational Amendments of 1980） | 高等教育法の第4回再授権。PLUSローンの開始。BEOGをペル・グラントに名称変更 |
| レーガン(1) | 1981年 | PL97-35 | 包括的予算調整法（Omnibus Budget Reconciliation Act） | 学生ローンに開始手数料が課されるようになる |
| | 1982年 | PL97-86 | 国防権限法（Defense Authorization Act of 1982/1983） | 連邦政府経済支援申請のための資格として徴兵登録が義務づけられる（男子のみ） |
| | 1983年 | PL98-79 | 学生ローン統合管理法（Student Loan Consolidation and Control Act of 1983） | 学生ローン市場協会の改革 |
| レーガン(2) | 1985年 | PL98-525 | モンゴメリーGIビル法（Montgomery GI Bill） | 新GIビル |
| | 1986年 | PL99-498 | 1986年改正高等教育法（Higher Education Act of Amendments of 1986） | 高等教育法第5回再授権。学生経済支援諸問委員会の設置。ニード算定のフォーミュラの修正。国防教育法学生ローンをパーキンス・ローンに名称変更。SLSローンの開始 |

第5章　拡大した大学生経済支援政策　187

| 大統領 | 年 | PL番号 | 法律名 | 内容 |
|---|---|---|---|---|
| レーガン(2) | 1987年 | PL100-50 | 1987年改正高等教育法（Higher Education Act Amendments of 1987） | 高等教育法の小規模改正 |
| | 1988年 | PL100-647 | 税制改革修正法（Tax Reform Technical Amendments） | 教育貯蓄債の開始 |
| | 1988年 | PL100-366 | 1988年改正高等教育法（A Bill to amend Higher Education Act of 1965） | GSLをスタフォード・ローンに名称変更 |
| ブッシュ | 1989年 | PL101-239 | 学生ローン予算調整法（Student Loan Reconciliation Amendments of 1989） | ローン返還不履行率の高い中等後教育機関をSLSローンから除外 |
| | 1990年 | PL101-508 | 1990年包括的予算調整法（Omnibus Budget Reconciliation Act of 1990） | ローン返還不履行率の高い中等後教育機関をすべての連邦保証ローン・プログラムから除外 |
| | 1991年 | PL102-127 | 退役軍人援助法（Veteran's Educational Assistance Amendments of 1991） | 湾岸戦争で学業を中断した新GIビル学生への支援 |
| | 1991年 | PL102-183 | 国家安全保障教育法（National Security Education Act） | 安全保障分野を学ぶ優秀な学士課程学生に対するスカラーシップを規定 |
| | 1992年 | PL102-325 | 1992年改正高等教育法（Higher Education Amendments of 1992） | 高等教育法の第6回再授権。連邦政府による直接ローンのパイロット・プログラムの開始。利子補助のないスタフォード・ローンの開始。ニード計算フォーミュラの改正。連邦ワーク・スタディにコミュニティ・サービスの義務を加える |
| クリントン(1) | 1993年 | PL103-66 | 学生ローン改革法（Student Loan Reform Act） | スタフォードローンの一部を改革し、連邦政府が直接貸し付けるタイプ（連邦直接学生ローン）を設立。所得とリンクした返済方法の開始 |
| | 1993年 | PL103-82 | ナショナル・サービス・トラスト法（National Service Trust Act） | アメリコー・プログラム（AmeriCorps）の開始。コミュニティ・サービスを行なった生徒に給付奨学金を支給する |
| | 1994年 | PL103-235 | 学生ローン返還不履行免除法（Student Loan Default Exemption Extension） | 返還不履行問題に対する処置 |
| クリントン(2) | 1997年 | PL105-34 | 納税者救済法（The Taxpayer Relief Act of 1997） | HOPE税額控除、生涯学習減税の開始。教育IRAの開始。学生ローン利子に対する所得控除 |
| | 1997年 | PL105-43 | ニード・ベース学生支援に関するトラスト禁止法（Need-Based Education Aid Antitrust Protection Act of 1997） | 教育機関に対して、学生支援に関する情報交換を制限する |
| | 1997年 | PL105-78 | 学生ローン緊急統合法（Emergency Student Loan Consolidation Act of 1997） | 貸与奨学金の回収事業の改善 |
| | 1998年 | PL105-244 | 1998年改正高等教育法（Higher Education Amendments of 1998） | 高等教育法の第8回再授権。SSIGをLEAPに名称変更。GEAR UPプログラムの開始。薬物使用学生へのペナルティ |
| | 2000年 | PL106-420 | 大学スカラーシップ不正抑止法（College Scholarship Fraud Prevention Act of 2000） | 奨学金事業における不正へのペナルティの強化 |
| W・ブッシュ(1) | 2001年 | PL107-16 | 経済成長及び減税調整法（Economic Growth and Tax Relief Reconciliation Act of 2001） | 529プランと他の教育関係の税額控除の延長。教育IRAをカバーデル教育費運用口座（Coverdell Education Saving account）に名称変更 |

| | | | | |
|---|---|---|---|---|
| W・ブッシュ (1) | 2002年 | PL107-122 | 2002年高等教育法学生救済法 (Higher Education Relief Opportunities for Students Act of 2001, HEROS Act) | 略称「ヒーロー法」。9.11テロによって影響を受けた一般奨学生，GIビル学生への救済 |
| | 2002年 | PL107-139 | 学生ローン利子率法 (Student Loan Interest Rate) | 大学生へのローンの利率の変更 |
| | 2003年 | PL108-76 | 2003年高等教育法学生救済法 (Higher Education Relief Opportunities for Students Act of 2003) | イラク戦争等によって影響を受けた学生と家族への救済 |
| | 2004年 | PL108-366 | 2004年高等教育法延長法 (Higher Education Extension Act of 2004) | 1998年改正高等教育法の延長 |
| W・ブッシュ (2) | 2005年 | PL109-86 | 自然災害学生・学生支援公平法 (Natural Disasters Student Aid Fairness Act) | ハリケーン災害の被災学生，大学に対する救済措置法 |
| | 2005年 | PL109-81 | 2005年高等教育法延長法 (Higher Education Extension Act of 2005) | 2004年の高等教育法延長法の延長 |

出典：National Center for Education Statistics, *Digest of Education,* 2003, pp.423-433, FinAid (http://www.finaid.org/educators/history/phtm.) 等から構成。

## (1) レーガン政権期における学生経済支援政策の諸問題

　カーター政権の終わりには，1980年教育改正法 (Educational Amendments of 1980, PL96-374) によって高等教育法の再授権が行なわれた。同法は，新たにPLUSローン (Parental Loans for Undergraduate Students, PLUS) プログラムを創設した。これは，大学生ではなく保護者が教育費の借り手になるものである。教育経費への付加的な資金の貸与を意図している。保護者は毎年3,000ドルまで，合計で1万5,000ドルまで借りることができ，GSLと同じく，連邦政府が(再)保証を行なう (CQA 1981: 674)。

　学生経済支援政策の拡大に向けて，カーター政権は積極的な旗振りを行ない，連邦議会をリードした。一方，次のレーガン政権 (Ronald Wilson Reagan 1981-1989) は，教育は州と地方の案件であるという立場をとり，選挙キャンペーンにおいては，前節で述べた連邦教育省の廃止も公約に掲げた。当選後は，共和党が多数派となった連邦議会とともに，金融界，国防関係者の意思を重視し，学生経済支援政策の予算削減を推進した (Parsons 1997: 59-65)。

　レーガン政権に入った1981年には，包括的予算調整法 (Omnibus Budget Reconciliation Act, PL97-35) によって，連邦保証ローンの開始手数料として，金融機関が元金の5％を徴収することが認められた。そして，1982会計年度の予算にお

いては，連邦学生経済支援の12％削減を求め，これを議会に認めさせた[8]。

また，1982年の国防権限法 (Defense Authorization Act of 1982/1983) は，連邦政府経済支援申請・受給にあたり，男性学生に対して，選抜徴兵登録制度への登録を義務づけた。これは，同法の審議において行なわれた「選抜徴兵法」(Military Selective Service Act, MSSA) の改正部分に，ソロモン議員 (Gerald Solomon, 共和党，ニューヨーク州) が修正案として加えた規定である。連邦学生経済支援と選抜徴兵制を結びつけたこの規定 [50 U.S.C. Section 462 (f)] は，議員の名をとって「ソロモン修正 (Solomon Amendment)」と通称されている[9]。

選抜徴兵制度 (Selective Service System, SSS) は，合衆国男性国民に対し，18歳になったら6ヵ月以内に徴兵登録を義務づけるものである（対象になるのは26歳まで）。登録率は，2001年では，国全体で約80％を超え，登録率が高いのはニューハンプシャー州 (95％)，低いのはテキサス州 (77％) である。ベトナム戦争以後，この登録名簿から実際に徴兵されたことはなかった。そのため，登録リストから自動的に選抜徴兵される可能性はないということが社会的通念となっている。たしかに，1973年以降，アメリカでは徴兵は現実には行なわれていないので，学生にとって兵役に関する実質的な問題はないことになる。しかし，有事にはこの登録によって徴兵が求められる可能性がないわけではない。この規定は，現在まで継続し，2004-05年度においても，連邦政府による学生経済支援申請書には，「あなたは，選抜徴兵登録に登録していますか。登録していない場合は，この申請を通して，選抜徴兵登録局に登録することに同意しますか」という項目がある。

レーガン政権の第二期には，1986年に高等教育法の再授権（「1986年改正高等教育法」, Higher Education Amendments of 1986, PL99-498）が行なわれた。同法は，学生経済支援を受け続けるには，学生が1，2学年において成績を平均C以上に保たなければならない，ということを規定した。また，教育経費への付加的な資金を学生に貸与するSLSローン (Supplemental Loans for Students, SLS) プログラムが開始された。これは，1981年に開始されたPLUSローンと同じ趣旨の連邦保証ローンである。

**図表5-9**は，1986年の歳出額と同法による高等教育関係の再授権額(1987年)である。レーガン政権は学生経済支援の削減を推進した。1980年から1986年までに，連邦政府による学生経済支援は，実質ドル・ベースで10％縮小している。年間予算枠においても，ペル・グラントの予算に連邦保証ローンの費用が接近するようになった。それまで，一人の学生が受領する学生経済支援のパッケージにおいて，もっとも割合が大きかったのはペル・グラントであった。しかし，1986年になると，連邦保証ローンの割合がペル・グラントを抜き50％に達するようになった。ペル・グラントの伸びはとどまり，連邦保証ローンは拡大を続けた(Parsons 1997: 59-65)。

　「1986年改正高等教育法」のセクション491は，学生経済支援諮問委員会

**図表5-9　改正高等教育法(1986年)関係予算**（単位：100万ドル）

| プログラム | 1986会計年度歳出額 | 1987会計年度授権額 |
|---|---|---|
| ペル・グラント | 3,578 | ＊ 3,900 |
| 連邦保証ローン (GSL) | 3,259 | ＊ 3,100 |
| SEOG | 395 | 490 |
| 全米学生直接ローン (NDSL) | 209 | 275 |
| 所得連動型ローン・パイロット・プログラム | 0 | 5 |
| カレッジ・ワーク・スタディ | 567 | 656 |
| 早期介入 (TRIO) プログラム（障害をもつ学生向け） | 169 | 205 |
| SSIG（州政府学生経済支援事業への助成） | 73 | 85 |
| 移民農場労働者のためのプログラム | 7 | 9 |
| 大学財政に関する審議会 | 0 | 2 |
| メリット・スカラーシップ | 0 | 8 |
| 学内育児サービス助成金 | 0 | 10 |
| 退役軍人サービス | 3 | 5 |
| 継続教育 | 0 | 10 |
| 大学図書館 | 7 | 30 |
| 発展中の高等教育機関への支援 | 135 | 245 |
| 教師教育 | 20 | 60 |
| 国際教育 | 27 | 55 |
| 施設建設 | 50 | 100 |
| 産学協同教育 (CO-OP) | 14 | 17 |
| 大学院教育 | 19 | 90 |
| 中等後教育改善プログラム | 17 | 25 |
| 都市部大学への支援 | 0 | 17 |
| 合　計 | 8,549 | 10,199 |

出典：CQ, *Congressional Quarterly Almanac, 1986*, 1987, p.233.
　＊1987年度について，ペル・グラントとGSLについては授権額の制約はなく概算額。

(Advisory Committee on Student Financial Aid)の設立を規定し，1988年よりこの活動が開始された。諮問委員会の設置目的は，次のように規定されている。①中等後教育機関の学生支援のための，連邦，州，教育機関のプログラム全般についての知識と理解を提供する。②ニード分析・申請制度について，技術的・専門的な知識を提供する。③低・中所得層学生の中等後教育へのアクセスを維持していくために勧告を行なう。委員は，下院議員3名，上院議員3名，教育省長官から任命を受けた5名（中等教育機関・高等教育機関の代表者，単位認定団体，学生，保護者等を含む）という11名で構成されることも規定された。議会が諮問委員会に求めたのは，高等教育法タイトル4の学生支援プログラムについて，客観的で政治的党派的に偏らず独立した分析を行なうことである。学生経済諮問委員会は現在まで存続し，調査，勧告などを行なっている。1998年の高等教育法改正以降は，①実績にもとづいた組織運営(Performance-Based Organization, PBO)，②システムの現代化(Modernization)，③技術革新(Technology)，④法・規制の簡素化(Simplification of Law and Regulation)，⑤遠隔教育プログラム(Distance Learning)，⑥迅速な情報提供とニード・アセスメント，という6つの領域を重視し，施策をモニターし，調査，勧告を行なうことが要請されている。

このような諮問委員会の設置の背景には，中所得層学生支援法(1978年)以降の学生経済支援政策によっておきた社会問題がある。同法とレーガン政権の後押しによって連邦保証ローン(GSL, スタフォード・ローン)は著しく拡大した。それとともにローン返還不履行(デフォルト)が顕著になった[10]。この問題については，吉田(1997b)が次のような明快な整理を行なっている。

連邦保証ローンは，貸与を受けた者(学生)が銀行等に直接返済するが，返還不履行がおきた場合，金融機関は手紙や電話で回収努力を行なう。この状態が180日過ぎると，金融機関に対して，州，民間の保証機関から100％の代位弁済が行なわれる。さらに保証機関に移管されてから270日を過ぎるとローンは完全に不履行とみなされる。そして，連邦政府が保証機関に対して代位弁済を行なう。この制度では，金融機関や保証機関が回収努力を回避したり

失敗したとしても，最終的に連邦政府から代位弁済が行なわれる。このような仕組みであるため，保証ローンの管理は構造的に不徹底になりやすい (吉田 1997b：222-226)。

被貸与者に対する返還義務・方法についての指導は，教育機関，金融機関などが行なうが，これが徹底されなかったということも指摘されている。商業，事務，航空，美容学校など実践的な職業技術教育・訓練を行なう教育機関の学生にローン返還不履行が多いということが諸調査によって明らかになった。これらの私立営利教育機関 (proprietary school)については社会問題になり，ペナルティを貸そうとする教育省との訴訟も多数おきた (吉田 1997b：226)。

1980-81年度と1985-86年度を比較すると，ペル・グラントを受領した学生のうち，私立営利教育機関に在籍する学生の割合は，11.5％から22.1％へと伸びている。この時期，金融界の積極的な介入で連邦保証ローンが拡大したが，利用者に占める私立営利教育機関の学生の割合も高まった。学生がもたらす経済支援を目当てに教育機関が学力をともなわない者を入学させて，きちんとした教育，指導を行なわないというケースも問題になった。その結果として学生が退学に追い込まれれば，能力も資格を身につけずに負債だけを背負うことになる。

このような社会的背景を受けて，次のジョージ・H・ブッシュ政権においては，1989年「学生ローン予算調整法」(Student Loan Reconciliation Amendments of 1989, PL101-239) と，1990年「包括的予算調整法」(Omnibus Budget Reconciliation Act of 1990)によって，連邦保証ローン・プログラムから，学生の返還不履行 (デフォルト) 率の高い (30％以上) 中等後教育機関が除外されることになった。

### (2) 国家安全保障教育法スカラーシップ

ブッシュ政権期の学生経済支援政策において注視すべきこととして，冷戦終結後の1991年，「国家安全保障教育法」(David L. Boren National Security Education Act of 1991, PL102-183) が制定されたことがある。同法は，安全保障分野を学ぶ

優秀な学士課程学生に対するスカラーシップを開始した。これは，予算的には小規模なプログラムであるが，一部大学関係者からの抗議行動をもたらすプログラムであったこと，第3章で述べた国防教育法と対置して述べられることもあるため，やや詳細に述べることとする。

1991年7月，連邦上院議員の情報活動特別委員会に，委員長であるデビット・ボレーン (David L. Boren, オクラホマ州, 民主党, オクラホマ大学学長) によって，「情報活動に関する歳出権限法案」(Intelligence Authorization Act, S.1539) が提案された。法案は，国家安全保障上重要であると指定された地域 (国家) とその言語の研究の振興を目的として，次の3つの連邦助成プログラムの設立を求めるものであった。①学士課程のアメリカ人学生へのスカラーシップ (留学のための経済支援)，②大学院生のためのフェローシップ，③高等教育機関への助成金，である (Department of Defense 2003: 2)。

同法の目的は次の通りである。①アメリカ合衆国の安全保障教育のニーズ (とくに，時代によって変化するニーズを充たすのに不可欠なリソース，アカウンタビリティ，フレキシビリティを提供する)。②国家の利益にとって重要な外国語，エリア・スタディ，その他の国際的な領域の学問の学習，教授活動の質，量，多様性を高める。③合衆国政府の国家安全保障に責任をもつ省庁での就労を求める人材市場を拡大する。④他の連邦プログラムと共同し，合衆国市民，政府職員，指導者の国際的な経験，知識基盤，視野を広める，⑤国際教育という目標を，連邦政府が推進していくことを可能にする (U.S.Code: Title 50, Sec. 1901)[11]。

議会では次のことが争点となった。①安全保障予算を投入する有効性についての議論 (予算の無駄づかいという主張)。②高等教育法タイトル6との重複についての議論 (既存の外国語，エリア・スタディへの助成を補完するものなのか，それとも強化するものか，という議論)。③スカラーシップ受給者の連邦政府での就労を義務づける条項についての議論 (この要件を充たさなかった者は，奨学金の総額に利子をつけて返還する)。④海外に留学する学生が，当地において諜報機関の一員とみなされる懸念があり，国際教育・研究交流に影を落とすの

ではないか，奨学生の安全面で問題がおこるのではないかという議論。⑤社会的背景についての議論（湾岸戦争，旧ソ連の新独立国，欧州，アジアの政治的不穏，日本経済の優秀性などについて）などである (Swenson 1999: 115)。

最終的に同法案は承認され，その名称は「国家安全保障教育法」となり，同法に規定される3つのプログラムは「国家安全保障教育プログラム」(National Security Education Program, NSEP, エヌセップ) と総称されることになった。プログラムの方針は，国務省と13名のメンバーからなる国家安全保障教育委員会によって決定される。同委員会の構成は，国防総省（国防総合大学副学長―委員長），教育省，国務省，商務省，中央情報局，エネルギー省，国立人文科学財団からの代表7名と，大学学長，学部長，教授，弁護士（議員経験者）など民間人6名からなる。奨学金，助成金授与の基準や奨励される地域などの選定基準については，委員会は高等教育界の識者によって構成されるアドバイザー・グループに支援を仰ぐ。3つのプログラム全体を管理する事務局は国防総省におかれ，主として，大学・研究機関への助成金交付事業を管理する。スカラーシップとフェローシップは，連邦政府と近い関係にあるNPO法人が管理する (Department of Defense 2003: 57)。

学士課程の学生に対するスカラーシップは，米国内の大学に在籍する学生が，在学中に海外の大学に1学期〜1年程度留学する費用を支給するものである。留学先は学生が自分で決め，受け入れ機関から承認を得ることが前提となる。支給額は，2,500ドル〜1万ドルであり，ホスト国での生活費，学費，旅費，図書費，保険費用などを勘案して，NPO法人の国際教育研究所 (Institute of International Education, IIE) のNSEP事務局が決定する[12]。2001年度は，136名に授与され，うち15名は日本に留学している。スカラーシップ受給者は，受給期間と同じ期間，卒業後，連邦政府もしくは高等教育機関で就労，インターンシップに就くことが課せられている (Department of Defense 2003: 18)。

このプログラムについては，外国研究を行なう研究者団体から抗議声明が出された。その趣旨は，①プログラムを管理する国家安全保障教育委員会から，国防総省，中央情報局を排除し，連邦教育省が統括すること，②奨学金，

助成金の対象となる地域・国家（学習・研究の分野）を，国家安全保障の観点から指定するのをやめること，③同プログラムがアメリカから留学させる一方向性であることをやめ，フルブライト法（Fulbright Act of 1945）のように，二国間交流プログラムにすること，④スカラーシップ，フェローシップの受給者に課せられている国家安全保障に関する連邦政府機関での就労義務をなくすこと，である[13]。

しかし，大きな変更は行なわれず，国家安全保障教育法の各プログラムは継続することになった。2003年に公表された報告書では，1992年から2002年までに，約1,650名の学士課程学生へのスカラーシップ，850名の大学院生のフェローシップ，64の大学への助成（グラント）が行なわれた（Department of Defense, U.S.2003: 2）。2005-06年度では，学生課程スカラーシップ（ボレーン・スカラー）は，多い順から，中国30名，エジプト28名，ロシア19名，日本9名，ヨルダン5名，オマーン4名，ブラジル，モロッコ，ルーマニア，インド各3名，タンザニア，ベトナム，シリア，クロアチア，ハンガリー，ウガンダ各2名，韓国，フィリピン，チェコ，メキシコ，ポーランド等15カ国に各1名が派遣されている[14]。

## 第4節　1990年代初期の改革——連邦直接学生ローン政策へ——

1990年代になると，前項で述べたローン返還不履行問題とそれに対する法的な整備への動きが活発化する。そして，高等教育機関における授業料の高騰が政治的・社会的問題になった。そういった社会的背景を受けて，学生経済支援政策と授業料問題は，議会その他での調査の対象となり，経済学，公共政策学の研究者も巻き込んだ研究領域に発展した。

### (1)　大学授業料の高騰

1970年代から1990年代にかけて，学生経済支援の重点は給付からローン

へと移行した。連邦政府による学生経済支援総額に占めるローンの割合は，1975-76年度では約20％であったが，1992-03年度では約64％に，2001-02年度には約69％にまでなっている (Gladieux, King, Corrigan 2005: 180)。このようなローンの拡大とともに，返還不履行も問題になった。連邦保証ローン（GSL/スタフォード・ローン，PLUSローン，SLSローン）では，連邦政府は次の三種類の支出を行なう。①在学中の利子補給（貸与を受けた者が金融機関に支払うべき利息のうち，在学中の利息は連邦政府が負担する）。②卒業後の利子補給（1992年度では，利率は91日国債の利率＋3.25％に設定されていた。貸与を受けた者は卒業後8％の利子を支払い，設定利率との差額を連邦政府が負担する）。③貸与を受けた者の返還不履行や死亡等によって返還が不可能になった場合の代位弁済（吉田 1997a：15）。

金融・保証機関による安易な貸与・保証，回収事業の不徹底，教育機関による濫用や学生指導の不備等を原因として，③の返還不履行による連邦政府の代位弁済額は1980年代から増加した。1988-89年度には，連邦保証ローンに用いる連邦補助金額の46％を占める16億ドルが代位弁済にあてられた。この動向はとどまらず，代位弁済額は，1991-92年度には連邦保証ローン予算の63％を占める57億ドルにまで達した。

その一方で，大学授業料の高騰が社会問題となった。**図表5-10**は，大学の定価授業料 (sticker price, list price, published price 等と表現される)・手数料の推移を，四年制私立大学，四年制公立大学，二年制公立大学の別でみたものである。1985-86年度から1995-96年度の10年間に，四年制私立大学の学費は，平均

図表5-10　大学の定価授業料・手数料の推移（1975〜2005年）

単位：ドル（インフレ調整後）

|  | 1985-86年度 | 1995-96年度 | 2005-06年度 |
|---|---|---|---|
| 4年制私立大学 | 11,019 | 15,489 | 21,235 |
| 4年制公立大学 | 2,373 | 3,564 | 5,491 |
| 2年制公立大学 | 1,154 | 1,686 | 2,191 |

出典：College Board, "*The Trends in College Pricing*", 2005, p.7.

1万1,019ドルから1万5,489ドルへと約40％上昇した。一方，四年制公立大学は，平均2,373ドルから平均3,564ドルへと約50％上がった。この上昇にブレーキはかからず，2005-06年度には，四年制私立大学の定価授業料・手数料平均は，2万1,235ドル，四年制公立大学平均は，5,491ドルに達し，公立と私立の学費の差は著しく拡大した。第1節でみたように連邦学生経済支援の「経済支援必要額」(ニード)を計算するフォーミュラの学費には，寮費・食事も含まれる。これも加えて学生一人当たりの年間費用を5年ごとにみたものが**図表5-11**である。私立，公立ともに四年制大学の学費は，前年度と比べて毎年4％以上上がっている。右側は，消費者物価指数によるインフレ調整後の値である。この額が前年度と比べて増加していることは，他の物価に比べて，学費の値上がりが大きいことを意味している。

　この問題と学生経済支援との関係について，小林・濱中・島（2002）は「高授業料／高奨学金政策」(high tuition/high aid policy)として総括し，次のように説明している。連邦学生経済支援の計算フォーミュラは，定価授業料を基本として，これと「家庭負担期待額」(EFC, Expected Family Contribution，学生と家庭の経済状態から判断して負担が可能と予想される金額)との差を埋める形で支援を行

**図表5-11　大学学費（定価授業料・手数料・寮費・食費）の年間平均額（1996～2006年）**

(単位：ドル)

| 学年度 | インフレ調整前 | | | | インフレ調整後 | | | |
|---|---|---|---|---|---|---|---|---|
| | 私立4年制 | 前年度比 | 公立4年制 | 前年度比 | 私立4年制 | 前年度比 | 公立4年制 | 前年度比 |
| 95-96 | 17,382 | | 6,743 | | 22,040 | | 8,550 | |
| 96-97 | 18,357 | 6％ | 7,142 | 6％ | 22,630 | 3％ | 8,805 | 3％ |
| 97-98 | 19,360 | 5％ | 7,469 | 5％ | 23,449 | 4％ | 9,046 | 3％ |
| 98-99 | 20,463 | 6％ | 7,769 | 4％ | 24,384 | 4％ | 9,258 | 2％ |
| 99-00 | 21,475 | 5％ | 8,080 | 4％ | 24,876 | 2％ | 9,360 | 1％ |
| 00-01 | 22,240 | 4％ | 8,439 | 4％ | 24,883 | 0％ | 9,442 | 1％ |
| 01-02 | 23,856 | 7％ | 9,032 | 7％ | 26,227 | 5％ | 9,930 | 5％ |
| 02-03 | 24,867 | 4％ | 9,672 | 7％ | 26,750 | 2％ | 10,404 | 5％ |
| 03-04 | 26,057 | 5％ | 10,530 | 9％ | 27,430 | 3％ | 11,085 | 7％ |
| 04-05 | 27,465 | 5％ | 11,376 | 8％ | 28,294 | 3％ | 11,719 | 6％ |
| 05-06 | 29,026 | 6％ | 12,127 | 7％ | 29,026 | 3％ | 12,127 | 3％ |

出典：CollegeBoard, *"Trends in College Pricing"*, 2005, p.11.

なう。そのため，大学は，定価授業料を高く設定すれば受けとる学生経済支援を増やすことが可能となる（小林・濱中・島　2002：25）。一方，学生は，定価の授業料ではなく，学生経済支援によって「ディスカウント」された「正味の授業料」(net price) を支払えばよい。1972年改正高等教育法が画期的であったのは，在籍する大学の学費，各種手数料，食事・部屋代，書籍代などを含む「実際の教育費用」から，学生と家庭が負担できると予想される金額である「家庭負担期待額(EFC)」を差し引いた額によって，「経済支援必要額」(ニード) を算定することであった。これによって，低所得層の学生も，学費の高い大学で学ぶことが原理的に可能になる。その一方で，このような計算方法は，大学が授業料を値上げする可能性を誘発しやすい。

　ただし，アメリカの大学の授業料の高騰は，学生経済支援の拡大だけに起因しているわけではない。大学の財政支出増大の要因については，コンピュータ設備など教育環境の質の向上，施設費，教員給与など人件費の値上がり，企業体としての大学の性格，学生獲得のためのコストなどが指摘されている（小林・濱中・島　2002：16）。学生獲得のためのコストには，優秀な学生をひきつけるために大学が支払う「大学独自の学生経済支援」（メリット型スカラーシップ）も含まれる。その他に重要なこととしては，高等教育にさまざまな影響を与える他の法律への「コンプライアンス」(法律遵守) 費用がある。**図表5-12**は，「高等教育費用に関する全米委員会」(National Commission on the Cost of Higher Education) の調査報告が指摘した学費の高騰に影響を与えているとされる連邦・州の法規制などの一覧である。

　たとえば，「障害をもつアメリカ人の法」(Americans with Disabilities Act of 1990, P.L.101-336) は，障害をもつ人々に対する差別撤廃と彼らの社会参加の促進を目的として，1990年に制定された。同法は，公立・私立教育機関において，障害を理由に受験を制限したり，入学を拒否することを禁止している（犬塚　2000：128-131）。同法の理念と規定を遵守するには，「特別なニーズをもつ」学生のために，学内施設・設備，サービスを整える必要がある。そういった改善は，特定の学生だけでなく，大学教育の体制全般を向上させるものである

図表 5-12　大学授業料・手数料の高騰に影響を与えているとされる連邦・州の法規制

| |
|---|
| 連邦レベル<br>・「障害をもつアメリカ人の法」(Americans with Disabilities Act)<br>・「動物実験規制」(Animal Research Space Regulations)<br>・私学の学債に対する免税の制約<br>・「1997年税調整法」(Balanced Budget Act of 1997)<br>・「ペル・グラント調整法」(1993 Pell-Grant Modifications)<br>・最低基準賃金の増加<br>・「家族・医療休暇法」(Family and Medical Leave Act of 1993)<br>・「雇用者教育支援法」(Employee Education Assistance Act)<br>・「学生への情報公開とキャンパスの安全法」<br>　(Student Right-to-Know and Campus Security Act of 1990)<br>・アファーマティブ・アクション（定年退職義務の廃止）<br>・環境法関係<br>・「通信法」(Telecommunications Act of 1996)<br>・「高等教育法タイトルIX」（スポーツ活動への助成に対するジェンダー公平性の保障）|
| 州レベル<br>・国有地交付大学への規制（農業拡張プログラムの義務要件）<br>・州の授業料・手数料政策<br>・補習教育サービス<br>・育児ケア施設設置義務<br>・遠隔教育，技術教育の義務要件 |

出典：National Commission on the Cost of Higher Education, *Straight Talk about College Costs & Price*, 1998, p.290.

が，施設・設備の改築は一般に高額な費用を必要とする。政府助成金や寄付金などを集めることができなければ，このための費用は，学費に反映されることになる。

## (2)　1992年改正高等教育法

　1992年には，改正高等教育法 (Higher Education Amendments of 1992)によって高等教育法の再授権が行なわれ，高等教育法の各規定は大きく改正され，新たなプログラムも開始された。先に述べた問題を背景として，議会にのぼった中心的議題は，①保証ローンの返還不履行問題，②中所得層の学生に対する経済支援の拡充，③前述の2つの政策課題を解決するために，連邦保証ローンを構造的に改革することであった。

　議論の最初に検討されたのは，学生支援における給付金とローンの不均衡をどうするかということであった。高等教育界には，1991年の冷戦の終結に

よって「平和の配当金」(peace dividend, 軍縮によって浮いた軍事費の比喩)が教育援助プログラムにあてられるのではないかという期待もあった。ペル・グラントをエンタイトルメントにする (entitlement, 該当者は全員が受給できるものにする)，もしくは，インフレーションに連動させて自動的に増加するプログラムにする，という提案も行なわれた。これに対して，ブッシュ政権は，連邦支出の削減をめざしてこれに同意せず，議会で審議されるには至らなかった (Gladieux, King, Corrigan 2005: 181)。

ペル・グラントの構造的改革が暗礁に乗り上げた後，選択肢のなくなった議会は，既存のローン・プログラムの貸与限度額を引き上げることに向かった。そして，1992年の高等教育法改正によって，それまでのスタフォード・ローンの他に，ニードによらず，利子補給も行なわず，連邦政府による債務保証のみ行なう新しいプログラム「利子補助のないスタフォード・ローン (unsubsidized Stafford Loan)」が創設された。それまでのスタフォード・ローンが，在学中は，連邦政府によって利子分が金融機関に支払われる (subsidized)のに対して，新しく設けられたプログラムは，利子補助はなく (unsubsidized)，被貸与資格に所得制限枠を設けないものであった (CQ 1993: 438-454)。

1992年の高等教育法の改正は，給付金とローンとの不均衡を改善するという政策課題を解決しなかった。**図表5-13**は，非キャンパス・ベースの連邦政府ローン・プログラムの統計である。「補助なしスタフォード・ローン」は拡大を続けた。1993-94年度と2003-04年度を比較すると，ローン総額は約8.8倍，ローン件数は約5.3倍も増えている (吉田 1997a : 17-18)。

もう一つの争点である返還不履行問題と保証ローンの構造改革については，新しい提案が行なわれた。保証ローンを廃止し，連邦政府が直接貸しつける「直接ローン」(Direct Loan)プログラムを創設する改革案が，下院の若手アンドリュース議員 (Robert E. Andrews, 1957-，ニュー・ジャージー州，民主党)，教育労働委員会委員長フォード (William D. Ford, 1927-2004，ミシガン州，民主党)らを中心に推進された。しかし，金融機関・保証機関はこれに反対し，政権においては，ブッシュ大統領，行政管理予算局もこの改革案を支持しなかっ

第5章 拡大した大学生経済支援政策

図表5-13 連邦政府が管理するローンの貸与者数、ローンの件数、平均貸与額の推移(大学生)

| 利子補助つき スタフォード・ローン | 1993-94 | 1994-95 | 1995-96 | 1996-97 | 1997-98 | 1998-99 | 1999-00 | 2000-01 | 2001-02 | 2002-03 | 2003-04 | 10年間の変化 |
|---|---|---|---|---|---|---|---|---|---|---|---|---|
| 貸与受給者(単位:千人) | 3,356 | 3,515 | 3,609 | 3,841 | 3,933 | 3,880 | 3,931 | 3,988 | 4,242 | 4,683 | 5,225 | 53% |
| ローンの件数(単位:千件) | 3,763 | 3,892 | 3,967 | 4,237 | 4,338 | 4,264 | 4,293 | 4,367 | 4,675 | 5,166 | 5,769 | |
| 総額(単位:千ドル) | 10,483 | 11,240 | 11,614 | 12,531 | 12,864 | 12,603 | 12,885 | 13,059 | 13,789 | 15,510 | 17,525 | |
| 平均貸与額(インフレ調整前)(単位:ドル) | 2,786 | 2,888 | 2,928 | 2,957 | 2,965 | 2,956 | 3,002 | 2,990 | 2,950 | 3,002 | 3,038 | |
| 平均貸与額(インフレ調整後)(単位:ドル) | 3,54 | 3,573 | 3,526 | 3,463 | 3,412 | 3,346 | 3,303 | 3,178 | 3,081 | 3,068 | 3,038 | -14% |

| 利子補助なし スタフォード・ローン | 1993-94 | 1994-95 | 1995-96 | 1996-97 | 1997-98 | 1998-99 | 1999-00 | 2000-01 | 2001-02 | 2002-03 | 2003-04 | 10年間の変化 |
|---|---|---|---|---|---|---|---|---|---|---|---|---|
| 貸与受給者(単位:千人) | 590 | 1,469 | 1,689 | 1,941 | 2,135 | 2,186 | 2,423 | 2,606 | 2,899 | 3,225 | 3,630 | 538% |
| ローンの件数(単位:千件) | 640 | 1,632 | 1,879 | 2,176 | 2,396 | 2,447 | 2,677 | 2,883 | 3,233 | 3,613 | 4,080 | |
| 総額(単位:千ドル) | 1,517 | 4,425 | 5,227 | 6,190 | 6,997 | 7,207 | 8,259 | 9,046 | 10,141 | 11,592 | 13,355 | |
| 平均貸与額(インフレ調整前)(単位:ドル) | 2,372 | 2,712 | 2,782 | 2,844 | 2,920 | 2,945 | 3,085 | 3,137 | 3,137 | 3,208 | 3,274 | |
| 平均貸与額(インフレ調整後)(単位:ドル) | 3,018 | 3,355 | 3,351 | 3,331 | 3,360 | 3,334 | 3,395 | 3,335 | 3,276 | 3,278 | 3,274 | 8% |

| PLUSローン | 1993-94 | 1994-95 | 1995-96 | 1996-97 | 1997-98 | 1998-99 | 1999-00 | 2000-01 | 2001-02 | 2002-03 | 2003-04 | 10年間の変化 |
|---|---|---|---|---|---|---|---|---|---|---|---|---|
| 貸与受給者(単位:千人) | 310 | 327 | 380 | 412 | 450 | 477 | 509 | 530 | 557 | 615 | 735 | 137% |
| ローンの件数(単位:千件) | 337 | 348 | 402 | 437 | 479 | 509 | 543 | 566 | 599 | 666 | 800 | |
| 総額(単位:千件) | 1,524 | 1,822 | 2,322 | 2,653 | 3,050 | 3,321 | 3,750 | 4,147 | 4,601 | 5,463 | 7,071 | |
| 平均貸与額(インフレ調整前)(単位:ドル) | 4,519 | 5,230 | 5,770 | 6,068 | 6,363 | 6,528 | 6,906 | 7,321 | 7,682 | 8,198 | 8,839 | |
| 平均貸与額(インフレ調整後)(単位:ドル) | 5,752 | 6,471 | 6,949 | 7,107 | 7,321 | 7,389 | 7,599 | 7,781 | 8,023 | 8,378 | 8,839 | 54% |

| 全体 | 1993-94 | 1994-95 | 1995-96 | 1996-97 | 1997-98 | 1998-99 | 1999-00 | 2000-01 | 2001-02 | 2002-03 | 2003-04 | 10年間の変化 |
|---|---|---|---|---|---|---|---|---|---|---|---|---|
| ローンの件数(単位:千件) | 4,256 | 5,311 | 5,677 | 6,193 | 6,518 | 6,542 | 6,863 | 7,124 | 7,698 | 8,523 | 9,590 | 125% |
| 総額(単位:千ドル) | 13,523 | 17,488 | 19,163 | 21,373 | 22,912 | 23,131 | 24,894 | 26,252 | 28,531 | 32,564 | 37,951 | |
| 平均貸与額(インフレ調整前)(単位:ドル) | 3,178 | 3,293 | 3,375 | 3,451 | 3,515 | 3,536 | 3,627 | 3,685 | 3,706 | 3,821 | 3,957 | |
| 平均貸与額(インフレ調整後)(単位:ドル) | 4,044 | 4,074 | 4,065 | 4,042 | 4,044 | 4,002 | 3,992 | 3,916 | 3,871 | 3,904 | 3,957 | -2% |

出典:College Board, Trends in Student Aid, 2004, p.10、芝田政之・小林こずえ「学生支援の動向2004(カレッジボード)『大学と学生』(通巻481号)、2004年、p.50より構成。

た。そのため，下院は，「直接ローン」をパイロット・プログラムとして試験運用する規定を法案に盛り込み，これが議会で採択された。連邦政府による「直接ローン」規定に反対する教育省長官アレグザンダー（Lamar Alexander）は，大統領に拒否権を発動するよう進言するとのコメントを発した。しかし，下院教育労働委員会の共和党議員からの圧力によって大統領が法案に署名し，1992年から「連邦直接学生ローン」(Federal Direct Student Loan Program)が開始された（CQ 1993: 653-657）[15]。

連邦直接学生ローンへの転換によって，①会計監査が容易になり，返還不履行（デフォルト）の責任が誰にあるかということを明確にし，連邦政府の債務弁済額を減少させる，②直接ローンに切り替えることによって，利子補給と債務弁済で金融機関に支払われた資金が連邦にもたらされる，③ローンの貸与，保証，回収などにおいて中間機関が少なくなり，経費を削減し，プロ

**図表5-14 連邦直接学生ローン（Federal Direct Student Loan Program）制度**

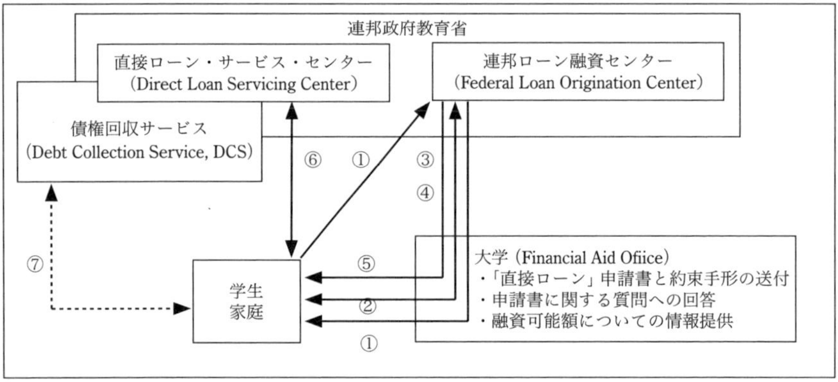

① 募集・申請補助
② 申し込み
③ 審査
④ 資金貸与
⑤ 学生への送金
⑥ 元利返済・回収
⑦ 返還不履行（デフォルト）債権の回収

出典： 規制改革・民間開放推進会議，文部科学省回答追加資料「官業民営化等WG・市場化テストWG（11／8）追加資料要求への回答」，2005年より作成。

グラムを簡素化するのに役立つ，④返還期間や返還額に柔軟性をもたせることが容易になり，最終的に回収事業をスムーズにする，ことが可能になると予想された（吉田 1997a：19）。連邦直接学生ローンは，1992年時ではパイロット・プログラムであったが，次のクリントン政権で法制化され継続され現在に至っている。**図表5-14**は，2002年における連邦直接学生ローン制度の概要である。

## 第5節　クリントン政権以降の改革
——授業料税額控除（タックス・クレジット）の誕生——

### (1)　クリントン政権の改革

1993年には，第一期クリントン政権に入り，前年度からもちこされた学生経済支援の構造改革が動きだした。政権の主導によって，同年に，「学生ローン改革法」(Student Loan Reform Act, PL103-66)と「ナショナル・サービス・トラスト法」(National Service Trust Act, PL103-82)の2法が制定された。クリントン政権は，前年度に試験運用が決定された「連邦直接学生ローン」を本格的に実施するために立法化を促進した。議会で，直接ローンへの移行のコンセンサスが得られた後は，全面移行を推進する派と50％程度にとどめることを提案する派とに分かれた。最終的に，1994-95年度に5％，1995-96年度に40％，1996-97年度に50％，1998-99年度に60％を連邦直接学生ローンにすることが規定された（吉田 1997a：20）。

「ナショナル・サービス・トラスト法」は，1930年代のローズベルト政権の「市民保全部隊」(Civilian Conservation Corps, CCC, 森林保護などを行なう)，1960年代のケネディ政権の「平和部隊」(Peace Corps, 途上国支援)，ジョンソン政権の「VISTA」(Volunteers in Service in America, 国内貧困地域支援)などと趣旨を同じくするボランティア・サービスと経済支援を結びつけたプログラムである。2年間，社会的必要性の高い分野でのボランティア・サービスを行なう者（約10

万人を対象)に対し，中等後教育・訓練を受けるための資金援助を行なう。同法は，次のことを規定した。新しい組織については，①国家・地位サービスのための組織を創設し，これまでの国内ボランティア事業なども含めて管理する，②各州は，連邦からの助成金を受けるナショナル・サービス委員会を設立する，③州の委員会は，ナショナル・サービス事業のプランを作る，ことを定めた。教育費用のための経済的恩典を受ける者については，①17歳以上で，高校卒業資格を得ていること，②ナショナル・サービスの応募については，学校その他の機関でリクルート活動が行なわれる，③プログラム参加者は，(a) 1年間のフルタイム・サービス，(b) 2年間のパートタイム・サービス，(c) 学校在学中の場合は3年間のパート・タイムサービス，のいずれかを行なうことで，1回分の教育恩典 (education award) を受けることができる。最高で2回分まで教育恩典を受けることができる。④教育恩典は，1回分で4,725ドルである。⑤この恩典を利用できるのは，サービスの終了後，5年以内とする，⑥従来のVISTAプログラムのボランティアが得ていた最低賃金給付金の85％を支給する，ことが規定された。予算については，1994-95年度に3億ドル，1995-96年度に5億ドル，1996-97年度に7億ドルの授権を行なった (CQ 1997: 625)。このプログラムのために，ナショナル・サービス公社 (Corporation for National Service 現在は Corporation for National and Community Service CNCS) と「アメリコー」(AmeriCorps) という組織が設立された。

　1997年に，第二次クリントン政権に入ると，政権の主導によって「納税者救済法」(The Taxpayer Relief Act of 1997, PL105-34) が制定され，連邦政府による教育に関する税の優遇制度が実施された。同法によって，2つの税額控除 (タックス・クレジット, tax credit)「HOPE (スカラーシップ) 税額控除」「生涯学習税額控除」と，教育関係ローン利子の所得控除，個人退職預金 (IRA) からの教育目的費の引きだしについての優遇制度が実施された。

　教育費に対する税額控除 (タックス・クレジット) は，遡れば1965年高等教育法や1978年中所得学生支援法の審議においても検討されたが廃案になっていた。教育費税額控除の提案は，主として共和党議員によって行なわれてき

た。1996年のクリントンと共和党ドール候補との大統領選挙においても，ドール陣営は大規模な減税法案（キャピタル・ゲイン）を提案していた。クリントンは，第一期政権に入る時の選挙戦において，中所得層への税削減を公約していたが，共和党がマジョリティを占める議会をまとめることができなかった。この件についてのドール側からの論難を牽制し，クリントン陣営は，教育に特化した減税を行なうことを公約した。

1996年の選挙期間に行なわれた調査では，さまざまな減税案の中でもっとも支持が高かったのが中等後教育費用に対する税額控除であった。これは，市民の55％から強い支持を，25％から何らかの支持を受けていた。議会の多数派を占める共和党も，支出のかかるプログラムに反対し税削減を提案していた。このような政治的な力学を制圧し，思想的にはリベラルなレトリックをまとい提案されたのが「HOPEスカラーシップ」という名称の税額控除であった (Wollanin 2001: 26-28)。

再選後，クリントン大統領は，1997年2月の一般教書演説において，第二期の第一の優先課題 (my number one priority for the next 4 years) を全国民が世界最高の教育を受けられるようにすることであると述べた。すべてのアメリカ人が，8歳で読解力を獲得し，12歳でインターネットを使いこなし，18歳で高等教育機関に通い，成人期においては生涯学習を継続する社会の確立を政策の方向性として掲げた。そして，次の10の政策の方向性について述べた。①標準カリキュラムの確立と学力テスト。②優秀な教員の確保。③「アメリコー」(AmerCorps)ボランティアを動員した幼児識字教育。④「ヘッド・スタート」プログラムの拡大。⑤公立学校における選択の自由と「チャーター・スクール」の拡大。⑥人格教育 (character education) の拡充。⑦学校施設・建設への助成。⑧第13, 第14学年の教育段階であるカレッジ教育の2年間をユニバーサル (universal) にする。⑨勤労者向けのGIビル (my "GI bill" for America's workers)。⑩2000年までに全学校をインターネット網化する (舘 1997: 134-136)。

高等教育関係政策の⑧，⑨について，さらに，(a)「HOPEスカラーシップ ("HOPE Scholarship")」によって，授業料1,500ドル分を，2年間の税額控除によっ

て保護者に還付する，(b)教育費目的として個人退職口座(IRA)から退職前に引きだしを行なう際に無税にする，(c)ペル・グラントを，創設20年間の歴史において最大額増額する，ことを方針として掲げた。

これらの税優遇政策を含む政権側の法案は，1997年3月に議会下院歳入委員会(Committee on Ways and Means)，上院歳入委員会(Committee on Finance)に提出された。ヒアリングには，本研究でもその論文等を引用しているグラデュー(Lawrence E. Gladieux)，マクファーソン(Michael S. Mcpherson)，ブレネマン(David W. Breneman)など高等教育，公共政策の研究者，専門家たちが証言を行なった。共和党の支持によって審議は円滑に進み，「納税者救済法」が成立した。

同法において注目された「HOPEスカラーシップ」は，中等後教育に費用がかかった場合，一人当たり最高で1,500ドルの税額控除を申請できるという間接的な学生経済支援である。確定申告の本人，配偶者，控除対象になる扶養家族(子ども)の教育費が対象になる。この税額控除は，中等後教育の最初の2年間のみ申請できる。教育にかかる費用(授業料や学校に支払う手数料)から，奨学金や勤務先等からの補助金を引いた，実質の負担額クレジット計算の元になる。この自己負担分のうち，1,000ドルまでは100％，それを超える分に関しては，さらに1,000ドルまでは50％のクレジットが認められる(CQ 1998: [7-5]-[7-6])。同法は，さらに新しいプログラム「生涯学習税額控除」(Lifetime Learning Credit)[16]と「教育費運用口座」(Education IRA)，学生ローンに対する所得控除，個人退職講座(IRA)からの教育費引きだしの優遇など，教育に関する減税，貯蓄プログラムを規定した(CQ 2002: 522-523)。

しかし，クリントン大統領の選挙や一般教書で指針表明は華々しかったが，「HOPEスカラーシップ」は，「ジョージアHOPEスカラーシップ」との同一感を誘導するレトリックであったとの批判がある。ジョージアHOPEスカラーシップは，学生の成績を考慮するメリット型の学生経済支援事業であり，低所得層の進学率を高めたとの評価があった。一方，クリントン政権の「HOPEスカラーシップ」は，受領者の能力を問わない中所得層向けの教育減税であった。この誤解を招く名称を避け，その後，「HOPE税額控除」(HOPE tax credit)

と称されるようになった。このプログラムについては，低所得層の就学率，教育機会の拡大に貢献していない，中所得層への経済支援が学費高騰を招く可能性をもつ，高等教育機関に事務負担を強いる，などの批判的論点がある (Wollanin 2001: 28-29)。

**図表5-15**は，1999－2000年度に経済支援を受けていた大学生の割合である。フルタイム・パートタイムの約165万人の大学生のうち，何らかの経済支援を得ている者は全体の55.3%，連邦政府から得ている者は40.5%である。非独立生計で年間所得が10万ドルを超える家庭の学生のうち44.4%が何らかの経済支援を受けている。この所得層の集団で，連邦政府からの給付奨学金を得ている者は少なく0.4%であるが，連邦ローンを借りている者は23.3%に上る。中・高所得層においても，学生経済支援と大学教育は切り離せない問題となっている。

1998年には，「改正高等教育法」(Higher Education Amendments of 1998)によって，高等教育法の再授権が行なわれた。1998年の議会での焦点は，連邦政府による学生ローンの利子率の設定や，学生支援の交付システムの合理化，また，犯罪・公平性などに関する教育機関の報告義務問題などに向けられた。高等教育政策はどこに向かうのかという本質的な議論や，超党派的な政策推進には発展しなかった。最終的に，①ローンの利子率の変更(学生に対して低く，銀行に対して高めに設定し，差額を連邦政府が負担する)，②教員養成・再教育を目的として州に助成金を与える，③地方部・低所得層の都市部の教員不足を解消するために，大学卒業後教職に就く者に対し，最高5,000ドルまでローンの支払いを免除する。④低所得層の高校生の大学進学率を高めるために，中等教育段階において"GEAR UP"プログラムを実施する，⑤ペル・グラントの最大授与額を増額する，⑥ワーク・スタディ・プログラムの授権額を増額する，⑦連邦学生支援の監督を改善するために，教育省に，業績評価組織(Performance-based Organization)を設置する，ことが規定された(CQ Press 2002: 509-513)。

新しい方向性としては，副大統領ゴアの構想で同法に盛り込まれ，教育省

図表 5-15　経済支援を受けている大学生の割合 (%)(財源, 支援の形態, 学生の特性) 1999-2000年度

| 財源<br>学生の特性 | 学生数<br>(千人) | 何らかの経済援助を受けている学生 | | | 給付 | | | 貸与 | | | ワーク・スタディ | その他 | | |
|---|---|---|---|---|---|---|---|---|---|---|---|---|---|---|
| | | 合計(%) | 連邦政府(%) | 連邦政府以外(%) | 合計(%) | 連邦政府(%) | 連邦政府以外(%) | 合計(%) | 連邦政府(%) | 連邦政府以外(%) | 合計(%) | 合計(%) | 連邦政府(%) | 連邦政府以外(%) |
| 1 | 2 | 3 | 4 | 5 | 6 | 7 | 8 | 9 | 10 | 11 | 12 | 13 | 14 | 15 |
| 学士課程学生総数 | 16,539 | 55.3 | 40.5 | 36.8 | 44.4 | 23.1 | 34.0 | 28.8 | 27.9 | 3.9 | 5.4 | 6.9 | 2.9 | 1.6 |
| 性別 | | | | | | | | | | | | | | |
| 男　性 | 7,231 | 52.5 | 37.7 | 34.7 | 40.3 | 19.4 | 31.7 | 27.3 | 26.4 | 4.0 | 4.7 | 8.8 | 3.1 | 1.7 |
| 女　性 | 9,308 | 57.5 | 42.7 | 38.3 | 47.5 | 26.0 | 35.8 | 30.0 | 29.1 | 3.8 | 6.0 | 5.5 | 2.7 | 1.6 |
| 人種・エスニシティ (1) | | | | | | | | | | | | | | |
| 白色系, 非ヒスパニック | 11,074 | 53.3 | 37.5 | 36.7 | 41.4 | 17.7 | 34.0 | 29.1 | 28.2 | 4.2 | 5.5 | 7.1 | 3.2 | 1.5 |
| 黒色系, 非ヒスパニック | 2,051 | 69.5 | 55.3 | 39.9 | 58.3 | 40.1 | 36.9 | 35.9 | 35.2 | 3.3 | 5.9 | 7.9 | 2.6 | 2.1 |
| ヒスパニック | 1,984 | 58.3 | 46.4 | 36.5 | 50.3 | 35.1 | 33.3 | 24.4 | 23.3 | 3.5 | 5.3 | 6.2 | 2.0 | 1.8 |
| アジア系アメリカ人／太平洋諸島 | 1,050 | 44.3 | 33.5 | 32.1 | 37.4 | 22.4 | 30.2 | 22.4 | 21.8 | 2.5 | 5.3 | 4.6 | 1.8 | 1.5 |
| アメリカ系先住民／アラスカ系先住民 | 170 | 56.5 | 44.0 | 36.9 | 50.0 | 33.7 | 33.9 | 23.3 | 22.5 | 2.4 | 3.0 | 8.7 | 1.2 | 3.7 |
| 年齢 | | | | | | | | | | | | | | |
| 23歳以上 | 9,462 | 58.9 | 44.7 | 40.6 | 47.1 | 22.9 | 37.8 | 33.8 | 32.8 | 5.2 | 8.1 | 7.3 | 5.0 | 1.2 |
| 24歳〜29歳 | 2,806 | 55.7 | 44.7 | 31.2 | 44.3 | 30.4 | 28.5 | 30.1 | 29.3 | 2.6 | 2.6 | 7.2 | # | 1.6 |
| 30歳以上 | 4,271 | 47.1 | 28.6 | 31.9 | 38.4 | 18.8 | 29.1 | 16.9 | 16.2 | 1.7 | 1.4 | 5.9 | # | 2.6 |
| 婚姻 | | | | | | | | | | | | | | |
| 結婚している | 3,578 | 48.1 | 30.0 | 31.0 | 38.1 | 18.5 | 28.4 | 18.1 | 17.4 | 1.9 | 1.3 | 6.5 | # | 2.1 |
| 結婚していない (2) | 12,715 | 56.9 | 42.9 | 38.3 | 45.6 | 23.7 | 35.5 | 31.6 | 30.7 | 4.4 | 6.6 | 7.0 | 3.8 | 1.5 |
| 別に暮らしている | 247 | 77.1 | 69.6 | 39.2 | 69.4 | 59.6 | 35.3 | 39.0 | 37.9 | 3.5 | 4.2 | 6.6 | # | 2.6 |
| 履修形態 | | | | | | | | | | | | | | |
| フルタイム・通年 | 6,364 | 72.5 | 57.7 | 51.8 | 58.6 | 30.3 | 48.3 | 45.4 | 44.3 | 6.8 | 11.2 | 9.6 | 5.6 | 1.9 |
| パートタイム・非通年 | 10,176 | 44.6 | 29.8 | 27.4 | 35.4 | 18.6 | 25.0 | 18.4 | 17.7 | 2.0 | 1.9 | 5.2 | 1.2 | 1.5 |
| 非扶養状況, 所帯所得 | | | | | | | | | | | | | | |
| 非独立生計 | 8,126 | 58.9 | 44.2 | 41.8 | 46.1 | 20.1 | 38.9 | 34.9 | 33.8 | 5.6 | 8.9 | 7.8 | 5.8 | 1.1 |
| $20,000以下 | 1,079 | 77.4 | 70.3 | 50.2 | 75.0 | 65.9 | 47.8 | 35.8 | 35.2 | 4.6 | 12.2 | 5.1 | 2.8 | 1.3 |
| $20,000-$39,999 | 1,686 | 67.6 | 56.8 | 49.3 | 61.1 | 43.6 | 47.0 | 38.8 | 37.9 | 5.5 | 11.9 | 6.6 | 4.4 | 1.3 |
| $40,000-$59,999 | 1,755 | 57.5 | 41.5 | 43.0 | 42.7 | 8.8 | 40.2 | 38.1 | 36.9 | 5.8 | 9.9 | 8.3 | 6.0 | 1.3 |
| $60,000-$79,999 | 1,394 | 53.8 | 37.2 | 37.6 | 34.7 | 1.4 | 34.4 | 36.6 | 35.4 | 6.7 | 8.0 | 9.4 | 8.2 | 0.9 |
| $80,000-$99,999 | 901 | 52.3 | 33.1 | 36.8 | 33.2 | 0.5 | 33.0 | 32.6 | 31.1 | 6.4 | 5.5 | 8.8 | 7.1 | 0.8 |
| $100,000以上 | 1,312 | 44.4 | 25.3 | 31.7 | 28.7 | 0.4 | 28.7 | 24.4 | 23.3 | 4.4 | 4.2 | 8.3 | 6.5 | 0.9 |
| 独立生計 | 8,414 | 51.9 | 51.9 | 31.9 | 42.7 | 26.0 | 29.2 | 23.0 | 22.3 | 2.2 | 2.1 | 6.1 | 0.1 | 2.1 |
| $9,999以下 | 1,668 | 74.0 | 66.4 | 41.5 | 69.4 | 61.5 | 38.1 | 39.7 | 39.0 | 3.1 | 6.1 | 6.6 | 0.3 | 3.1 |
| $10,000-$19,999 | 1,610 | 63.5 | 53.5 | 35.3 | 52.6 | 38.6 | 32.3 | 33.2 | 32.6 | 2.9 | 2.5 | 6.9 | 0.1 | 2.5 |
| $20,000-$29,999 | 1,343 | 51.9 | 38.0 | 30.4 | 41.1 | 24.8 | 27.9 | 22.1 | 21.4 | 2.1 | 1.3 | 6.8 | # | 1.8 |
| $30,000-$49,999 | 1,773 | 41.6 | 23.6 | 27.8 | 31.1 | 11.6 | 25.1 | 15.2 | 14.6 | 1.8 | 0.8 | 6.6 | # | 2.0 |
| $50,000以上 | 2,020 | 33.4 | 10.4 | 25.8 | 23.9 | 0.2 | 23.9 | 8.4 | 7.7 | 1.3 | 0.1 | 4.2 | # | 1.4 |
| 住宅 | | | | | | | | | | | | | | |
| 学内施設 | 2,600 | 73.1 | 57.0 | 57.2 | 60.4 | 22.9 | 53.8 | 52.1 | 50.8 | 9.0 | 18.0 | 12.5 | 10.0 | 1.4 |
| オフ・キャンパス（家族と別居） | 9,932 | 52.9 | 37.8 | 33.4 | 41.9 | 23.2 | 30.6 | 25.7 | 24.9 | 3.0 | 3.0 | 6.3 | 1.2 | 1.9 |
| オフ・キャンパス（家族と同居） | 4,007 | 49.9 | 36.7 | 31.8 | 40.2 | 23.0 | 29.5 | 21.4 | 20.6 | 2.7 | 3.3 | 4.8 | 2.4 | 1.2 |

\#　ゼロに近い
(1) 非申告者を除く
(2) 独身, 離婚, 寡夫・婦を含む

出典：U.S. Department of Education, National Center for Education Statistics, *Digest of Education Statistics 2003*, p.373.

に設置された業績評価部 (Performance-Based Organization, PBO)によるマネジメント，アカウンタビリティの改善の動きがあった。1994年から始まった学生経済支援のためのウェブ・サイト事業を発展させ，電子申請，学生情報やローン返還データの管理などを統合的に行なう制度を構築しようとする。コスト効果を充たすサービスとアカウンタビリティの改善を試みている (Gladieux, King Corrigan 2005: 182-183)。

第一期クリントン政権においては，ローンの返還不履行問題が改善された。1990年では22％であった不履行（デフォルト）率は，1996年に，過去最低の10.7％へと低下した[17]。教育省と保証機関による差し押さえなど積極的な回収，不履行率が高かった教育機関をプログラムから締めだす等の措置が改善の効果であったとされる。連邦政府による直接ローン，ボランティア・サービスと結びついた学生経済支援プログラムは現在まで継続することになった。第二期クリントン政権においては，その効果への評価は分かれるが，連邦政府による教育費に対する最初の税優遇制度が開始された。クリントン政権は，二期を通じて，連邦政府による学生経済支援政策の新たな展開を行なったといえる。

クリントン政権期末の大学生経済支援事業の統計によれば，経済支援を受けているフルタイムの大学生の平均金額は年間8,474ドルである。連邦政府からの給付奨学金の平均金額は2,524ドル，貸与奨学金の平均金額は4,825ドルとなっている。支援を受けている学生の割合をみてみると，フルタイムでは，全学生約636万人のうち56.6％が連邦政府のタイトル4関係の支援を受けている。ペル・グラントを受けている者は29.6％，スタフォード・ローンを借りている者は43.7％となっている[18]。

## (2) W・ブッシュ政権期の学生経済支援政策

2000年の大統領選挙は，連邦主導による教育改革を掲げたW・ブッシュ政権の勝利となった。2002年1月には，「初等中等教育改正法 (No Child Left Behind Act of 2001, PL107-334, NCLB) が制定され，アカウンタビリティの重視，

家庭の教育選択権の拡大などを主眼とする改革への動きが始まった。高等教育については，前クリントン政権の政策を継承し目立った構造的改革案をだしていない。2001年には，経済成長及び減税調整法（Economic Growth and Tax Relief Reconciliation Act of 2001, PL107-16, 以下EGTRRA法）が制定された。

　EGTRRA法は，前クリントン政権の教育に関する連邦税優遇制度を継承するものである。同法は，「HOPE税額控除」と「生涯学習税額控除」を申請できる所得制限の上限，並びに，教育費運用口座（Education IRA）の年間投資限度枠を引き上げた。そして，この口座の名称を，法制化に尽力した議員の名をとって「カバーデル教育費運用口座」（Coverdell Education Savings account）に改称した。そういったさまざまな税政策のうち，もっとも急速に発展しているのは，諸州が管理する「529プラン」（529 plans）と総称される「教育費運用口座」である。同法のタイトル4「教育費運用減税規定」（Affordable Education Provisions）は，内国歳入法典（Internal Revenue Code）のセクション529が規定している教育費に対する税優遇制度の規制緩和を定めた。そして，これに該当する諸州の「授業料前納プラン」（State Prepaid Tuition Plan）と「高等教育貯蓄プラン」（College Savings Plans，税法の規定番号にちなんで529 plansと称される）の利子税を廃止した。このような政策の影響もあって，とくに，諸州が実施している「高等教育貯蓄プラン」の資産額は，2001年の85億ドルから，2002年末には，185億ドルへと成長した。2002年においては，300万を超える新しい口座が開かれた（Gladieux, King, Corrigan 2005: 193）。**表5-16**は，1996年〜2005年にかけての教育費運用口座（529プラン）の総額の推移である。貯蓄プランの伸びがめざましい。

　**図表5-17**は，財務省・内国歳入庁（Internal Revenue Service, Department of the Treasury）が発行した2004年度の「教育費に関する税優遇」プログラム一覧である。減税と教育関係の貯蓄への優遇措置は，アメリカの学生経済支援政策の一つとして定着していく可能性がある。しかし，たとえば，税額控除等には，次のような批判的論点がある。①それまでの学生経済支援のフォーミュラと異なり，税額控除の対象とされるのは全教育コスト（寮費，交通費，などを含む）

表5-16　教育費運用口座（529プラン）の総額の推移（1996〜2005年）

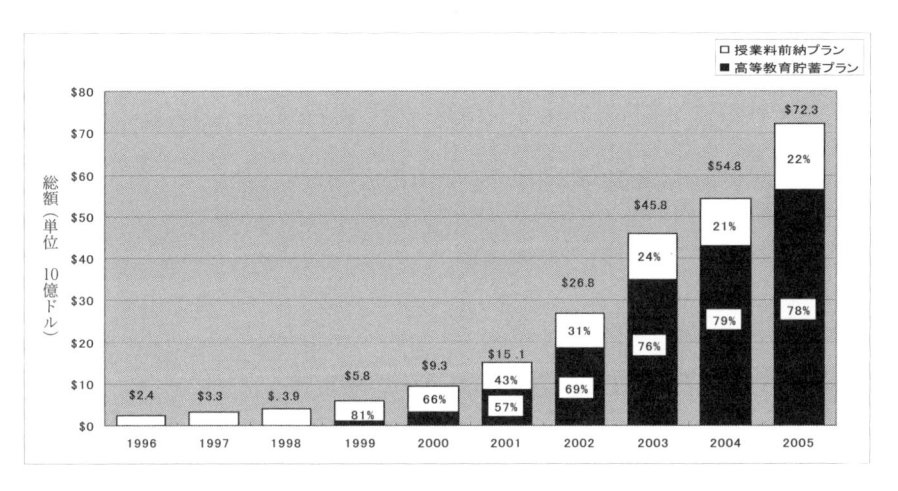

[グラフ: 授業料前納プラン（白）と高等教育貯蓄プラン（黒）の積み上げ棒グラフ。縦軸は総額（単位10億ドル）]

| 年 | 総額 | 貯蓄% | 前納% |
|---|---|---|---|
| 1996 | $2.4 | | |
| 1997 | $3.3 | | |
| 1998 | $.3.9 | | |
| 1999 | $5.8 | | 81% |
| 2000 | $9.3 | | 66% |
| 2001 | $15.1 | 43% | 57% |
| 2002 | $26.8 | 31% | 69% |
| 2003 | $45.8 | 76% | 24% |
| 2004 | $54.8 | 79% | 21% |
| 2005 | $72.3 | 78% | 22% |

出典：College Board, *Trends in Student Aid*, 2004, p.17.

図表 5-17　教育費に関する税優遇プログラム（2004会計年度）

1　スカラーシップ，フェローシップ，給付金，授業料に対する税優遇措置
2　HOPE税額控除
3　生涯学習税額控除
4　学生ローン利子減税
5　学生ローンの停止と支払いに対する支援
6　授業料・手数料に対する減税
7　カバーデル教育費運用口座
8　授業料前納プラン
9　個人退職口座からの早期引きだし
10　教育貯蓄債
11　勤務先からの教育費支援に対する減税
12　職業と関連した訓練プログラムに対する減税

出典：Internal Revenue Service, Department of Treasury, "Tax Benefits for Education: For use in preparing 2004 Returns," 2004.

ではなく授業料・手数料のみなので，それらが高額である教育機関に進学した者に偏って資する傾向がある。②低所得層は，学生支援の多寡よりも現実の授業料に対応して学校選択を行なう傾向があり，恩恵を受けにくい。③実質的に中所得層を支援するため，その資金が授業料の高い教育機関に向けて流れる可能性がある。④ペル・グラント等の学生経済支援と異なり，減税措

置は，高等教育機関入学後に得られるものであり，学生の進路選択の幅を広げにくい。⑤低所得層を対象とする経済支援と中所得層を対象とする減税とが，議会の異なる委員会で審議されるため，連邦政府による学生経済支援政策の全体的な構造に瑕疵を招く。⑥学生経済支援を行なう行政機関が，教育省と財務省・内国歳入庁との2つに分かれ，統合的な政策を実施しにくい。⑦租税支出 (Tax Expenditure) による赤字の解消策が不明である (Frishberg 2001: 5)。

HOPE税額控除政策についての関係者への質的面接調査を行なったFrishbergは，このプログラムの成立が意味するのは，連邦学生経済支援の新しい政治的力学と政策目標の誕生であるとしている。HOPE税額控除以前と以後の政策形成過程について，Frishbergの研究にもとづき整理したものが，**図表5-18**である。税額控除の政策としての有効性や評価については今後の議論となるであろう。ここでは，重要なこととして3節から5節において考察してきた学生経済支援政策の政策形成・実施過程に，新たなチャンネルができたことを指摘しておかねばならない。

一方，**図表5-19**は，教育省が管轄している2005-06年度の大学生に対する連邦政府学生経済支援プログラムの一覧である。1972年教育改正法によって誕生したBEOGは，ペル・グラントへと発展し，現在も連邦政府による中心的な学生経済支援となっている。経済的支援を必要とするすべての大学生に授与されているが，2002年度では，約480万人の学生に，117億ドルが支給さ

**図表5-18 連邦政府による学生経済支援政策形成プロセスの変化**
**（Frishbergのフレームワーク）**

|  | 1997年以前のプロセス | 1997年以降のもう一つのプロセス |
|---|---|---|
| プログラムの内容 | 直接的な学生支援 | 税額控除，税優遇制度 |
| 対象 | 低所得層 | 中所得層 |
| 政策形成にあたる連邦議会委員会 | 下院　教育・労働委員会<br>上院　労働・人的資源委員会 | 下院　歳入委員会<br>上院　財政委員会 |
| 行政機関 | 連邦政府教育省 | 財務省内国歳入庁 |
| プログラムの特徴 | 進路選択・入学前における支援内定 | 入学後の経済支援 |
| 政策理念，目標 | アクセス (access) | 価格妥当性 (affordability) |

出典：Ellen Frishberg, "From Access to Affordability: The HOPE Scholarship Tax Credit", 2004, p.5.

図表5-19 アメリカ合衆国連邦政府教育省が管轄する学生経済支援プログラム一覧（2005-06年度）

|  | プログラム | タイプ | 内容 | 1年間の限度額 | 支給の手続きなど | 2003-04学年度の実績 |
|---|---|---|---|---|---|---|
| 基本的奨学金 | ①ペル・グラント (Pell Grant) | 給付金 | 家計の経済的ニードと，高等教育を受けるのに必要な経費を勘案して支給額が決定される。学士課程の学生のみ | 最高4,050ドルまで。 | 教育省より各大学に委託 | 514万人。一人当たり，平均年間受給額2,466ドル。総予算額，127億ドル |
| キャンパス・ベース | ②教育機会補助給付奨学金 (Supplemental Educational Opportunity Grant) | 給付金 | 家計の状況等から必要度がきわめて高い者が対象となる。ペル奨学金の受給者が優先される | 最高4,000ドルまで | 大学が連邦政府からの資金を受けて運営する | 124万人。一人当たり，平均年間受給額615ドル。総予算額，7.6億ドル |
| | ③パーキンス・ローン (Perkins Loan) | ローン | 連邦政府からの貸与。認可された大学の学生のみ | 学士課程学生4,000ドル 大学院生6,000ドル | 大学が連邦政府からの資金を受けて運営する。利率は，低く設定される | 64万人。一人当たり，平均年間貸与額1,877ドル。総予算額，12億ドル |
| | ④ワーク・スタディ (Federal Work-Study) | 雇用機会 | 学内，あるいは学外における専攻分野に関連した職種で働くことによって賃金を得るプログラム。連邦最低賃金を保証する。認定を受けた金額に見合う労働時間を許可。認可された大学の学生のみ | 限度額は決められていない | 大学が連邦政府からの資金を受けて運営する | 107万人。一人当たり，平均受給額年間1,135ドル。総予算額，12億ドル |
| 政府が保証する民間ローン／政府が直接運営するローン | ⑤スタフォード・ローン（利子補給あり）(Subsidized Stafford Loan) | ローン | 民間金融機関が貸与し，連邦政府が，保証する"Federal Family Education Loan, FFEL"と，連邦政府が直接貸与する"Direct Student Loan"がある。借り手は，学生。在学中の利子を，連邦政府が補助する | 学年によって異なるが，2,625ドルから8,500ドル | Federal Family Education Loan, FFELは，金融機関が窓口になる。"Direct Student Loan"は，大学が窓口になる | 523万人。一人当たり，平均年間貸与額3,038ドル |
| | ⑥スタフォード・ローン（利子補給なし）(Unsubsidized Stafford Loan) | ローン | 民間金融機関が貸与し，連邦政府が，保証する"Federal Family Education Loan, FFEL"と，連邦政府が直接貸与する"Direct Student Loan"がある。借り手は，学生。在学中の利子に対する補助はない | 学年によって異なるが，2,625ドルから18,500ドル | Federal Family Education Loan, FFELは，金融機関が窓口になる。"Direct Student Loan"は，大学が窓口になる | 363万人。一人当たり平均年間貸与額3,274ドル |
| | ⑦PLUSローン | ローン | 連邦政府による保護者向けローン。利率は，最高9％まで | 限度額は，必要教育経費から他の経済支援等の支給額を差し引いた残余額を貸与 | | 74万人。一人当たり平均貸与額8,839ドル |

出典：U.S. Department of Education (2005) "The Student Guide: Financial Aid from the U.S. Department of Education, 2005-2006". 芝田政之・小林こずえ「学生支援の動向2004（カレッジボード）『大学と学生』, 2004年, pp. 36-37より構成。

れている。連邦政府がニードを基準として，給付，貸与，ワークスタディを組み合わせたパッケージ型の経済支援を行なう一方で，州や大学は能力（メリット）と経済的必要度（ニード）という基準を組み合わせて支援を行なう。このようなアメリカ独特の学生経済支援政策に，クリントン政権，W・ブッシュ政権の教育減税・貯蓄政策は新たな展開をもたらす可能性がある。

　2004年5月には，高等教育法の再授権のために，「カレッジ・アクセス機会法案」(The College Access & Opportunity Act, H.R.4283)が，下院教育・労働委員会に，委員長であるボーナー(John Boehner, 1949-, オハイオ州，共和党)とマキオン(Howard P. McKeon, 1938-, カリフォルニア州，共和党)から提案され審議が行なわれた。同法案の内容は，ペル・グラントを中心とする学生経済支援の拡充，ローン事務のスリム化によるコスト・手数料の値下げ，「非伝統的な」学生を学生経済支援プログラムの有資格者にする，マイノリティのための高等教育機関への支援などが中心であった。この法案に対して，高等教育界は金融機関を優遇し，私立営利学校による制度の濫用に対する制度設計がないと反対の立場をとった。民主党もこれを支持せず別の法案を提出するといった経緯を経て，審議はまとまらず，この法案は廃案になった[19]。

　2005年に入り，高等教育法の再授権のために，ボーナー議員たちから再び「カレッジ・アクセス機会法案(H.R.609)」が下院教育労働委員会に提出された。前年の法案とほぼ同じであるが，低所得層で成績優秀な第1年，第2年の学生に対し，ペル・グラントを増額して授与する「ペル・グラント・プラス」，TRIOプログラムとGEAR UPプログラムの拡充，ローン手数料の減額，ローン返済条件の柔軟化・多様化など多岐にわたる内容となっている。また，遠隔教育（インターネットによる通信教育等）による学位プログラムを，どこまで学生経済支援の対象とするか否かの基準の緩和なども含まれている[20]。この法案は，7月22日に，下院教育労働委員会で採択された後，2006年3月30日，下院本会議で承認された。上院労働・人的資源委員会での議論の行方によっては廃案になる可能性も高い。その一方で，下院歳入委員会と上院財政委員会においては，教育に関する税制度，貯蓄制度などの新たな経済支援プラン

が検討されていく。今後，アメリカ連邦政府による学生経済支援政策の展開を知るには，連邦議会における教育関係委員会と，歳入関係委員会の２つのアリーナを注視せざるをえない。

## 注

1 連邦政府保健教育福祉省の準独立機関として，1972年，アメリカ国立教育研究所 (National Institute of Education, NIE) が設立された。研究開発の助成・調整の推進を行なう。1979年には，教育省の設置によってその管轄に入る。全国の教育に関する基礎研究への補助金の配分，ERICデータベース，教育統計センターなどによる研究正解の公開と普及，国内教育・実験関係機関の連絡調整などを行なった。1985年に，連邦教育省に吸収された。

2 タイトル９の影響もあって，第２章で述べた士官学校とROTCプログラムによるスカラーシップ制度に改革が行なわれた。1972年には，陸軍，海軍のROTCプログラムにおいて女性の履修登録が認められた。1976年には，全軍の士官学校に女性の入学が認められた。法制面での経緯は次の通りである。女性と士官学校にかかわる法案が，連邦議会に提出されたのは第二次世界大戦中の1944年11月に遡る。この時，ジョージア州選出の下院議員Eugene E. Coxによって女性に限定した士官学校の設立を求める法案が提出されたが，委員会での議論にとどまり本会議には上程されなかった。その後，同種の法案が提出されたがいずれも廃案になった。

士官学校共学化に向けての動きは，1972年に本格化する。この年，ニューヨーク州選出のJacob Javits上院議員，ミシガン州選出のJack McDonald下院議員が，海軍士官学校入学を希望する女性に対し推薦 (nomination) を行なったが，海軍庁長官から拒否された。これらの議員は，性別によって士官学校への入学を軍が否定することは違憲であり，これを撤廃する法案を議会に提出した。これに対して，海軍は，ROTCプログラムに女性の登録を認めることで対応した。このような議会での流れを受けて，1976年の軍事歳出権限法 (Department of Defense Appropriation Authorization Act of 1976, PL94-106) によって，女性が入学の資格をもつことが明記された（犬塚 1997）。

その他に，学生経済支援にかかわることとして，アメリカの大学で活発なスポーツ奨学金に関して，女性の数が著しく少ないということが問題になった。これに対して，バスケット・ボールなどの男性奨学生の優遇を継続したい大学は，サッカーなど人気のないスポーツ分野の女性奨学生を増やすことで，これに応じた。このような動向に対して，バスケット・ボールなどの分野の女性たちから批判がある一方，アメリカの大学で女性サッカー等の振興が促されたということがある。

3 大学は決まった財源の中で，入学が決定した学生から交付を決めていくため，「キャンパス・ベース」のプログラムには，「早い者勝ち」的な側面もある。そのため，これらのプログラムを受給するには，連邦学生経済支援無料申請書（FAFSA）を早く提出し，早く大学入学を決めることが重要であると，ガイドブックなどでは紹介されている（Spark College 2005：101）。

4 同法の規定通り，1973年にStudent Loan Marketing Association（通称Sallie Mae, サリー・メイと発音）が設立された。連邦保証ローンに参加する金融機関，大学などから，ローンを購入・プールし，回収事業を行なう。この協会は，現在まで継続し，学生ローンに関して1,000億ドルの資産を管理し，全米に1万人の職員を有している。

5 上院S.2539のペル以外の連名議員は，Williams（民主党，ニュー・ジャージー州），Stafford（共和党，バーモント州），Hathaway（民主党，メイン州），Javits（共和党，ニュー・ヨーク州），Kennedy（民主党，マサチューセッツ州）。下院H.R.11274のフォード以外の連名議員は，Brademas（民主党，インディアナ州），Blouin（民主党，アイオワ州），Mottl（民主党，オハイオ州），Heftel（民主党，ハワイ州），Buchanan（共和党，アラバマ州），Biaggi（民主党，ニューヨーク州），Simon（民主党，イリノイ州），Cornell（民主党，ワイオミング），Quie（共和党，ミネソタ州）。

6 金融機関は，連邦保証ローン（GSL）の枠を拡大し，かつ在学中の利子補給を連邦政府が行なうことを望んでいた。連邦政府に一括して利子分を支払ってもらうほうが，学生個別に，定期的に利子支払いの請求を行なうのに比べて，格段にコストが安くすむからである。

7 連邦政府が行なっている全教育関係事業のうちの約4分の1であったといわれる。2003年度においても，連邦政府予算における教育事業予算（federal on-budget funds for education, 合計の1,247億ドル）うち，教育省によって行なわれているものは，全体の46.1％である。連邦教育事業を担っている他の省庁の割合は，2003年度では，保健・人的サービス省（20.4％），農務省（10.2％），労働省（4.9％），国防省（4.2％），エネルギー省（3.3％），国立科学財団（NSF, 2.9％），退役軍人省（2.1％），航空宇宙局（1.9％），国務省（1.0％），その他（3.1％）である（National Center for Education Statistics: 433）。

8 連邦学生経済支援政策の歩みにおいて，レーガン政権期には，予算の拡大や問題点の改革において積極的な動きは行なわれなかった。注目されることとしては，小規模ではあるが，学士課程段階で，メリット・ベースのスカラーシップが実施されるようになったことがある。第2節で述べたように，連邦政府による大学生に対するスカラーシップ（メリット型の経済支援）は，軍士官学生への学費免除と生活費支給が主であった。

しかし，1985年から，功績のあった議員（Robert C. Byrd）の名前を冠した「バー

ド・スカラーシップ」プログラム (Byrd Scholarship Program)が設けられた。予算は連邦政府が支給するが,学生の選抜は州が行なう。このプログラムは現在まで継続され,2004会計年度の歳出法の額は4,075万ドルである。新規にスカラーシップを授与された者の人数は6,370人,平均スカラーシップ金額は1,500ドルである。歳出額は,2001会計年度よりほぼ横ばいとなっている。高等教育法タイトル4パートAのサブパート3に規定されている (Title 4, Part A, Subpart 3: Higher Education Act/CFDA84.185 Regulations: 34 CFR 654)。

9 この問題については,法学の分野における解釈論を除いて,先行研究がなかったため,ハーバード大学の学生経済支援部の責任者であるエリザベス・ヒックス氏 (Dr. Elizabeth Bauer Hicks, Assistant Dean of Admissions and Financial Aid)にインタビューを行なった(1994年8月23日)。ヒックス氏の説明によれば,この規定は厳しいものではなく,登録をしていなかった場合は,その旨を報告すればよいとのことである。また,宗教的な理由その他でその種の登録や署名などを厭う学生に対しては,大学側がさまざまな経済支援プログラムを用意しているため,氏の在職中20年間において問題になったことは一度もないとの答えであった。その後,ソロモン修正にさらに修正が行なわれ,キャンパスでの軍隊のリクルート活動を禁止する大学は連邦政府による大学生経済支援の対象外となるという規定が一時あったが,これは1997年に廃止された。ソロモン修正については,いくつかの大学で聴きとりをしたが,筆者が重要視していたほど問題になっていなかった。

10 デフォルト問題の解決のために,連邦政府は1980年代はじめから卒業生(借り手)の所得税の還付分から不履行額を天引きする回収制度を行なった。また,民間回収機関や司法省への委託も行ない,1986年の高等教育法改正以降,学生の不履行率 (cohort rate)の高い中等後教育機関には,学生経済支援金の配分においてペナルティを課した(吉田 1997a:15-16)。

11 ホームページ上では,同法プログラムの4つの主要な目標が,次のように示されている。①アメリカ国民が,これまで学んでこなかった言語,文化を習得することで,国家安全保障と関係するグローバル・イシューに統合的に関与できるようにする。②国際的人間関係を培い,他国のエキスパートと共に働き学ぶことを通して政府機関と高等教育機関の未来のリーダーにとって重要な基礎能力を養わせる。③伝統的な知識・語学・文化だけでなく,それ以上の素養を身につけた専門家層を形成する。そして,アメリカ国家が,国家安全保障に関するグローバル・イシューについて正しい判断をし,効果的に処理することを援助するよう,彼らがその能力を用いることができるようにする。④これらの目標を達成するよう,アメリカ市民を教育することができる大学教員の数を増やし教育機関の能力を高める。

12 IIEは,他にもフルブライト・スカラーシップなど高等教育機関に関する全米

の200以上のプログラムにもかかわっている。
13 同プログラム（NSEP）に対する抗議声明，決議，行動を行なった主な団体は次の通りである。Association of University Teachers, University of Zimbabwe（1992年8月），Latin American Studies Association（1992年2月），African Studies Association（1993年12月），American Council of Learned Societies（1993年1月），Association of Concerned Africa Scholars [ACAS]（1994年），Association of African Studies Programs [AASP]（1997年12月），Middle East Studies Association [MESA]（2002年4月），である。
14 このプログラムについて，中西部の州立名門大学の国際関係学部で聴きとりを行なった。学生は，このプログラムについてよく知っていたが，「誰も応募しない。なぜなら，この学部の教授たちは，このプログラムを批判している。教授が推薦状を書くことはありえないから，誰も応募しようと思わない」という答えであった。NSEPに対して反対活動を行なっている教授からの聴きとりによれば，反対の論点の中心的な部分は，「NSEPは，諜報活動の一環のようなプログラムであり，大学，学生を，国際関係に支障をきたすような状況に巻き込むために国の予算を使うこと」であった。1958年の「国防教育法」（National Defense Education Act）との関係についても尋ねたが，「国防教育法は，名前は国防だが教育のプログラムだった。自分も学生時代，国防教育法のプログラムで海外研究を行なった。しかし，NSEPは，国の情報活動のためのプログラムであり両者は異なっている」とのことであった。
15 国防教育法学生ローン（National Defense Student Loan, NDSL）は，1972年から1988年まで連邦直接学生ローン（National Direct Student Loan, NDSL）という名称であった。このプログラムは，1988年から，功績のあった議員の名をとってパーキンス・ローン（Perkins Loan）とよばれるようになった。これは，連邦政府が，大学に資金を供与し，大学がローンの管理運営するキャンパス・ベースであった。一方，1992年から始まった連邦直接ローン（Direct Loan）は，本文でも述べているように，連邦政府が直接貸与するもので，この2つは別のプログラムである。直接ローンは，その後，功績のあった議員の名をとって，連邦フォード・ローンという名称になる。
16 高等教育の第3学年，第4学年，大学院課程の授業料に対する税額控除。自己負担の教育費の5,000ドルまでの費用の20％の税額分が所得税から控除される。パート・タイム履修の学生の教育費も含まれる。
17 さらに，2001年にはデフォルト率は6％へと低下した（Gladieux 2005: 187）。
18 U.S. Department of Education, National Center for Education Statistics, 1990-2000, 2004, p.374, 379を参照。
19 下院教育・労働委員会ホーム・ページ（http://edworkforce.house.gov/）を参照。同サイトでは，公聴会も視聴が可能である。

**20** 1992年の高等教育法の再授権において，いわゆる「50％ルール」が設けられた。遠隔教育については，学生と教育機関ともに，課業に占める遠隔通信による教育の割合が50％を超えると，高等教育法タイトル4のプログラムの参加資格がないという規定である（森 2005：72）。インターネットによるオンライン学習の普及によって，通学を基準とするこのような規定に対する改革の取り組みが，1998年より行なわれている。

# 終　章
## 総括と今後の研究課題

### (1)　「国防」政策から「教育の機会均等」政策へ

　本書の課題は，アメリカの大学生に対する連邦政府の主要な経済支援政策に焦点をあて，それらの政策が，どのような社会的・歴史的文脈のなかで何を目的として成立し，どのように実施されるようになったかを分析することであった。第1章では，「第二次世界大戦GIビル」「朝鮮戦争GIビル」「ベトナム戦争GIビル」「モンゴメリーGIビル」という退役・現役軍人のための教育・訓練給付金政策の成立・実施過程について検討した。「第二次世界大戦GIビル」は，退役軍人会などの圧力集団による権利要求，彼らを優遇しなければならない連邦政府の政治的・経済的事情によって成立した。その背景には，経営発展や制度改革をもとめる高等教育界の意図も存在していた。GIビルによる教育・訓練給付金政策は，能力や経済力とは関係なく，退役軍人への権利付与（エンタイトルメント）として，授業料・納付金などを交付するプログラムであった。

　この政策は，退役軍人恩典という国家から与えられた正当の理由によって，「社会に出て働いた者が大学に復帰する」という生活スタイルを，大学文化に受け入れさせた。結果として，「年齢の高い学生」「社会経験の豊富な学生」という学生層が，アメリカのキャンパスに出現することになった。既婚者につ

いては，扶養家族の人数に応じて手当ての増額も行なった。既婚の学生，扶養家族のいる学生も正統とみなし，彼らの学寮設備まで誕生させた。

　GIビルは，大学の管理機構にも変化をもたらした。このプログラムの給付金は，資格認定団体によって認定された高等教育機関・講座のみに利用できた。連邦援助つきの学生を在籍させることが，大学経営にとって重要になり，大学の認定制度の組織化が促進された。さらに，学業を中断して兵役に赴いた者のために「大学間の単位交換」「編入制度の促進」「兵役中の訓練の単位認定」が行なわれた。これにより「複数の大学で単位を取得して時間をかけて学位を取得する」というアメリカ特有の学位取得方法がさらに実践されるようになった。そのような展開を通して，アメリカ高等教育システムの特質である「柔軟な構造」の形成への一助にもなった。

　「第二次世界大戦GIビル」は，連邦政府の大学生経済支援が，高等教育の大衆化を促進し，大学財政を潤すということを知らしめる試金石になった。大学経営にとって，連邦援助は，支配や統制ではなく，経済的に引き合うものであることが認識された。次の「朝鮮戦争GIビル」成立過程では，「第二次世界大戦GIビル」の成果並びに不正利用，大学の授業料高騰などについての検証と評価が，連邦議会において行なわれた。そこでの議論・争点・解決法の発見は，「国防教育法」「高等教育法」の大学生経済支援プログラムの管理・運営方法にも影響を与えるものであった。

　次の「ベトナム戦争GIビル」は，プログラムの対象に平和時に服務した退役軍人も含めた。これによって，戦争処理的な一時的な制度であったGIビル政策は，アメリカの国防制度のなかで，恒久的な位置を確保することになった。1973年の徴兵制廃止後は，この教育・訓練給付金政策は，将来の戦争に備え志願兵をよびよせるための方途ともなった。1985年の「モンゴメリーGIビル」以降は，マッチング・ファンドによる貯蓄支援方式によって，給付金の対象は現役兵にまで広がった。その政策背景には，給付金によって，一定期間服務した兵士に除隊を促し，若い兵士を補給し部隊の老齢化を防ごうとする国防政策上の意図がある。

GIビルは，これまで，兵役と関連した特殊な経済支援事業であるとの理由で，教育史研究者からはあまり論じられてこなかった。しかし，本書で明らかにしたように，この政策は，アメリカのキャンパスに成人学生を招き入れ，大学文化や管理機構を変容させた。そして，意図にはなかったことであるが，貧しい家庭やエスニック・マイノリティの若者に大学教育への道を開いた。大学生への経済支援政策の一つの「実験」であったこの政策が，その後のアメリカの大学制度や文化に与えた影響は大きい。

　第2章においては，軍事教育に対する連邦援助の始まり，「ROTCスカラーシップ」の成立・実施過程について考察した。また，マサチューセッツ工科大学のROTCについて事例研究を行なった。ROTCプログラムとそのスカラーシップは，連邦政府による陸軍士官学校の創設を起源とする。独立戦争後，合衆国憲法に定められた連邦政府の役割である国防政策の一つとして，陸軍士官学校が設立され，士官候補生に対しては生活費や教材が支給された。ROTCスカラーシップのルーツは，兵士に対する生活費支給である。現在は，授業料・納付金など無償の5つの連邦政府士官学校があり，連邦士官学校の学生であることは，栄誉あるスカラーシップ学生であることを意味している。

　「南北戦争」後に制定されたモリル法は，同法によって設立される「国有地交付大学」（ランド・グラント・カレッジ）に軍事訓練講座の開講を義務づけた。一般大学に設置されたそれらの軍事講座によって，現在行なわれているROTCプログラムが誕生することになった。第1章で述べたGIビルの教育・訓練給付金政策は，軍務にすでに服務した兵士に対する教育恩典（Education Benefit）である。一方，ROTCプログラムおよびスカラーシップは，「将校というエリート養成のための大学生経済支援」である。一般大学のROTC学生の授業料・納付金などの全額免除制度は，1946年の海軍ROTCスカラーシップの誕生によって始まる。その意図は，第二次世界大戦をへて急成長した海軍将校の数を補充し，優秀な人材を獲得するためであった。

　「1964年ROTC活性化法」は，陸軍・空軍にもROTCスカラーシップを導入した。このプログラムは現在まで継続される。ROTCスカラーシップは，家

庭の経済力は一切考慮せず，能力（メリット）によって給付奨学金を授与する。連邦政府は，大学生に対して能力のみにもとづいて支給するスカラーシップシップは，小規模なものを除いてほとんど実施していない。ROTCの学生は，士官学校とは異なり，一般の大学で学び学位を得ることができる。MITやハーバード大学など高学費の私立大学の場合，授業料・納付金の全額免除の意味するものは大きい。そのため，経済支援を得にくい高所得層の学生をもひきつけている。

ROTCの目的は，基本的には予備役将校を養成することにあり，職業軍人を養成することではなかった。スカラーシップを実施することで，軍務に栄誉的な意味合いをもたせることも狙いとされている。コリン・パウエルの例にみるように，エスニック・マイノリティにとっては，このプログラムは，国家や学生集団への帰属意識など形成する経済的効果以上のものになっている。ROTCプログラムは，モリル法から現在に至る100年以上の歴史のなかで，連邦政府と軍隊を大学に接近させる機能を果たした。軍隊の一部および軍人に一般の大学内の場所および職を与えることで，一般大学と軍隊とを直接結びつけている。

第3章においては，アメリカにおける「国防」概念の変化，国防教育法の成立過程，「国防教育法学生ローン」の実施・変容過程について考察した。国防教育法による経済支援政策は，冷戦，スプートニク・ショックという国防問題を背景として立法化が進められた。しかし，GIビルやROTCが連邦議会の軍事関係の委員会で検討されたのに対し，国防教育法法案は，はじめから教育・福祉関連の委員会で審議された。これは，同法が，当初から国防問題というよりも教育問題として扱われていたことを示している。立法過程で重要なアクターは，国防教育法法案を議会に提出した「南部」選出の民主党議員たちであった。彼らは，連邦議会の教育関係常任委員会の委員長を務める有力議員であり，スプートニク・ショック以前から，大学生を対象とする連邦政府教育援助法案を議会に提出していた。このような一連の思想的・政治的系譜が同法の成立につながった。この時，連邦議会や教育局が強調した国防

的関心は，大規模な教育援助法を制定するための「心理的突破口」でもあった。同法は「国防」という名称を冠しているが，第1章，第2章で論じたGIビルやROTCプログラムと異なり，内容的には，一般的な援助を行なう包括的教育援助プログラムによって構成されている。

「国防教育法学生ローン」によって，アメリカ連邦政府は，一般大学生を対象とする大規模な経済支援政策をはじめて実施することになる。この学生ローンの目的，支給・管理方法や実施・変容過程をみると，当初から「低所得層の学生」を援助する方向性をもっていたことがわかる。法文において，財政困難な大学生に高等教育の機会を与えることが明示されている。そして，国防にとって重要な科目（理科，数学，外国語）を学ぶこと，成績優秀であること，という貸与条件は数年後に廃止された。同時に，国家への「忠誠宣誓」や反米的思想・行動に対する「信条否認」規定も削除された。同法は一種の時限立法であり，各プログラムは，数年後，高等教育法，初等・中等教育法などに吸収された。それとともに，国防問題との関連は消え，連邦政府による一般教育援助プログラムへと発展解消した。

その中で，唯一「国防教育法学生ローン」は「パーキンス・ローン」へと名称を変え，50年近く歴史を重ね，原型をとどめて現在に至る。大学が窓口になって，ローンの管理・実施を行なう方法は，1965年の高等教育法の各経済支援プログラムにおいても採用された。管理方法の原型を作ったということにおいて，同ローンは，高等教育法による経済支援政策と密接に結びつくものである。国防教育法の成立と実施過程を経て形成された学生経済支援の思想的系譜と政治的力学によって，高等教育法が誕生することになる。

第4章においては，高等教育法の成立過程，経済支援策の実施・変容過程について考察した。高等教育法の基本的理念は，家庭の収入の多寡に関係なく，すべてのアメリカの若者に，すべての段階の教育を享受させようとする教育機会の均等・拡大にある。第1章から第3章までに述べたGIビル，ROTCスカラーシップ，国防教育法による経済支援政策は，連邦政府の任務として認められている国防問題と関連した学生援助であった。この伝統をこ

えて，高等教育法は，国防への貢献という直接的な目的や，「心理的突破口」としての国防のレトリックを掲げることなく，すべての学生に教育機会を与えようとするものであった。

大きな違いは，第36代大統領ジョンソンの政策志向と結びついている。テキサス州立教員養成大学出身で，メキシコ系住民が多数在籍する学校で教職に就いた経歴をもつ大統領のリーダーシップによって，議会に提出された高等教育法「政府法案」は，大学生へのスカラーシップを中心とするものであった。

アメリカ教育政策史において，経済的な必要性をもつ大学生へのスカラーシップが，政権から提案されたのはこれがはじめてのことである。第3章でみた国防教育法の立法化においても，大学生を対象とするスカラーシップは争点となったが，アイゼンハワー政権からは拒否された。高等教育法の政府法案のスカラーシップは，「EOG（教育機会給付金）」という名称になったが，良好な学業成績を前提として交付される給付奨学金事業が開始されたことの意義は大きい。さらに，同法制定においては，議会，教育局に加えて，利害の異なる高等教育界の多くの団体が連携を行ない，包括的な教育法を制定した。高等教育法の成立は，その後の学生経済支援政策の発展へとつながっていく連邦議会・教育関係常任委員会を中心とした政治的コミュニティを形成した。

第5章においては，1972年教育改正法，中所得層学生支援法（1978年）の成立について考察した。さらに，その後の学生経済支援政策について考察した。1965年の高等教育法は，アメリカ連邦政府の高等教育政策の基本法となった。同法は，数年ごとに「再授権」と改正が行なわれる。高等教育法の実施・変容過程において重要なのは，「1972年教育改正法」によって「BEOG（教育機会基本給付金）」（現在のペル・グラント）が創設されたことである。BEOGは，「キャンパス・ベース」で管理された国防教育法学生ローンや，高等教育法EOGと異なり，学生が得られる経済支援額を入学前に内定通知するものであった。この制度によって，学生の進学や大学選択に幅がもたらされるようになった。また，この時，家庭の経済力をはかるための計算方法（フォーミュラ）が編み

出され，それぞれの家庭の「経済支援必要額」(ニード)を基準にして支給が行なわれることになった。「経済支援必要額」とは，在籍する大学の学費，各種手数料，食事・部屋代，書籍代その他を含む「実際の教育費用」から，学生と家庭の負担可能額を差し引いたものである。この方法を採用することで，低所得層の学生も学費の高い大学で学ぶことが可能になった。

そして，フォーミュラで算定された「経済支援必要額」に応じて，一人の学生に貸与・給付・ワークスタディなどを組み合わせた「パッケージ」式の援助が本格的に行なわれるようになった。現在，アメリカの大学生は，**図表終-1**に示すような多様な学生経済支援プログラムを複数交付されている。「1972年教育改正法」による学生経済支援政策は，連邦政府の大学生経済支援プログラムの基本構造となり，アメリカの学生援助事業の特色ともなった。同法の制定によって連邦政府による大学生経済支援政策の理念と構造が定まった。その一方で，1978年中所得層学生支援法の誕生によって，連邦政府保証ローンが拡大する傾向が作られた。こういった発展とともに，金融機関・教育機関による濫用，ローン返還不履行，授業料の高騰などの社会問題もおきている。男性学生は，連邦政府の経済支援を得るには，選抜徴兵登録を行なうことが原則になっている。クリントン政権期には，コミュニティ・サービスと結びついた学生経済支援や連邦政府による直接ローン政策など，積極的な改革が行なわれた。1997年以降は，その定着性と有効性への評価は定まらないが，教育に関する税優遇制度や教育費運用口座政策によって新たな展開がおこりつつある。

## (2) 現在の連邦政府学生経済支援システム

前項において，連邦政府による大学生経済支援政策が，「国防」政策から「教育の機会均等」政策へと変貌していく過程を総括した。本項では，現在の連邦政府学生経済支援システムについて概略し，その特徴と課題について簡単に述べる。

「連邦学生支援無料申請サービス (FAFSA)」(Free Application for Federal Student

図表終-1　中等後教育機関の学生経済支援の資金総額 (1993-94年度〜2003-04年度) (インフレ調整後)

(単位100万ドル)

| 連邦政府による学生経済支援 | | 1993-94 | 1994-95 | 1995-96 | 1996-97 | 1997-98 | 1998-99 | 1999-00 | 2000-01 | 2001-02 | 2002-03 | 2003-04 | 10年間の変化 |
|---|---|---|---|---|---|---|---|---|---|---|---|---|---|
| 連邦政府による給付支援 | ペル・グラント | 7,196 | 6,829 | 6,591 | 6,769 | 7,284 | 8,187 | 7,932 | 8,456 | 10,417 | 11,896 | 12,661 | 76% |
| | SEOG | 742 | 721 | 702 | 683 | 671 | 695 | 681 | 671 | 722 | 741 | 760 | 2% |
| | LEAP | 91 | 90 | 77 | 37 | 57 | 28 | 28 | 43 | 57 | 68 | 64 | 31% |
| | 退役軍人関係 | 1,518 | 1,554 | 1,569 | 1,498 | 1,549 | 1,680 | 1,641 | 1,748 | 1,966 | 2,292 | 2,365 | 56% |
| | 軍関係 | 515 | 518 | 527 | 533 | 532 | 564 | 587 | 596 | 683 | 910 | 981 | 90% |
| | その他 | 245 | 333 | 315 | 314 | 307 | 301 | 315 | 343 | 358 | 312 | 353 | 44% |
| | 小計 | 10,308 | 10,045 | 9,782 | 9,834 | 10,401 | 11,455 | 11,183 | 11,856 | 14,204 | 16,219 | 17,184 | 67% |
| 連邦政府ワーク・スタディ | | 982 | 937 | 920 | 909 | 1,043 | 1,034 | 1,009 | 998 | 1,078 | 1,122 | 1,218 | 24% |
| 連邦政府が貸与・補助するローン | パーキンス・ローン | 1,169 | 1,201 | 1,239 | 1,196 | 1,222 | 1,211 | 1,211 | 1,216 | 1,294 | 1,492 | 1,201 | 3% |
| | スタンフォード・ローン(利子補助あり) | 18,018 | 19,175 | 19,730 | 20,639 | 20,703 | 20,033 | 20,067 | 19,664 | 20,597 | 22,830 | 25,291 | 40% |
| | (連邦の直接貸与) | — | (1,360) | (5,982) | (6,597) | (6,919) | (6,730) | (6,296) | (5,784) | (5,642) | (6,102) | (6,150) | 352% |
| | (家庭ローン) | (17,815) | (13,748) | (14,041) | (18,018) | (13,784) | (13,302) | (13,771) | (13,880) | (14,954) | (16,729) | (19,140) | 6% |
| | スタンフォード・ローン(利子補助なし) | 2,582 | 9,009 | 10,447 | 12,085 | 13,354 | 13,775 | 15,435 | 16,146 | 17,837 | 20,406 | 23,105 | 795% |
| | (連邦の直接貸与) | — | (595) | (2,934) | (3,583) | (4,151) | (4,195) | (4,377) | (4,260) | (4,398) | (4,876) | (4,903) | 725% |
| | (家庭ローン) | (2,582) | (8,414) | (7,513) | (8,502) | (9,203) | (9,580) | (11,058) | (11,886) | (13,439) | (15,531) | (18,202) | 605% |
| | 保護者ローン | 1,943 | 2,257 | 2,805 | 3,115 | 3,511 | 3,760 | 4,127 | 4,408 | 4,806 | 5,583 | 7,072 | 264% |
| | (連邦の直接貸与) | — | (203) | (869) | (979) | (1,105) | (1,259) | (1,303) | (1,333) | (1,380) | (1,669) | (1,920) | 848% |

終章　総括と今後の研究課題　229

| | | | | | | | | | | | | |
|---|---|---|---|---|---|---|---|---|---|---|---|---|
| (家庭ローン) | (1,943) | (2,054) | (1,936) | (2,136) | (2,406) | (2,501) | (2,824) | (3,075) | (3,426) | (3,914) | (5,152) | 165% |
| 学生向け補助ローン | 4,415 | 40 | — | — | — | — | — | — | — | — | — | |
| その他のローン | 580 | 500 | 392 | 329 | 249 | 132 | 125 | 123 | 123 | 128 | 125 | −78% |
| 小　計 | 28,708 | 32,182 | 34,613 | 37,364 | 39,038 | 38,912 | 40,965 | 41,558 | 44,656 | 50,440 | 56,794 | 98% |
| 税の優遇措置 | — | — | — | — | — | 3,823 | 5,251 | 5,156 | 5,436 | 6,436 | 6,298 | 65% |
| 連邦政府からの総支援額 | 39,998 | 43,163 | 45,315 | 48,106 | 50,481 | 55,223 | 58,408 | 59,567 | 65,374 | 74,216 | 81,494 | 104% |
| 州政府からの給付金 | 3,022 | 3,431 | 3,613 | 3,704 | 3,917 | 4,153 | 4,472 | 5,066 | 5,454 | 5,918 | 6,017 | 99% |
| 高等教育機関からの給付金 | 11,852 | 12,805 | 13,656 | 14,544 | 15,648 | 16,912 | 18,009 | 19,029 | 20,439 | 21,800 | 23,253 | 96% |
| 連邦、州、教育機関による総支援額 | 54,872 | 59,399 | 62,583 | 66,355 | 70,046 | 76,288 | 80,889 | 83,662 | 91,267 | 101,934 | 110,764 | 102% |
| 連邦政府以外のローン | — | — | 1,606 | 2,185 | 2,660 | 3,287 | 4,361 | 4,566 | 5,613 | 8,083 | 11,271 | 602% |
| （州政府） | — | — | (269) | (343) | (406) | (496) | (550) | (579) | (649) | (649) | (677) | 151% |
| （民間） | — | — | (1,337) | (1,843) | (2,254) | (2,790) | (3,812) | (3,988) | (4,964) | (7,434) | (10,594) | 692% |
| 中等後教育支援のための資金総額 | 54,872 | 59,399 | 64,190 | 68,540 | 72,706 | 79,575 | 85,250 | 88,229 | 96,880 | 110,018 | 122,035 | 122% |

出典：College Board (2004) *Trends in Student Aid 2004*, p.7、芝田政之・小林こずえ「学生支援の動向2004（カレッジボード）」p.44 より構成。

Aid)は，毎年1月1日から6月30日までの間に，オンラインまたは郵送によって申し込むことができる。州や大学独自の学生経済支援申請においても，FAFSAの情報が必要とされることが多いため，できるだけ早く申請しておくことが望ましいとされる。FAFSAの記入部分は，A4用紙4枚で，①本人と家庭の基本的な情報，②本人と家庭の所得・資産情報，③特別な条件をもつか否か，④納税情報，⑤志望大学記入欄，から構成されている。①においては，社会保障番号，運転免許番号，婚姻歴，選抜徴兵登録の有無（男性のみ），父母の最終学歴等を記入する。③は，24歳以上か否か（独立採算家計か否かを判断する），扶養家族の有無，退役軍人か否か，大学院受験を予定しているか否か，などの問いに答えるものである。⑤は志望大学のリストで，6校までその名前と住所を記入することが可能である。

　オンライン申請の場合は1週間以内，郵送の場合は1ヵ月以内に，連邦政府教育省から「学生支援レポート(SAR)」(Student Aid Report)が申請者に送られる。レポートには，本人と家庭の財政状態から判断して，大学進学において支払えると予想される金額「家庭負担期待額(EFC)」(Expected Family Contribution)が記載されている。申請者の「家庭負担期待額」は，FAFSA用紙に記載した志望大学に自動的に送付される。その後，志望大学の入学課・学生支援課などから，成績と経済状況を勘案して，合格通知とともに「学生支援額通知書」(Student Aid Award Letter)が送付される。図表終-2は，大学から送付される「通知書」の例で，四年制私立大学を想定したものである。複数校に合格した場合は，各校が提示する「通知書」の「在学費用」と「学生経済支援」から割りだされる「正味の授業料」を比較して，進学先を決定することができる。

　図表終-3は，学生の属性ごとに「家庭負担期待額」の平均金額の推移をみたものである。1999-2000年度では，独立採算者（親から経済的に独立しているとみなされる者）では1万915ドル，非独立採算者では3,409ドルである。「家庭負担期待額」は，毎年，連邦議会が決定する指数と算式で計算される。1989年から10年の間，全体平均では「家庭負担期待額」に大きな変化はない。しかし，所得別にみると，独立採算者・非独立採算者ともに半分以下に減少

図表終-2　大学から送付される「学生経済支援授与額通知書」の例

| 合格者の氏名 | | 発行日 | |
|---|---|---|---|
| 経済支援　　　　　　　　　（ドル） | 2005秋学期 | 2005春学期 | 合　計 |
| ペル・グラント | 200 | 200 | 400 |
| SEOG | 750 | 750 | 1,500 |
| 連邦ワーク・スタディ | 700 | 700 | 1,400 |
| 連邦パーキンス・ローン | 550 | 550 | 1,100 |
| 連邦スタフォードローン（利子補助付き） | 1,200 | 1,200 | 2,400 |
| PLUSローン | 600 | 600 | 1,200 |
| 州のスカラーシップ | 2,100 | 2,100 | 4,200 |
| 大学独自のスカラーシップ | 450 | 450 | 900 |
| 2006-07年度　経済支援パッケージ総額 | 6,550 | 6,550 | 13,100 |

| あなたの在学費用 (Cost of Attendance) | | サマリー | |
|---|---|---|---|
| 授業料 | 14,200 | 家計 | |
| 保健サービス | 200 | 　家庭負担期待額のうち親の負担分 | 1,789 |
| 書籍・物品 | 900 | 　家庭負担期待額のうち学生の負担分 | 222 |
| 部屋代・食費 | 7,000 | 　家庭負担期待額 (EFC)　合計 | $ 2,011 |
| 生活費 | 3,000 | サマリー | |
| 交通費 | 600 | 　在学費用 (COA) | 25,900 |
| 在学費用合計 | $ 25,900 | －家庭負担期待額 (EFC) | 2,011 |
| | | －経済支援総額 | 13,100 |
| | | ＝満たされないニード | $ 10,789 |

出典：Chela Education Financing, "Decode Award Letter: Sample Award Letter," 2006, 等から作成。

している。また，高所得層をみてみると，独立採算者についてあまり変化はないが，非独立採算者の「家庭負担期待額」は2倍以上高くなっている。貧しい層に経済支援を増やし，富裕層の扶養家族に対しては，自己負担を強める方向に向かっているが，その政策効果については疑問視されている。

　第一に，第5章第4節で述べたように，1990年代以降，大学の「定価」の授業料，総教育費(寮費，食費などを含む)は，ともに著しく上昇した。そのため，低所得層の負担割合を少なくし，学生経済支援を増額しても，学費の高騰に追いつかないという現状がある。「在学費用」から「学生経済支援」と「家庭負担期待額」を引いた残りが，図表終-2の最後に示されている「満たされないニード」(unmet need)である。在学費用が上昇すれば「満たされないニード」が

**図表終-3　四年制大学の大学生（フルタイム学生）の「家庭負担期待額」の平均額**

| 属性・家庭の所得 | 「家庭負担期待額」(EFC)の平均額　（単位：ドル） | | |
|---|---|---|---|
| | 1989-90年度 | 1995-96年度 | 1999-2000年度 |
| 全体 | 9,247 | 8,080 | 8,890 |
| 独立採算者 | 11,531 | 9,537 | 10,915 |
| 非独立採算者 | 3,367 | 3,716 | 3,409 |
| 　非婚，扶養者なし | 5,442 | 3,437 | 3,335 |
| 　既婚，扶養者なし | 1,993 | 8,198 | 8,748 |
| 　非婚，扶養者あり | 794 | 976 | 1,260 |
| 　既婚，扶養者あり | 2,115 | 3,680 | 3,317 |
| 所得別 | | | |
| 独立採算者（25%ごと） | | | |
| 　低所得 | 2,813 | 1,293 | 1,288 |
| 　下位中所得 | 6,453 | 3,858 | 5,076 |
| 　上位中所得 | 11,740 | 9,129 | 10,881 |
| 　高所得 | 24,018 | 21,991 | 24,956 |
| 非独立採算者（25%ごと） | | | |
| 　低所得 | 2,180 | 477 | 607 |
| 　下位中所得 | 3,609 | 2,072 | 2,251 |
| 　上位中所得 | 3,765 | 4,963 | 5,775 |
| 　高所得 | 7,662 | 15,747 | 15,822 |

出典: National Center for Education Statistics, "A Decade of Undergraduate Student Aid: 1989-90 to 1999-2000", 2004, p.11.

増加する。学生と家庭は，この満たされない部分を支払うためにアルバイトを増やしたり，民間の利率の高いローンを借りなければならなくなる。

　第二に，高学力・低所得層の大学進学率と，低学力・高所得層の大学進学率は，ほぼ同じ75%であり，いまだ学生経済支援は不十分であるといわれている（Advisory Committee on the Student Financial Assistance 2001: 7-9）。「教育の機会均等」をめざして制度的確立をみた連邦政府による学生経済支援であるが，公平な分配とその効果について，議論の結論はでていない。教育界においても，連邦議会においても，学生経済支援の受益者と負担者の所得層を射程に入れた調査・研究と，新しいプログラムの開発が課題となっている。

## (3) 州や大学による大学生経済支援——今後の研究課題——

　本書は，連邦政府による大学生経済支援政策の拡大過程を明らかにするものであったが，今後の課題として，州政府や教育機関，民間財団等による学生経済支援事業との関係を検討する作業が残されている。連邦政府による学生経済支援政策は，州の高等教育政策，税政策にも影響を与える一方，教育機関や金融機関との複雑な連携によって実施されている。州や大学など他の機関との関係や全体的な構造を明らかにすることによって，連邦政府による経済支援政策の位置づけもより鮮明になると思われる。

　州の高等教育政策は多様であるが，共通することとして，①州税を財源とする資金を州の公立教育機関に配分する，②公立教育機関の授業料の設定に直接的・間接的に関与する，③州の財源による学生経済支援プログラムを担い，奨学金の資格条件や授与の規模などのルールを決定する，という3つの手法がとられている。歴史的に長い間，ほとんどの州が，③の学生支援ではなく，①高等教育機関への助成金によって授業料を安価もしくは無料にする政策を実施してきた。**図表終-4**は，1970年代以降における州政府，連邦政府による高等教育財政の動向を追ったものである (Hauptman 2001: 64)。

　州政府による学生経済支援事業は，1950年代まで，メリットにもとづく小規模な (100人程度を対象とする) スカラーシップ事業が中心であった。ニードにもとづく支援は1960年代頃から一部の州で行なわれるようになったが，警察官，消防士，軍人が公務中に死亡したり，重度の後遺障害を負った場合に，その子どもの学費を支援するものなどが主流であった。

　転機となったのは，第5章第1節で考察した1972年教育改正法の「州の学生経済支援事業への連邦補助金」プログラム (State Student Incentive Grant, SSIG, 1998年にLEAP〈Leveraging Educational Assistance Partnership Program〉に名称変更) の開始である。SSIGは，州政府によるニード・ベースの経済支援事業のために，連邦政府がマッチング・ファンドを行なうものであった。SSIGによって，1979年までにすべての州が学生経済支援機関を設立した。学生一人につき年間1,500ドルを上限として，連邦政府が費用の半分を負担し，州がニード・ベー

**図表終-4　州と連邦政府による高等教育財政の動向（1970～1998年）**

|  | 1970 | 1975 | 1980 | 1985 | 1990 | 1995 | 1998 |
|---|---|---|---|---|---|---|---|
| 高等教育に関する州財政の合計<br>（単位：10億ドル） | 6.5 | 12.0 | 19.2 | 28.6 | 39.2 | 42.9 | 49.4 |
| 高等教育に関する州財政の合計<br>（インフレ調整後）（単位：10億ドル） | 29.0 | 37.8 | 40.4 | 44.1 | 50.4 | 46.5 | 49.8 |
| 州による学生経済支援<br>（単位：10億ドル） | 0.2 | 0.4 | 0.8 | 1.2 | 1.7 | 2.8 | 3.4 |
| 連邦政府による学生経済支援<br>（単位：10億ドル） | 0.7 | 1.5 | 5.5 | 9.0 | 9.9 | 11.7 | 13.0 |
| 公立四年制大学の授業料平均<br>（単位：ドル） | 325 | 432 | 738 | 1,228 | 1,696 | 2,705 | 3,111 |
| 公立四年制大学の授業料平均<br>（インフレ調整後）（単位：ドル） | 1,450 | 1,361 | 1,551 | 1,895 | 2,180 | 2,935 | 3,139 |
| 州の高等教育財政に占める<br>学生経済支援の割合 | 3.1% | 3.3% | 4.2% | 4.2% | 4.3% | 6.5% | 6.9% |
| 連邦政府学生経済支援額に対する<br>州学生経済支援額の割合 | 29% | 27% | 15% | 13% | 17% | 24% | 26% |
| 州の高等教育財政額に対する<br>連邦学生経済支援額の割合 | 11% | 13% | 29% | 31% | 25% | 27% | 26% |

出典：Arthur M. Hauptman, "Reforming the Ways in Which States Finance Higher Education", 2001, p.70.

スの経済支援を行なうことが可能になった。SSIG／LEAPの毎年の予算は，1980年代から1990年代を通じて6,000～7,000万ドルと小規模であったが，州政府による学生経済支援体制の確立に役立った（Heller 2002b: 62）。

　その一方で，1990年代から，州政府によるメリット・ベースの支援が徐々に増えだしている。決定打となったのが，1993年から始まったジョージア州の「HOPEスカラーシップ（Georgia HOPE Scholarship）」である。州知事ゼル・ミラー（Zell Miller）が選挙公約を実現させたものであり，その名称は「傑出した生徒に対する教育支援（Helping Outstanding Pupils Educationally）」という英語の頭文字をとったものである。高校の成績が平均B以上で，大学でも平均B以上を保てば，公立大学の授業料を全額免除し図書費も支給する。州内の私立大学に進学し同様の成績を修めた場合は，公立大学の年間授業料に相当する3,000ドルを支給する。このプログラムは，1993年から1997年にかけて大学進学率を6～11％上昇させ，とくに，アフロ・アメリカ系生徒の四年制公立大学への進学率を向上させたといわれている（Sridhar 2001: 7）。

ジョージア州をモデルとして，アーカンソー，ケンタッキー，フロリダ，ルイジアナ，ミシガン，ネバダ，ニュー・メキシコ，ウェスト・バージニアの各州が，メリット・ベースの学生経済支援プログラムを実施するようになった。財源を一般会計ではなく，ジョージアHOPEスカラーシップのように，宝くじなどの予算審議を必要としない特別会計とするものが主流である。経済支援を決定するメリットについての尺度は多様である。ジョージアの場合は，平常点平均B以上であるが，フロリダ州やルイジアナ州では，平常点に加えてSAT標準テスト成績を考慮している (Heller 2002b: 69)。

メリット・ベースの経済支援は，ニード・ベースの経済支援を得にくい中・高所得層の支持を得やすく，選挙公約として州政治にとりこまれやすい。州政治家にとってさらに魅力的だといわれているのが，第5章第5節で述べた教育費運用口座「529プラン」である。これも，中・高所得層を主要な受益者とするもので，ジョージア型のメリット・ベースの経済支援と529プランは，州の学生経済支援政策の主流となりつつある。このような州の政策動向と重ねあわせ，「高等教育法」や「経済成長及び減税調整法 (EGTRRA 2001)」に対する連邦議会の政策決定が，大学授業料と生徒の進路選択にどのような影響を与えていくのか，研究を深める必要がある。

最後に，財団 (foundation) や大学独自 (institutional aid) の経済支援の傾向について簡単に述べる。財団や大学による経済支援の対象は小規模であるが，それでも日本よりはるかに多彩であり長い歴史を有している。よく知られているのは，フットボール，バスケットボール，野球などのアメリカの大学特有の文化・産業と結びついたスポーツ・スカラーシップである。高等教育法によるニード・ベースの奨学金事業の発展以前は，これは，低所得層や人種的マイノリティの男性学生にとって，大学進学のための特別なパスポートであった。その他にも，美術，音楽，演劇，数学，物理，文学やノン・フィクションなどの創作，医療専門家養成，障害をもつ学生や，民族的マイノリティを対象とするものなどがある。

このような選抜性の高いスカラーシップの他に，公立・私立大学ともに，

**図表終-5 大学独自の経済支援を受けている学生の割合と一人当たり平均金額**

(単位: ドル)

| | 公立 | | | | 私立 | | | |
|---|---|---|---|---|---|---|---|---|
| | 全体に占める学生の割合 | 平均金額 | メリット・ベースの割合 | メリット・ベースの平均金額 | 全体に占める学生の割合 | 平均金額 | メリット・ベースの割合 | メリット・ベースの平均金額 |
| 1992-93 | 17% | 2,200 | 7% | 2,700 | 47% | 5,900 | 17% | 4,400 |
| 1995-96 | 20% | 2,500 | 7% | 2,900 | 55% | 6,000 | 21% | 4,700 |
| 1999-2000 | 23% | 2,700 | 10% | 2,800 | 58% | 7,000 | 29% | 5,000 |

出典：National Center of Education Statistics, "What Colleges Contribute: Institutional Aid to Full-time Undergraduates Attending 4-year Colleges and Universities", 2003, p.v-vi.

成績の良好な学生に対して，授業料・手数料の全額または一部を免除したり，ニード・ベースの奨学金を授与している。これは，第5章第4節で述べた「高授業料／高奨学金政策」の延長にあり，大学の特色・選抜性と，学生の能力・適性にあわせて，授業料をディスカウントするものである。

　図表終-5は，1992-93年度から1999-2000年度にかけて，給付・貸与による大学独自の学生経済支援を受けた大学生に対する統計データである。1990年代において，公立・私立ともに，大学からの経済支援を受けている学生の割合が増えている。支給にあたってはメリットを規準とする支援の割合が増えている。この傾向は継続し，大学独自の経済支援総額は，1995-96年度では，ニード・ベースが約45億ドル，メリット・ベースが約24億ドルであったのに対し，2003-04年度では，ニード・ベースが約65億ドル，メリット・ベースが約76億ドルへと逆転した (Heller 2006: 2)。

　先に述べた州政府による学生経済支援においてもメリット・ベースが増えており，両者において，今後，能力を重視した経済支援が拡大すると予測されている。その一方で，授業料の上昇傾向に歯止めがかからない場合，低所得層の大学進学へのアクセスが阻害される可能性が高い。内外の教育社会学の諸研究がすでに明らかにしているように，「能力」の構成要因として，家庭の文化的，経済的影響力は大きい。

　今後の連邦政府による大学生経済支援政策は，以上に述べたような州政府や大学によるメリット・ベースの経済支援政策の影響を注視し，調査研究を

深める必要がある。また，1990年代以降，コミュニティ・サービスと結びついた学生経済支援，教育に関する税優遇制度や教育費運用口座などの新しい政策が行なわれている。オンライン講座で学ぶ学生や，成人学生への経済支援など新しい課題も生まれ，研究の射程が広がっている。

　一方，研究方法においても，税優遇制度や教育費運用口座プログラムの政策研究を行なうには，教育関係だけでなく，連邦議会の歳入・財政関係常任委員会の動向を検討していく必要がある。アメリカにおける新たな政策選択とその評価，研究方法の革新をとり入れ，日本の学生経済支援の制度設計に役立つ理論的考察に発展させていきたいと考える。

# 文　献

## 【日本語文献】

市川昭午 (2000)『高等教育の変貌と財政』玉川大学出版部.

伊藤由樹子・鈴木亘 (2003)「奨学金は有効に使われているか」『季刊家計経済研究』58：86-96.

犬塚典子 (1992)「米国州立大学と『農業拡張』」国立教育研究所編『各国生涯学習に関する研究報告』pp.22-29.

犬塚典子 (1993a)「米国国防教育法 (1958年) 立法過程の分析」『慶應義塾大学大学院社会学研究科紀要』35：19-28.

犬塚典子 (1993b)「GIビル—退役軍人奨学金と高等教育の大衆化」現代アメリカ教育研究会編『生涯学習をめざすアメリカの挑戦』教育開発研究所, pp.127-154.

犬塚典子 (1995a)「キャンパスにおける軍事教育—ROTC（予備役将校訓練部隊）プログラム」現代アメリカ教育研究会編『学校と社会との連携を求めるアメリカの挑戦』教育開発研究所, pp.197-224.

犬塚典子 (1995b)「アメリカ合衆国連邦政府による高等教育奨学金政策の研究」慶應義塾大学大学院社会学研究科, 博士学位論文.

犬塚典子 (1996a)「軍事教育による規律と帰属意識の形成—予備役将校訓練部隊 (ROTC) プログラムとミリタリー・フラタニティ」中村雅子代表『アメリカ多元文化社会における国民統合と教育に関する史的研究』文部省科学研究費報告書 pp.236-245.

犬塚典子 (1996b)「アメリカ教育政策研究と国防・平和問題」『三田教育学研究』5：1-6.

犬塚典子 (1997)「アメリカ合衆国陸軍士官学校の共学化について」アメリカ教育史研究会・配付資料.

犬塚典子 (2000)「アメリカの障害児教育と関連サービス—『障害カテゴリー』から『特別な教育ニーズ』へ」現代アメリカ教育研究会編『学習者のニーズに対応するアメリカの挑戦』教育開発研究所, pp.123-139.

犬塚典子 (2004)「大学生への奨学金政策—日本とアメリカ—」『三田教育研究』12：8-18.

犬塚典子 (2006)「ユニバーサル・アクセスと経済格差—アメリカ学生経済支援政策の構造と課題—」『教育学研究』日本教育学会, 73 (4).

今村令子 (1993)「学費援助政策―アメリカ多文化社会の理念と財政をめぐる葛藤―」
　　『IDE―現代の高等教育』345：47-51.
潮木守一 (1982)『大学と社会』第一法規出版.
内田満 (1988)『現代アメリカ圧力団体』三嶺書房.
内田力蔵 (1952)「アメリカの兵役法―普通軍事訓練と選抜徴兵制」『ジュリスト』7：
　　18-21.
大浦猛 (1965)「モリル法とアメリカの州立大学―19世紀における連邦の州立大学育成
　　政策の研究」『教育学研究』32 (2・3)：15-112.
大桃敏行 (1982)「米国連邦教育省設立 (1867年) の経緯とその問題―連邦議会議事録の
　　分析を通して―」東北大学教育学部・教育行政学・学校管理・教育内容研究室『研
　　究集録』13：17-30.
沖吉和祐 (2005)「日本学生支援機構の奨学金―現状と展望」『IDE』No.474, 民主教育
　　協会, pp.28-34.
金子忠史 (1984)『変革期のアメリカ教育―大学編―』東信堂.
金子元久 (1988)「アメリカの奨学金政策―その思想・構造・機能」財団法人高等教育
　　研究所『高等教育研究紀要』8：84-94.
金子元久 (2005)「高等教育の次の焦点―奨学金と授業料―」『IDE』民主教育協会, 474：
　　5-11.
規制改革・民間開放推進会議 (2005)「官業民営化等WG・市場化テストWG (11/8) 追
　　加資料要求への回答」(文部科学省回答追加資料) (http://www.kisei-kaikaku.go.jp/
　　minutes/wg/2005/1108/addition.html
喜多村和之 (1976)『カーネギー高等教育審議会：その業績と評価』民主教育協会.
喜多村和之 (1990)『大学淘汰の時代―消費社会の高等教育』中央公論社.
久保田信之(1983)「アメリカ高等教育史に関する基礎研究」『学習院女子短期大学紀要』
　　21：1-14.
クラウソン, マリオン (1981)『アメリカの土地制度』(小沢健二訳) 大明堂＝Clawson,
　　Marion (1968) *The Land System of the United States: An Introduction to the History and Practice
　　of Land Grant Use and Land Tenure*, Lincoln: University of Nebraska Press.
桑原雅子 (1994)『先端科学技術と高等教育―アメリカ多元社会展望』学陽書房.
栗山雅秀(2005)「奨学金制度の現状と課題」『IDE』No.474, 民主教育協会, pp.12-16.
国立教育研究所・高等教育の大衆化と奨学政策の展開研究委員会編 (1984)『奨学政策
　　の転換』国立教育研究所.
小林雅之 (2001a)「育英奨学事業について―教育費負担と高等教育機会の観点から―」

文部科学省高等教育局『大学と学生』442：12-18.
小林雅之 (2001b)「アメリカの大学における授業料と奨学金の動向(1)」『IDE—現代の高等教育』433：71-77.
小林雅之 (2002a)「アメリカの大学における授業料と奨学金の動向(2)」『IDE—現代の高等教育』435：68-73.
小林雅之 (2002b)「アメリカの大学における授業料と奨学金の動向(3)」『IDE—現代の高等教育』436：69-74.
小林雅之 (2005)「大学経営戦略としての奨学金」『IDE』民主教育協会, 474：23-28.
小林雅之 (2006)「授業料と奨学金の日米豪比較」日本高等教育学会第9回大会配布資料, 2006年6月4日.
小林雅之・濱中義隆・島一則 (2002a)「アメリカの大学における高授業料／高奨学金政策の実証分析」日本高等教育学会第5回大会配付資料, pp.1-30.
小林雅之・濱中義隆・島一則 (2002a)『学生援助制度の日米比較』(文教協会平成13年度研究助成報告書).
児矢野マリ (1998)「『学位』の機能再考—米国の国防関連教育機関における学位授与制度の発展」『創文』11月, pp.11-14.
今野真希 (2004)「米国連邦政府の男女別学教育政策—1972年改正教育法タイトルIXの成立を中心に」『多元文化国家米国における学校の公共性論議に関する史的研究』(平成13～15年度科学研究費補助金研究成果報告書, 研究代表者大桃敏行) pp.159-176.
坂上貴之 (1994)「OECD諸国の奨学事業と日本の高等教育」文部省高等教育局『大学と学生』347：33-38.
坂本辰朗 (1999)『アメリカ女性大学：危機の構造』東信堂.
芝田政之・小林こずえ (2004)「(解説)学生支援の動向2004（カレッジボード）」『大学と学生』, 日本学生支援機構, 7：36-52.
砂田一郎 (1993)『増補現代アメリカ政治—60～80年代への変動過程』芦書房.
仙波克也 (1970)「アメリカ合衆国における高等教育に対する州政策の展開—19世紀後半の州補助金政策の展開を中心として—」『福岡教育大学紀要／第4分冊』20：29-43.
仙波克也 (1978)「アメリカにおける大学生に対する連邦補助金政策(1)」『福岡教育大学紀要』28 (4)：1-12.
仙波克也 (1979)「アメリカ合衆国における連邦高等教育援助政策の変遷—1900年から1945年までの連邦高等教育援助事業を中心として」『福岡教育大学紀要』

29 (4)：1-11.
仙波克也 (1980)「アメリカにおける大学生に対する財政援助政策―学生援助事業の基本的動向を中心として―」『福岡教育大学紀要』30 (4)：1-17.
仙波克也 (1982)「アメリカにおける学生援助政策の動向―最近の学生援助事業を中心として―」『福岡教育大学紀要』32 (4)：1-16.
仙波克也 (1984)「アメリカの学資融資制度の現状と基本的動向―連邦学生ローン事業を中心として―」国立教育研究所『奨学政策の転換』pp.75-83.
ターケル，スタッズ (1985)『よい戦争』晶文社＝Terkel, Studs (1984) *The Good War: An Oral History of World War Two*, New York , Random House.
高橋杉雄 (2002)「『安全保障』概念の明確化とその再構築」『防衛研究所紀要』1 (1)：130-145.
舘昭 (1997)『大学改革　日本とアメリカ』玉川大学出版部.
立川明 (1987)「二つの科学とランド・グラント・カレッジ」『日本の教育史学』30：129-148.
田中智志 (1988)「ニューヨーク市立大学群 (CUNY) における『オープン・アドミッション』の事例分析―二重のパラドックス―」『教育学研究』55 (2)：154-161.
田中喜美 (1993)『技術教育の形成と展開―米国技術教育実践史研究―』多賀出版.
永岡定夫(1992)「『学徒出陣』アメリカ版―プリンストン大学とフィッツジェラルド―」『帝京大学文学部紀要 (英語英文学・外国語外国文学)』23：29-46.
中山茂 (1988)『アメリカ大学への旅―その歴史と現状』リクルート出版.
中村眞一 (1997)「米国における育英奨学事業」文部省高等教育局『大学と学生』380：55-58.
西村史子 (2005)「税控除による高等教育の奨学システムを考える―アメリカ合衆国のホープ奨学控除と生涯学習控除―」『生涯学習研究』(聖徳大学生涯学習研究所紀要)，3：7-10.
西村史子 (2006)「若年者のキャリアアップに大学は何ができるのか―『教育訓練給付制度』と『YES―プログラム』への参画に着目して」『生涯学習研究』(聖徳大学生涯学習研究所紀要)，4：43-48.
日本育英会 (1995)『外国奨学制度調査報告書』日本育英会.
日本私立大学連盟学生部会 (1991)『新・奨学制度論―日本の高等教育発展のために―』開成出版.
野村亜紀子 (2001)「米国の教育資金向け税制優遇―資産運用業界における関心の高まり―」『資本市場クォータリー』(オンライン・ジャーナル)，野村資本市場研究所,

2001年秋：1-7.

野村亜紀子(2004)「拡大する米国の高等教育資金積立プラン」『資本市場クォータリー』（オンライン・ジャーナル）野村資本市場研究所，2004年冬：1-7.

服部憲児 (1997)「欧米主要国における奨学金事業の動向」広島大学教育研究センター『大学論集』26：45-62.

花井等・木村卓司 (1993)『アメリカの国家安全保障政策─決定プロセスの政治学─』原書房.

塙武郎 (2003)「近年米国における競争的奨学金制度とバウチャー機能」筑波大学『経済論集』49：185-215.

羽田積男 (1985)「モリル法 (1862年) と私立大学の改革─ラトガース大学科学校の成立をめぐって─」『日本の教育史学』85：110-130.

濱名篤・米沢彰純他『学費・奨学金に対する現状認識と展望─私立大学のビジョン─』日本私立大学協会附置私学高等教育研究所.

林敏彦 (1988)『大恐慌のアメリカ』岩波書店.

比較立法過程研究会 (1980)『議会における立法過程の比較法的研究』勁草書房.

日永龍彦 (2001)「アメリカ合衆国連邦政府とアクレディテーション団体との関係に関する考察─1992年高等教育修正法の影響を中心に─」『大学評価研究』（大学規準協会）第1号，pp.43-51.

アルフレッド・ファークツ (1994)『ミリタリズムの歴史』（望田幸夫訳）福村出版＝Vacts, Alfred (1959) *A History of Militarism: Civilian and Military*, London: Macmillan.

深堀聰子 (2005)「アメリカの大学奨学金事情」『IDE』民主教育協会，474：57-62.

松浦良充 (1988)「アメリカ合衆国国家防衛教育法 (1958年) の教育史的意義─ロックフェラー報告・コナント報告の人材養成論との比較において─」『教育研究』(ICU学報1-A) 30：25-45.

松浦良充(2005)「遠景としてみる大学・高等教育研究─周辺性・棲み分け・改革運動─」『教育学研究』，72(2)：85-94.

丸山文裕 (2001)「アメリカの奨学金制度とその課題」文部科学省高等教育局『大学と学生』442：19-24.

丸山文裕 (2002)『私立大学の経営と教育』東信堂.

ムルハーン千栄子 (1992)『ライブ・アメリカ街角の対日感覚』中央公論社.

森利枝 (2005)「アメリカにおける遠隔教育と連邦奨学金」『大学評価・学位研究』2：69-84.

柳久雄 (1976)「恐慌期のアメリカ教育─社会的矛盾への対応」梅根悟監『世界教育史大

系18　アメリカ教育史』講談社，pp.7-123.
矢野眞和（1994）「奨学金政策と教育の機会均等」『大学と学生』347：10-14.
矢野眞和（1996）『高等教育の経済分析と政策』玉川大学出版部.
吉田香奈（1995）「アメリカ合衆国における学生援助政策の研究―1965年高等教育法制定過程に注目して―」中国四国教育学会『教育学研究紀要』41 (1)：140-145.
吉田香奈（1997a）「アメリカ合衆国における連邦学生援助政策―連邦学生ローンプログラムの改革を中心に」西日本教育行政学会『教育行政学研究』18：13-23.
吉田香奈（1997b）「連邦学生ローンプログラムに関する研究―スタフォード・ローンの返還不履行問題に着目して―」『広島大学教育学部研究紀要・第一部・教育学』46：221-228.
吉田香奈（1997c）「アメリカ合衆国における学生援助政策の動向―1990年代の改革と問題点―」『アメリカ教育学会紀要』8：13-20.
吉田香奈（2001）「アメリカ合衆国における学生援助政策―費用負担構造と政策モデルの検討―」広島大学高等教育研究開発センター『大学論集』32：73-85.
吉田香奈（2006）「アメリカにおける連邦学生援助政策の展開―1993年学生ローン改革法以降を中心に―」日本高等教育学会第9回大会配布資料，2006年6月4日.
米澤正雄（1999）「デューイは何故に第一次大戦へのアメリカ合衆国参戦を支持したのか？」『日本デューイ学会紀要』40：163-171.
デビッド・リースマン（1986）『リースマン高等教育論』（喜多村和之他訳）玉川大学出版部.
ニコラス・レマン（2002）『ビッグ・テスト―アメリカの大学入試制度―知的エリート階級はいかにつくられたか』（久野温隠訳）早川書房＝Lemann, Nicholas (1999) *The Big Test: The Secret History of the American Meritocracy,* New York: Farrar, Straus and Giroux.

## 【英語文献】

Advisory Committee on the Student Financial Assistance, "Access Denied: Restoring the Nation's Commitment to Equal Opportunity", 2001.

The Advocates of for Harvard ROTC (2001) *Newsletter of the Advocates for Harvard ROTC*, 1 (1).

Altbach, Philip G., Berdahl, Robert O. and Gumport Patricia J. (2005) *American Higher Education in the Twenty-Fisrt Century: Social, Political, and Economic Challenge,* 2nd Edition, Baltimore and London, Johns Hopkins University Press.

Archibald, Robert B. (2002) *Redesigning the Financial Aid System*, Baltimore: The Johns Hopkins University Press.

Babbidge, Homer D. Jr. (1959) "Higher Education and the National Defense Education Act," *Phi Delta Kappan,* 40 (2): 200-205.

Betterton, Don M. (1990) *How the Military Will Help You Pay for College*, Princeton: Petersons Guides.

Biles, Roger (1994) *The South and the New Deal, Kentucky*: The University Press of Kentucky.

Carnegie Commission on Higher Education (1968) *Quality and Equality: New Levels of Federal Responsibility for Higher Education,* New York, McGrawhill Book Company.

The Carnegie Council on Policy Studies in Higher Education (1979) *Next Steps for the 1980s in Student Financial aid: A Fourth Alternative*, San Francisco: Jossey-Bass Publishers.

Caro, Robert A. (1982) *The Years of Lyndon Johnson: The Path to Power*, New York, Knopf.

Chaudhry, Muhammad Attaul (1981) "The Higher Education Act of 1965: An Historical Case Study," Ed.D. Dissertation. Oklahoma State University.

Chela Education Financing (2006) "Decode Award Letter: Sample Award Letter."

Clinton, Bill (2004) *My Life,* vol.1, New York: Vintage Books.

The College Board (2001) *The College Board College Cost & Financial Aid Handbook 2002.*

The College Entrance Examination Board (2002) *The College Board College Handbook 2003.*

Chen, Ying-yu (1993) "The Effects of Background Characteristics and College Experience on Military Career Choice and Personal Development of ROTC Cadets," Ph.D. Dissertation, University of California at Los Angels.

Clowse, Barbara B. (1981) *Brainpower for the Cold War: The Sputnik Crisis and National Defense Education Act of 1958*, Connecticut: Greenwood Press.

College Board (2005) "Trends in College Pricing" (Trends in Higher Education Series).

College Board (2005) "Trends in Students Aid" (Trends in Higher Education Series).

Cook, Constance Ewing (1998) *Lobbying for Higher Education: How Colleges and Universities Influence FEDERAL Policy,* Nashville and London, The Vanderbilt University Press.

[CQ] (1981) Congressional Quarterly Inc., *Congress and the Nation*, 1977-1980, vol.5. pp.655-677.

[CQ] (1987) Congressional Quarterly Inc., *Congressional Quarterly Almanac*, 99th 2nd. sess., 1986, vol.42, pp.231-273.

[CQ] (1993) Congressional Quarterly Inc., *Congressional Quarterly Almanac,* 102th 2nd sess. ,1992, vol.48, pp.438-454.

[CQ] (1994) Congressional Quarterly Inc., *Congressional Quarterly Almanac*, 103rd sess., vol.49, pp.400-414.

[CQ] (1997) Congressional Quarterly Inc., *Congress and the Nation*, 1993-1996, vol.IX, pp.607-634.

[CQ] (1998) Congressional Quarterly Inc,. *Congressional Quarterly Almanac*, 105th,1st sess., vol.53, pp.[7-5]-[7-6].

[CQN] (1952) Congressional Quarterly News Features, *Congressional Quarterly Almanac*, 82th Cong., 2nd sess., vol.viii, 205-207.

CQ Press (2002) *Congress and the Nation*, 105th and 106th Congress, vol.X, pp.507-549.

[CQS] (1965a) Congressional Quarterly Service, *Congress and the Nation 1945-1964*.

[CQS] (1965b) Congressional Quarterly Service, *Congressional Quarterly Almanac*, 89th Congress 1st sess..

[CQS] (1969) Congressional Quarterly Service, *Congress and the Nation*, 2 (1965-1968).

[CQS] (1973) Congressional Quarterly Service, *Congress and the Nation*, 3 (1969-1972).

Cronin, Joseph Marr & Simmons, Sylvia Quarles (1987) *Student Loans: Risks and Realities*, Dover: Auburn House.

Cummings, Donald Lloyd (1982) "Army ROTC: A Study of the Army's ROTC Primary Officer Procurement Program, 1862-1977," Ph.D. Dissertation, University of California, Santa Barbara.

Cummings, Mark Alden (1999) "Army Reserve Officers Corps: Officer Procurement and training in the United States and Washington University (Missouri)", Ed.D. Dissertation, Saint Louis University.

Dallek, Robert (1991) *Loan Star Rising: Lyndon Johnson and His Times, 1908-1960*, New York: Oxford University Press.

Damron, Donald Reid (1990) "The Contributions of Carl D. Perkins on Higher Education, 1948-1984." Art.D. Dissertation, Middle Tennessee State University.

Denton III, Edgar (1964) "The Formative Years of the United States Military Academy, 1775-1833," Ph.D. Dissertation, Syracuse University.

Dyke, George E. Van (1949) "Government Experience with the Student War Loan Program," *Higher Education*, Seminary Publication of the Federal Security Agency, U.S. Government Printing Office 6 (6): 61-63.

Ehrler, Roger R. (1980) "Indirect Institutional Funding: The GI. Bill" in Mckeough, William (ed.) "Public Policy and the Financing on Higher Education In New York," Hofstra University, pp.364-391, ERIC Report [ED 200 081].

Engleman, F.E. (1951) Teaching: A First Line of Defense, *Phi Delta Kappan*, 43 (2): 82-84.

Fenske, Robert H. and Huff, Robert P. et al (1983) *Handbook of Student Financial Aid: Programs, Procedures, and Policies,* San Francisco: Jossey-Bass.

Finn, Chester E. Jr.(1977) *Education and the Presidency,* Lexington: Lexington Books.

Finn, Chester E. Jr.(1978) *Scholars, Dollars, and Bureaucrats,* Washington DC.: The Brookings Institution.

Fisher, Kenneth Edward (1981) "A Comparative Analysis of Selected Congressional Documents Related to Educational Benefits Legislated for the Veterans of World War II, the Korean Conflict, and the Vietnam Era under the G.I. Bill," Ph.D. Dissertation, The Florida State University.

Florer, John H. (1968) Major Issues in the Congressional Debate of the Morrill Act of 1862, *History of Education Quarterly* (8): 459-478.

Frishberg, Ellen (2004) "From Access to Affordability: The Hope Scholarship Tax Credit," Ed.D. Dissertation, University of Pennsylvania.

Gale, Barbara Ransel (1974) "The National Defense Student Loan Program: Its History, Significance, and Problems," Ed.D. Dissertation. The George Washington University.

GAO＝U.S. Government Accountability Office (2002) "Student Aid and Tax Benefits: Better Research and Guidance Will Facilitate Comparison of Effectiveness and Student Use", Report to Congressional Committee, 2002, September. (GAO-02-751).

GAO＝U.S. Government Accountability Office (2005)"Student Aid and Postsecondary Tax Preferences: Limited Research Exists on Effectiveness of Tools to Assist Students and Families through Title IV Student Aid and Tax Preferences", Report to the Committee on Finance, U.S. Senate, 2005, July. (GAO-05-684).

Gary Orfield (1992) "Money, Equity, and College Access," *Harvard Educational Review*, vol.62, No.3, Fall. 337-372.

Gladieux, Lawrence E., King, Jacqueline E., and Corrigan, Melanie E.(2005) "The Federal government and Higher Education" in Philip G. Altbach, Robert O. Berdahl, and Patricia J.Gumport, *American Higher Education in the Twenty-Fisrt Century: Social, Political, and Economic Challenge,* 2nd Edition, Baltimore and London, Johns Hopkins University Press, pp.163-197.

Graham, Hugh Davis (1984) *The Uncertain Triumph,* Chapel Hill: The University of North Carolina Press.

Hamilton, Virginia Van de Veer (1987) *Lister Hill,* Chapel Hill: The University of North Carolina Press.

Hartmann, Susan M.(1982) *The Home Front and Beyond: American Women in the 1940s*. Boston: Twayne.

Hauptman, Arthur M., (2001) "Reforming the Ways in Which States Finance Higher Education", in Heller, Donald E. (ed.), *The States and Public Higher Education Policy: Affordability, Access, and Accountability,* Baltimore and London :The Johns Hopkins University Press, pp.64-80.

Heller, Donald E. (ed.), (2001) *The States and Public Higher Education Policy: Affordability, Access, and Accountability,* Baltimore and London: The Johns Hopkins University Press.

Heller, Donald E. (ed.), (2002a) *Condition of Access : Higher Education for Lower Income Students*, Westport: Praeger.

Heller, Donald. E. (2002b) "State Aid and Student Access: The Changing Picture" in Heller, Donald E. (ed.), *Condition of Access : Higher Education for Lower Income Students*, Westport: Praeger, pp.59-72.

Hexter, Holly (1990) "Montgomery GI Bill May Impact Enrollment," *Educational Record*, 70 (1): 63-67.

Higganbotham, Don (1979) "The Debate Over National Military Institutions: An Issue Slowly Resolved, 1775-1815," in Fowler, Eilliam M. Jr. and Coyle, Wallace (eds.), *The American Revolution: Changing Perspectives 1979*, Boston: Northeastern University Press.

Howlett,Charles, F. (1979) "John Dewey's Opposition to Military Training in American Higher Education," *Gandi Marg,* 1 (2): 87-94.

Huntington, Samuel P. (1964) *The Soldier and the State*, Massachusetts: The Belknap Press of Harvard University Press.＝サミュエル・ハンチントン (1978)市川良一訳『軍人と国家(上)』原書房.

Johnson, Eldon L. (1981) About the Early Land-Grant Colleges,*Journal of Higher Education* 52 (4): 333-351.

Johnson, Ronald W. and Robinson, Mark (2000) *Financial Aid for College,* Dorling Kindersley.

Johnson, Lyndon Baynes (1964) *My Hope for America*, New York: Random House.

Johnson, Lyndon Baynes (1971) *The Vantage Point: Perspectives of Presidency, 1963-1969,* New York: Holt, Rinehart and Winston.

Johnstone, D. Bruce, "Financing Higher Education: Who Should Pay?" in Philip G. Altbach, Robert O. Berdahl, and Patricia J. Gumport, *American Higher Education in the Twenty-Fisrt Century: Social, Political, and Economic Challenge*, 2nd Edition, Baltimore and London, Johns Hopkins University Press, pp.369-392.

Keppel, Francis (1987) "The Higher Education Acts Contrasted, 1965-1986: Has Federal Policy

Come of Age?", *Harvard Educational Review* 57 (1): 49-67.
Kiernan, Christopher Mich (1992) "Federal Aid to Higher Education: The Pell Grant Program In Historical Perspective," Ed.D.Dissertation, Boston College.
Killian, James R.Jr. (1985) *The Education of a College President: A Memoir*, Cambridge Massachusetts: MIT Press.
Kizer, George A. (1970) "Federal Aid to Education: 1945-1963," *History of Education Quarterly*, 10 (Spring): 84-102.
Kohn, Richard H. (1985) *Eagle and Sword*, New York: The Free Press.
Lane, Winthrop D. (1925) "Military Training in Schools and Colleges of the United States," New York: Committee on Military Training.
Lee, James Leftwich. Jr. (1972) "A Century of Military Training at Iowa State University, 1870-1970," Ph.D. Dissertation, Iowa State University.
Lindquist,Clarence B. (1971) "NDEA Fellowships for College Teaching, 1958-1968; Title 4, National Defense Education Act of 1958." ERIC Report [ED 054 739].
Lykes, Richard Wayne (1975) *Higher Education and the United States Office of Education (1867-1953)*, Bureau of Postsecondary Education, U.S. Office of Education, Washington, D.C..
Lyons, Gene M. and Masland, John W. (1959) *Education and Military Leadership: A Study of the R.O.T.C.,* New Jersey: Princeton University Press.
Masland, John W. and Ladway, Laurence I. Radway (1957) *Soldiers and Scholars: Military Education & National Policy*, New Jersey: Princeton University Press＝ジョン・W・マスランドとローレンス・I・ラドウェイ (1966)高野功訳『アメリカの軍人教育―軍人と学問―』学陽書房.
Mcmanus, Paul D. (1977) "Veterans Education Benefits," in Knowles, Asa S.(eds.), *The International Encyclopedia of Higher Education*, San Francisco: Jossey-Bass, pp.4333-4341.
Mcpherson, Michael S. (1993) *Paying the Piper: Productivity, Incentives and Financing in Higher Education,* Michigan: University of Michigan Press.
Mcpherson, Michael S. and Schapiro, Morton Owen (1998) *The Student Aid Game: Meeting Need and Rewarding Talent in American Higher Education*, New Jersey: Princeton University Press.
MIT (2001) "Reports to the President: For the Year Ended June 30," 2001.
MIT (2002) "MIT Bulletin 2002-03 Courses and Degree Programs Issue."
Mumper, Michael and Ark, Pamcla Vander (1991) "Evaluating the Stafford Student Loan Program: Current Problems and Prospects for Reform", *Journal of Higher Education*, vol.62, Issue 1 (Jan.-Feb.) 62-78.

Munger, Frank and Fenno, Richard (1962) *National Politics and Federal Aid to Education*, Syracuse: Syracuse University Press.

Nash, Willard L. (1934) *A Study of the Stated Aims and Purposed of the Departments of Military Science and Tactics and Physical Education in the Land-Grant Colleges of the United States,* New York: AMS Press.

National Center for Education Statistics (2003a) *Digest of Education Statistics*.

National Center for Education Statistics (2003b) "What Colleges Contribute: Institutional Aid to Full-Time Undergraduates Attending 4-Year Colleges and Universities".

National Center for Education Statistics(2004) "A Decade of Undergraduate Student Aid: 1989-90 to 1999-2000".

National Center for Education Statistics (2005), *Digest of Education Statistics*.

National Commission of the Cost of Higher Education (1998) *Straight Talk About College Cost & Prices,* Phoenix, Arizona: The Oryx Press.

New York Times (1991) "R.O.T.C. Doesn't Want You" 6 January.

[OAS] Office of the Assistant Secretary of Defense Force Management and Personnel (1990) "Education Programs in the Department of Defense." ED Report [ED 054 437].

Olson, Keith W. (1974) *The G.I.Bill: the Veterans, and the Colleges*, Lexington: The University Press of Kentucky.

Paskoff, Casale (1971) *The Kent Affair*, Boston: Houghton Mifflin Company.

Parsons, Michael D. (1997) *Power and Politics: Federal Higher Education Policymaking in the 1990s,* New York: State University of New York Press.

Peeps, J.M. Stephen (1984) "A B. A. For the GI....Why?," *History of Education Quarterly,* 24 (4): 513-525.

Powell, Colin with Persico, Joseph E. (1995) *My American Journey*, New York: Random House.＝コリン・パウエル／ジョージ・E・パーシコ (1995) 鈴木主税訳『マイ・アメリカン・ジャーニー―コリン・パウエル自伝』角川出版.

Rickover, Hyman G. (1959) *Education and Freedom*, Dutton.

Rivlin, Alice (1961) *The Role of the Federal Government in Financing Higher Education*, Washington DC: The Brookings Institution.

Rose, Amy D. (1990) "Preparing for Veterans: Higher Education and the Efforts to Accredit the Learning of World War II Servicemen and Women," *Adult Education Quarterly*, 42 (1): 30-45.

Sexson, John A. (1951) "Educational Leadership in the Atomic Age," *Phi Delta Kappan*, 33 (2).

Sindler, Mark A. (1988) "A Preemption Dare: Of What Value is State Legislation Which is Identical to Federal Conscription and Financial Aid Provision?" *Journal of Law & Education,* 17 (3) Summer.
Smith, Tucher P. (1930) "So This is War!," New York: Committee on Militarism in Education.
Solomon, Barbara M. (1985) *In the Company of Educated Women,* Connecticut: Yale University Press.
Spark College (2005) *10 Things You Gotta Know about Paying for College,* New York: Spark Publishing.
Spring, Joel (1989) *The Sorting Machine Revisited,* New York: Longman.
Sridhar, Deepa Jayanth (2001) "Postsecondary Enrollment Effects of Merit-Based Financial Aid: Evidence from Georgia's HOPE Scholarship Program" Ph.D. Dissertation, University of Georgia.
St. John, Edward P. and Parsons, Michael D. (2004) *Public Funding of Higher Education: Changing Contexts and New Rationales,* Baltimore and London, Johns Hopkins University.
Stover, Francis W. (1981) "Veterans Educational Assistance Program (GI Bill)." ERIC Report [ED 207 408].
Sufrin, Sidney (1963) *Administering the National Defense Education Act,* Syracuse: Syracuse University Press.
Swenson, Steven Robert (1999) "International Education and the National Interest: The National Defense Education Act of 1958, the International Education Act of 1966, and the National Security Education Act of 1991". Ph.D. Dissertation. University of Oregon.
Toner, James H. (1992) *The American Military Ethic: A Meditation,* New York: Praeger Publishers.
U.S. Army ROTC (1988) "Basic Facts about Army ROTC: A Comprehensive Look at the Benefits, Options and Requirements," Washington DC.
U.S. Army ROTC (2002) "U.S. Army ROTC 4-Year College Scholarship Program Application," Virginia.
U.S. Army ROTC, MIT (1994) "MIT Army ROTC Cadet Handbook," Cambridge.
U.S. Code Congressional Service (1947) *Laws of 79th Congress,* 2nd sess.: 1023-1027, 1574-1584.
U.S. Congress (1802) *U.S. Statute at Large,* 7th Cong., 1st sess., 132-137.
U.S. Congress (1863) *U.S. Statute at Large*, 37th Cong., 2nd sess., 129-130.
U.S. Congress (1944) *U.S. Statute at Large,* 78th Cong., 2nd Sess. 58 (1): 284-301.
U.S. Congress (1952) *U.S. Statute at Large,* 82th Cong., 2nd sess. 66 (1): 662-691.
U.S. Congress (1966) *U.S. Statute at Large*, 89th Cong., 2nd sess. 80 (1): 12-29.

U.S. Congress (1984) *U.S. Statute at Large,* 98th Cong., 2nd sess. 98 (3): 2492-2600.

[USCH] (1958) U.S. Congress, House, Committee on Education and Labor, *Hearings on Scholarships, Loan Program*, 85th Cong., 1st and 2nd sess,1957 and 1958, 10: 1307-2096.

[USCL] (1943) U.S. Congress, Library of Congress, Legislative Reference Service, *Digest of Public General Bills with Index,* 78th Cong., 2nd sess..

[USCL] (1955) U.S. Congress, Library of Congress, Legislative Reference Service, *Digest of Public General Bills with Index,* 83th Cong.,2nd sess..

[USCL] (1958) U.S. Congress, Library of Congress, Legislative Reference Service, *Digest of Public General Bills with Index,* 85th Cong., 2nd sess..

[USCS] (1958) U.S. Congress, Senate, Committee on Labor and Public Welfare, *Hearings on Science and Education for the National Defense,* 85th Cong., 2nd sess., 13: 1-1602.

U.S. Department of Defense (1991) *Black Americans in Defense of Our Nation*, U.S. Government Printing Office.

U.S. Government Accounting Office (2002) "Student Aid and Tax Benefits: Better Research and Guidance Will Facilitate Comparison of Effectiveness and Student Use".

[USGPO] (1941) U.S. Government Printing Office, *U.S. Statute at Large,* 76th Cong., 2nd and 3rd sess., 1939-1941, 54 (1): 1030-1051.

[USGPO] (1942) U.S. Government Printing Office, *U.S. Statute at Large*, 77th Cong.,2nd sess., 56 (1): 562-592.

[USGPO] (1947) U.S. Government Printing Office, *U.S. Code Congressional Service, Laws of 79th Congress*, 2nd sess., 2: 1023-1584.

[USGPO] (1958a) U.S. Government Printing Office, *Congressional Record*, vol.CIV,: 18471-19619.

[USGPO] (1958b) U.S. Government Printing Office, *U.S. Statute at Large*, 85th Cogress, 2nd sess., 72: 1580-1605.

[USGPO] (1965) U.S. Government Printing Office, *United States Code Congressional and Administrative News,* 89th Cong., 1st sess., 2, pp.4027-4142.

[USGPO] (1972) U.S. Government Printing Office (1972) *United States Code Congressional and Administrative News,* 92nd Cong., 2nd sess., 2, 2462-2679.

U.S. Veteran Administration (1949) "List of Foreign Educational Institutions," Washington D.C..

Veeman, Frank C. and Singer, Herry (1989) "Armed Forces," in Merriam,Sharan B. & Cunningham, Phyllis M. (eds.) *Handbook of Adult and Continuing Education,* San Francisco: Jossey-Bass, pp.344-355.

Voorhees, Richard A. (ed.) (1997) *Researching Student Aid: Creating an Action Agenda,* Jossey-Bass

Publishers.

Waldman, Steven (1995) *The Bill: How Legislation Really Becomes Law: A Case of the National Service Bill,* Penguin Books.

Washington Post (1990) "For Some, Military Presented a Path To College Degree" 10 March.

Washington Times (2002) "Harvard's Renascent ROTC" 5. June.

Williams, Byron N. (1997) "Financial Aid: The Impact on Minorities, Women, and Low Income Families," Ed.D. Dissertation.

Wilson, Charles E. (1960) "A Study of the Background and Passage of the National Defense Education Act of 1958," Ph.D. Dissertation, University of Alabama.

Wolanin, Thomas R. (2001) *"Rhetoric and Reality: Effects and Consequences of the HOPE Scholarship,"* (The New Millennium Project on Higher Education Costs, Pricing, and Productivity), The Institute for Higher Education Policy, The Ford Foundation and The Education Resources Institute.

Wolanin, Thomas R. (eds.) (2003) "Reauthorizing the Higher Education Act: Issues and Options", 2003, March, Institute for Higher Education Policy.

Woodhall, M. (1992), "Financial Aid: Student" in Clark B.R. and Neave, G.R. (eds.) *The Encyclopedia of Higher Education*, Pergamon Press, pp.1358-1367.

Yarmolinsky, Adam (1971) *The Military Establishment: Its Impacts on American Society,* Harper & Raw.

Zook, George F. (1948) "The National Defense," *Phi Delta Kappan*, 30 (3): 67-71.

# List of Interviewees

October 1992
  I. EMBASSY OF THE UNITED STATES OF AMERICA, TOKYO, JAPAN
    1. DONALD RILEY RITTER, Colonel, U.S. Air Force Air Attache

September 1994
  I. ARMY ROTC, MASSACHUSETTS INSTITUTE OF TECHNOLOGY
    1. JAMES D. CAMPBELL. Captain, U.S. Army
       Assistant Professor of Military Science, MIT
  II. HARVARD UNIVERSITY
    1. ELIZABETH BAUER HICKES (Assistant Dean of Admissions and Financial Aid)

September 2002
  I. ARMY ROTC, MASSACHUSETTS INSTITUTE OF TECHNOLOGY
    1. BRIAN L. BAKER. Lieutenant Colonel, U.S. Army
       Professor of Military Science, Department of Military Science, MIT
    2. I.K. ASHOCK SIVAKUMAR. Second Lieutenant, U.S. Army
       Gold Bar Recruiter, Department of Military Science, MIT
  II. ARMY ROTC, UNIVERSITY OF ILLINOIS AT URBANA-CHAMPAIGN
    1. KEITH R. BERSKENS. Lieutnant Colonel, U.S. Army
       Professor of Military Science, Department of Military Science,
       University of Illinois at Urbana-Champaign
    2. TRENT F. STEVENS. Captain, U.S. Army, Scholarship/Enrollment Coordinator
       Assistant Professor of Military Science, Department of Military Science,
       University of Illinois at Urbana-Champaign
  III. HIGHER EDUCATION INFORMATION CENTER, BOSTON
    1. MICHAEL PACHECO, JR.
       Director of Counseling and Community-Based Services
    2. CHRIS LINK    Educational Advisor

January 2006
  I. VIRGINIA UNIVERSITY
    1. YVONNE HUBBARD. Director of Student Financial Services

# あとがき

　本書は，慶應義塾大学大学院社会学研究科に提出した博士学位請求論文「アメリカ合衆国連邦政府による高等教育奨学金政策の研究」(1995年11月に「博士(教育学)」取得)に，現地事例調査，新たな政策への考察を加え発展させたものである。タイトルは，「学生(経済)支援」という日本における新しい政策概念を反映させた。

　本書の約3分の1は，アメリカの国防政策とかかわる経済支援を考察している。研究対象，方法論，考察の独創性については，論文審査の主査を務めてくださった田中克佳先生(2005年3月まで慶應義塾大学，現・田園調布学園大学)，副査の田中喜美先生(東京学芸大学)，斉藤泰雄先生(国立教育政策研究所)から励まされるご評価をいただいた。その一方で，科学・職業政策への視点や国防関係の経済支援から1960年代以降の一般的な経済支援へと転換していくプロセスの考察を深めることなどをご指摘いただいた。3人の先生方の暖かく厳しいご指導に答えるためには，より一層の研鑽が必要であり，学位論文の公刊を，先へ先へと繰り延べていく筆者であった。

　そのような研究活動の遅々とした歩みは，2001年9月の同時多発テロによって変わらざるをえなくなった。研究を始めた時は，アメリカ連邦政府による大学生経済支援政策と国防・軍事政策との歴史的関係を研究する重要性について，多くの方に理解していただくのは難しかった。しかし，同時多発テロ以降，アメリカをみる世界の目が変わった。本書で取り上げているGIビルや，学費のために軍に入ろうという青年，予備役兵の召集などについて，日本の報道でもとりあげられるようになった。そういった情報は断片的なものが多く，歴史的な経緯や社会的意味についての体系的な認識が不足しているように思われ，本書の公刊を急ぐことになった。

本研究に関連した社会の変化は、アメリカを中心とする国際政治・経済だけでなく、日本社会と大学界にも訪れた。研究を始めた頃の日本には、バブル経済の余韻がまだ残っており「奨学金の研究」は地味な分野であった。日本育英会の事業やニード・ベースの奨学金についても、「すでに役割は果たした」という議論が中心であったように思われる。現在は、経済不況がもたらした「格差社会」への危惧から、ニード・ベースの学生経済支援の重要性に再び目が向けられている。その一方で、国立大学の独立法人化、少子化による学生獲得競争の熾烈化、公共政策全般を覆いつつある「評価」指向によって、メリット・ベースの学生経済支援に対する関心も高まっている。

本書は、そういった国際社会の動向と日本の政策転換、そして、筆者への指導と励ましを惜しまないでくださった先生方のご指導の力で完成に至った。舟山俊明先生、米山光儀をはじめとする慶應義塾大学、三田教育学会の諸先生方に心より感謝の言葉を述べたい。その中のお一人である坂本辰朗先生（創価大学）には、大学院生時代から、アメリカ教育史に対する全体的な視点、資料の入手の仕方や最新の研究動向など、永い間ご指導をいただいた。坂本先生のご指導がなければ、本書の出版はありえなかった。

本書の一部は、アメリカ軍隊制度とかかわるものであり、資料の収集やインタビューが難しいのではないかと推測される方もいるが、現実にはそれほどでもない。GIビルは、アメリカ社会に広範に受容されたサービスであるため、一般的な情報は容易に入手することができる。ROTCも、軍隊の広報事業としての役割が強いため、どの大学においても面会の申し出を快諾された。難しかったのは、これらの制度や組織を正確に把握し、それらを支えるアメリカ社会と大学の関係について考えることであった。防衛庁の吉田正氏には、アメリカ国防政策に対する総合的な理解や訳語についてご指導いただいた。

筆者は、現在、東北大学大学院法学研究科21世紀COEプログラム「男女共同参画社会の法と政策」のCOE研究員として、学外拠点「ジェンダー法・政策研究センター」に勤務している。国家と大学、政治と教育との関係につい

ての研究を深めることを課題とする筆者にとって，またとない環境に身をおかせていただいている。拠点リーダーである辻村みよ子法学研究科教授，事業推進者である生田久美子教育学研究科教授には，このような素晴らしい機会を与えてくださったことに深くお礼を申し上げたい。

　本書は，日本学術振興会平成18年度科学研究費補助金（研究成果公開促進費）の交付を受けて出版されるものである。本書の刊行にあたって，東信堂の下田勝司氏に数年にわたってご尽力をいただいた。心から感謝の言葉を述べさせていただきたい。
　2006年12月
　　　　　東北大学大学院法学研究科21世紀COEプログラム学外拠点
　　　　　　　　ジェンダー法・政策研究センターにて

　　　　　　　　　　　　　　　　　　　　　　犬塚　典子

# 事項索引

〔欧字〕

AACC (American Association of Community Colleges) 160
　→アメリカ・コミュニティ・カレッジ連盟
AASCU (American Association of State Colleges and Universities) 160
　→アメリカ州立大学連盟
AAU (Association of American Universities) 17, 160
　→アメリカ大学連盟
ACE (American Council on Education) 140, 147, 160
　→アメリカ教育協議会
AFL-CIO (American Federation of Labor-Congress of Industrial Organizations) 147, 184
　→アメリカ労働総同盟－産業別組合会議
AFT (American Federation of Teachers) 184
　→アメリカ教員連盟
BEOG (Basic Educational Opportunity Grant) 172-174, 176, 177
　→教育機会基本給付奨学金
CCC (Civilian Conservation Corps) 203
　→市民保全部隊
DANTES (Defense Activity for Non-Traditional Education Support) 58
EOG (Educational Opportunity Grant) 152, 155, 156, 158, 172, 173, 176
　→教育機会給付奨学金
FAFSA 5, 227
　→連邦学生支援無料申請サービス
GEAR UP 207, 214
GED (テスト) 11, 43
　→ハイスクール資格認定制度
GSL 156, 158, 176, 190, 191
　→連邦保証ローン
HOPE税額控除 204, 212
LEAP 233
MIT 87, 88
　→マサチューセッツ工科大学
NAICU (National Association of Independent Colleges and Universities) 160
　→全米私立大学連盟
NASFFA (National Association of Student Financial Aid Administrators) 159
　→全米学生経済支援管理者連盟
NASULGC (National Association of State Universities and Land Grant Colleges) 51, 160
　→全米州立大学・ランドグラントカレッジ連盟
NEA (National Education Association) 50, 117, 120, 184
　→全米教育協会
NSF (National Science Foundation) 115
　→全米科学財団
NYA (National Youth Administration) 137
　→全米青年局
PLUSローン 188, 213
SEOG (Supplement Educational Opportunity Grant) 174, 175, 213
　→教育機会補助給付奨学金

| | |
|---|---|
| SLSローン | 189 |
| SSIG | 175, 233 |
| →州(の)学生経済支援事業への連邦補助金 | |
| TRIO | 214 |
| VISTA | 203 |

〔ア行〕

| | |
|---|---|
| アクレディテーション | 178 |
| アメリカ憲法修正第10条 (1791年) | 5, 118 |
| アメリカ教育協議会 (ACE) | 140, 147, 160 |
| アメリカ教員連盟 (AFT) | 184 |
| アメリカ・コミュニティ・カレッジ連盟 (AACC) | 160 |
| アメリカ州立大学 | 160 |
| アメリカ大学協会 (AAC) | 147, 160 |
| アメリカ大学連盟 (AAU) | 17, 160 |
| アメリカ労働総同盟-産業別組合会議 (AFL-CIO) | 147, 184 |
| アメリコー | 204, 205 |
| イェール大学 | 68, 77 |
| ウィスコンシン大学 | 46 |
| ウェスト・ポイント陸軍士官学校 | 65-70 |
| ウェルズレー大学 | 89 |
| エンタイトルメント | 26, 61 |

〔カ行〕

| | |
|---|---|
| カーネギー委員会報告 | 168 |
| 学生経済支援 (の概念) | 27 |
| 学生経済支援諮問委員会 | 190 |
| 学生ローン市場協会 | 176 |
| 家庭負担額 (FC) | 173, 174 |
| 家庭負担期待額 (EFC) | 174, 197, 198, 230, 231 |
| カバーデル教育費運用口座 | 210 |
| 機関援助 | 5, 66, 167 |
| キャンパス・ベース | 125, 156, 172 |
| 給付金 | 27 |
| 給付奨学金 | 27 |
| 教育機会基本給付奨学金 (BEOG) | 172-174, 176, 177 |
| →ペル・グラント | |
| 教育機会給付奨学金 (EOG) | 152, 155, 156, 158, 172, 173, 176 |
| 教育機会補助給付奨学金 (SEOG) | 174, 175, 213 |
| 教育省組織法 | 184 |
| 教育費運用口座 | 206, 210 |
| 京都大学 | 50 |
| クロス・エンロールメント | 85, 89 |
| 経済機会法 | 157 |
| 経済支援必要額 | 173, 174, 198 |
| 経済成長及び減税調整法 (EGTRRA2001) | 210, 235 |
| 高授業料/高奨学金政策 | 197, 236 |
| 529プラン | 210 |
| 高等教育施設法 | 17 |
| 公民権法 | 141 |
| 国防教育法学生ローン | 123-129, 131, 132, 175 |
| 国有地交付大学 (ランド・グラント・カレッジ) | 71, 140 |
| 国立教育統計センター | 7, 65 |
| 個人援助 | 5, 66, 167 |
| 国家安全保障教育法 | 192, 194, 195 |
| コミュニティ・カレッジ | 148 |
| コンプライアンス | 198 |

〔サ行〕

| | |
|---|---|
| 在郷軍人会 | 35, 41 |
| 市民保全部隊 (CCC) | 203 |

生涯学習税額控除　　　　　　　204, 206
障害をもつアメリカ人の法　　　　　198
奨学金（の概念）　　　　　　　　24, 29
州（の）学生経済支援事業への連邦補助金
　（SSIG）　　　　　　　　　　175, 233
上智大学　　　　　　　　　　　　　50
ジョージタウン大学　　　　　　128, 129
所得控除　　　　　　　　　　　　　29
新GIビル　　　　　　　　　　　　56
信条否認　　　　　　　　　　　129, 130
スカラーシップ　　　　　　　　　　27
スタフォード・ローン　　　157, 200, 213
スプートニク・ショック　　　　107, 120
スミス・ヒューズ法　　　　　　　　35
性差別　　　　　　　　　　　　　172
税額控除（タックス・クレジット）　29, 179,
　　　　　　　　　　　　182, 204, 205, 212
1916年国防法　　　　　　　　　　74
1920年国防法　　　　　　　　　74, 75
1944年退役軍人援助法（第二次世界大戦GI
　ビル）　　　　　　　　　　　　36, 37
1952年退役軍人援助法（朝鮮戦争GIビル）52
1964年ROTC活性化法　　　　　　77
1966年退役軍人援助法（ベトナム戦争GIビ
　ル）　　　　　　　　　　　　　53, 54
1972年教育改正法　　　　　　169-171
1986年改正高等教育法　　　　　189, 190
1992年改正高等教育法　　　　　　199
1998年改正高等教育法　　　　　　207
選抜徴兵登録（制度）　　　　10, 185, 189
選抜徴兵法　　　　　　　　　34, 41, 74
全米科学財団（NSF）　　　　　　115
全米学生経済支援管理者連盟（NASFFA）158
全米学生直接ローン　　　　　　123, 131
全米教育協会（NEA）　　50, 117, 120, 184
全米州立大学ランド・グラント・カレッジ
　連盟（NASULGC）　　　　　51, 52, 160
全米私立大学連盟（NAICU）　　　160
全米青年局（NYA）　　　　　　　137

〔タ行〕

第一次徴兵法　　　　　　　　　　　34
第一次モリル法　　　　　　　　71-73
退役軍人教育援助プログラム（VEAP）　56
第二次世界大戦学生ローン　103, 105, 106
タフツ大学　　　　　　　　　　　　88
中所得層学生支援法　　　　　　179-183
忠誠宣誓　　　　　　　　　　　129, 130
朝鮮戦争GIビル（1952年退役軍人援助法）52
東京大学　　　　　　　　　　　　　50
同志社大学　　　　　　　　　　　　50

〔ナ行〕

内国歳入庁　　　　　　　　　　210, 212
ナショナル・サービス・トラスト法　203
ニード・ベース　　　26, 233, 235, 236
日本育英会　　　　　　　　　　　　25
日本学生支援機構　　　　　　　　　25
ニューヨーク市立大学　　　　　　　91
納税者救済法　　　　　　　　　　204

〔ハ行〕

パーキンス・ローン　　　　123, 175, 213
バージニア陸軍士官学校　　　　　　70
ハーバード大学　　　　　68, 77, 88, 93
ハイスクール資格認定制度（GED）　11, 43
パッケージ（方式）　　　　147, 154, 175
フェローシップ（研究奨学金）　　　28
ベトナム戦争GIビル（1966年退役軍人援助

| | | | |
|---|---|---|---|
| 法) | 53 | 大学) | 71, 140 |
| ペル・グラント | 174, 176-178, 213 | ランハム法 | 47 |
| 保証ローン | 28, 167 | 連邦安全保障庁 | 103, 104 |
| ホームステッド法 | 34 | 連邦学生支援無料申請サービス (FAFSA) | |
| 北西部条例 | 11, 65 | | 5, 227, 230 |
| ホロウェイ・プラン | 78, 79 | 連邦直接学生ローン | 202 |
| | | 連邦保証ローン (GSL) | 156, 158, 176, 190, 191 |

〔マ行〕

| | |
|---|---|
| マサチューセッツ工科大学 (MIT) | 87, 88 |
| メリーランド大学 | 58 |
| メリット・ベース | 26, 234-236 |
| モンゴメリーGIビル | 56 |

→スタフォード・ローン

ローン返還不履行　　185, 191, 196, 209

〔ワ行〕

| | |
|---|---|
| ワーク・スタディ | 28, 157, 213 |
| 早稲田大学 | 50 |

〔ラ行〕

ランド・グラント・カレッジ（国有地交付

# 人名索引

## 〔ア行〕

アイゼンハワー（Dwight David Eisenhower）
　　　　　　　　　　　107, 115, 121, 136
アダムズ（Jane Adams）　　　　　　　76
エリオット（Carl Atwood Elliot）　108, 118

## 〔カ行〕

カー（Clark Kerr）　　　　　　　　　139
カーター（James Earl Carter, Jr.）　179, 181
ガードナー（John W. Gardner）　　　139
キリアン（James Rhyne Killian Jr.）　116, 117
グリーン（Edith Green）　　　　　146, 149
クリントン（William Jefferson "Bill" Clinton）
　　　　　　　　　　　　　　　128, 129
ケネディ（John Fitzgerald Kennedy）　130, 138
コナント（James Bryant Conant）　40, 46, 117

## 〔サ行〕

サマーズ（Lawrence Henry Summers）　93
ジェファーソン（Thomas Jefferson）　　66
ジョンソン（Lyndon Baines Johnson）　54,
　　　　　　　　　　　　　　135-138, 159
スタフォード（Robert Stafford）　　　157
ソロモン（Gerald Solomon）　　　　189

## 〔タ行〕

ティーグ（Olin Teague）　　　　　　　50
デューイ（John Dewey）　　　　　　　76
テラー（Edward Teller）　　　　　　110
ドール（Robert Joseph "Bob" Dole）　205

トルーマン（Harry S. Truman）　　　52

## 〔ナ行〕

ニクソン（Richard Milhous Nixon）　171

## 〔ハ行〕

パーキンス（Carl D. Perkins）　110, 112, 175
パウエル（Colin Powell）　　　　　90, 91
ハッチンズ（Robert M. Hatchins）　　40
パトリッジ（Alden Partridge）　　　　70
ハンフリー（Hubert H. Humphery）　110
ヒル（Lister Hill）　　　　　　　108, 118
フォード（Gerald Rudolph Ford）　　142
ブッシュ（George Herbert Walker Bush）192
ブッシュ（George Walker Bush）　209, 214
ブラウン（Welnar Von Braun）　　　110
ブレネマン（David W.Breneman）　　206
ペル（Claiborne Pell）　　　　　　　174
ボーナー（John Boehner）　　　　　214
ボレーン（David L. Boren）　　　　193
ホロウェイ（James L.Jr. Holloway）　　78

## 〔マ行〕

マキオン（Howard P."Buck" McKeon）214
マッカーサー（Douglas MacArthur）　35
ミラー（Zell Miller）　　　　　　　234
モリル（Justin Smith Morrill）　　　　71
モンゴメリー（Gillespie V. Montgomery）56

## 〔ラ行〕

リースマン（David Riesman）　　48, 139

リックオーバー（Hyman G. Rickover）　103
レーガン（Ronald Wilson Reagan）　188
ローズベルト（Franklin Delano Roosevelet）　36

ワインバーガー（Caspar Willard Weingerger）
　　　　　　　　　　　　　　　　　　　93
ワシントン（George Washington）　33

〔ワ行〕

## 著者紹介

犬塚典子（いぬづか のりこ）
- 1960年　千葉県生まれ
- 1983年　早稲田大学教育学部卒業
- 1985年　早稲田大学大学院文学研究科博士前期課程修了
- 1992年　慶應義塾大学社会学研究科博士後期課程　単位取得退学
　　　　　日本学術振興会特別研究員（PD）、大学等非常勤講師を経て
- 現在　　東北大学大学院法学研究科COEフェロー
- 専攻　　教育政策、公共政策、博士（教育学）

## 主要著書・論文

- 共著『「教育」を問う教育学』（田中克佳編、慶應義塾大学出版会、2006年）
- 論文「ユニバーサル・アクセスと経済格差」（『教育学研究』第73巻第4号、日本教育学会、2006年）
- 論文「カナダの公共政策と大学の管理運営改革」（『研究年報』第3号、東北大学法学研究科21世紀COEプログラム、2006年）
- 共著『ジェンダーと教育』（生田久美子編、東北大学出版会、2005年）
- 共著『日本の男女共同参画政策』（辻村みよ子・稲葉馨編、東北大学出版会、2005年）
- 共訳『大学論』（フレクスナー著、玉川大学出版部、2005年）

*Federal Financial Aid to Students in the United States*

---

アメリカ連邦政府による大学生経済支援政策　　定価はカバーに表示してあります。

2006年11月20日　初　版第1刷発行　　　　　　　〔検印省略〕

著者ⓒ犬塚典子／発行者　下田勝司　　　　印刷・製本／中央精版印刷

東京都文京区向丘1-20-6　郵便振替00110-6-37828
〒113-0023　TEL (03) 3818-5521　FAX (03) 3818-5514　　発行所　株式会社　東信堂

Published by TOSHINDO PUBLISHING CO., LTD.
1-20-6, Mukougaoka, Bunkyo-ku, Tokyo, 113-0023 Japan
E-mail : tk203444@fsinet.or.jp　http://www.toshindo-pub.com

ISBN4-88713-720-6　C3037　　ⓒ Noriko Inuzuka

東信堂

|  |  |  |
|---|---|---|
| 大学再生への具体像 | 潮木守一 | 二五〇〇円 |
| 大学行政論Ⅰ | 川口昭八郎編 | 二三〇〇円 |
| 大学行政論Ⅱ | 近森節・川本八郎編 | 二三〇〇円 |
| 大学の管理運営改革―日本の行方と諸外国の動向 | 伊藤彰昇編 | 三六〇〇円 |
| 新時代を切り拓く大学評価―日本とイギリス | 江原武一編 | 三六〇〇円 |
| 模索されるeラーニング―事例と調査データにみる大学の未来 | 杉本均編著 | 三六〇〇円 |
| 私立大学の経営と教育 | 秦由美子編著 | 三六〇〇円 |
| 校長の資格・養成と大学院の役割 | 吉田文編著 | 三六〇〇円 |
| 原点に立ち返っての大学改革 | 田口真奈編著 | 三六〇〇円 |
| 短大からコミュニティ・カレッジへ―飛躍する世界の短期高等教育と日本の課題 | 丸山文裕 | 三六〇〇円 |
| 日本のティーチング・アシスタント制度―大学教育の改善と人的資源の活用 | 小島弘道編著 | 六八〇〇円 |
| アメリカ連邦政府による大学生経済支援政策 | 舘昭 | 一〇〇〇円 |
| アジア・太平洋高等教育の未来像 | 舘昭編著 | 二五〇〇円 |
| 戦後オーストラリアの高等教育改革研究 | 北野秋男編著 | 二八〇〇円 |
| 大学教育とジェンダー―ジェンダーはアメリカの大学をどう変革したか | 犬塚典子 | 三八〇〇円 |
| 一年次(導入)教育の日米比較 | 静岡総合研究機構編 馬越徹監修 | 二五〇〇円 |
| アメリカの女性大学：危機の構造 | 杉本和弘 | 五八〇〇円 |
| 〈講座「21世紀の大学・高等教育を考える」〉 | ホーン川嶋瑤子 | 三六〇〇円 |
| 大学改革の現在(第1巻) | 山田礼子 | 二八〇〇円 |
| 大学評価の展開(第2巻) | 坂本辰朗 | 二四〇〇円 |
| 学士課程教育の改革(第3巻) | 有本章編著 | 三二〇〇円 |
| 大学院の改革(第4巻) | 山野井敦徳・山本眞一編著 | 三二〇〇円 |
| | 絹川正吉編著 | 三二〇〇円 |
| | 江原武一・馬越徹編著 | 三二〇〇円 |

〒113-0023 東京都文京区向丘1-20-6
TEL 03-3818-5521　FAX 03-3818-5514　振替 00110-6-37828
Email tk203444@fsinet.or.jp　URL: http://www.toshindo-pub.com/

※定価：表示価格(本体)＋税

東信堂

|  |  |  |
|---|---|---|
| 大学の自己変革とオートノミー―点検から創造へ | 寺﨑昌男 | 二五〇〇円 |
| 大学教育の創造―歴史・システム・カリキュラム | 寺﨑昌男 | 二五〇〇円 |
| 大学教育の可能性―教養教育・評価・実践 | 寺﨑昌男 | 二五〇〇円 |
| 大学教育の現在 | 寺﨑昌男 | 近刊 |
| 大学の授業 | 宇佐美寛 | 二五〇〇円 |
| 大学授業の病理―FD批判 | 宇佐美寛 | 二五〇〇円 |
| 授業研究の病理 | 宇佐美寛 | 二五〇〇円 |
| 作文の論理―〈わかる文章〉の仕組み | 宇佐美寛編著 | 一九〇〇円 |
| 大学教育の思想―学士課程教育のデザイン | 絹川正吉 | 二八〇〇円 |
| あたらしい教養教育をめざして―大学教育学会25年の歩み・未来への提言 | 大学教育学会25年史編纂委員会編 | 二九〇〇円 |
| 現代大学教育論―学生・授業・実施組織 | 山内乾史 | 二八〇〇円 |
| 大学の指導法 | 児玉・別府・川島編 | 二八〇〇円 |
| 大学授業研究の構想―学生の自己発見のために | 京都大学高等教育教授システム開発センター編 | 二四〇〇円 |
| 学生の学びを支援する大学教育―過去から未来へ | 溝上慎一編 | 二四〇〇円 |
| 大学教授の職業倫理―アメリカと日本 | 有本章 | 三三〇〇円 |
| 大学教授職とFD | 別府昭郎 | 二三八一円 |
| 立教大学〈全カリ〉のすべて（シリーズ大学改革ドキュメント・監修寺﨑昌男・絹川正吉）―全カリの記録 | 全カリ編集委員会編 | 三二〇〇円 |
| ICU〈リベラル・アーツ〉のすべて―リベラル・アーツの再構築 | 絹川正吉編著 | 二三八一円 |

〒113-0023 東京都文京区向丘1-20-6　　TEL 03-3818-5521 FAX 03-3818-5514　振替 00110-6-37828
Email tk203444@fsinet.or.jp　　URL: http://www.toshindo-pub.com/

※定価：表示価格(本体)＋税

― 東信堂 ―

|  |  |  |
|---|---|---|
| 比較・国際教育学（補正版） | 石附実編 | 三五〇〇円 |
| 教育における比較と旅 | 石附実 | 二〇〇〇円 |
| 比較教育学の理論と方法 | J・シュリーバー編／馬越徹・今井重孝監訳 | 二八〇〇円 |
| 比較教育学―伝統、挑戦、新しいパラダイムを求めて | M・ブレイ編／馬越徹・大塚豊監訳 | 三八〇〇円 |
| 世界の公教育と宗教 | 江原武一編著 | 五四二九円 |
| 世界の外国人学校 | 福田誠治編著 | 三八〇〇円 |
| 世界の外国語教育政策―日本の外国語教育の再構築にむけて | 末藤美津子・大谷泰照・林桂子 他編著 | 六五七一円 |
| 近代日本の英語科教育史―職業諸学校による英語教育の大衆化過程 | 江利川春雄 | 三八〇〇円 |
| 日本の教育経験―途上国の教育開発を考える | 国際協力機構編著 | 二八〇〇円 |
| アメリカの才能教育―多様なニーズに応える特別支援 | 松村暢隆 | 二五〇〇円 |
| アメリカのバイリンガル教育―新しい社会の構築をめざして | 末藤美津子 | 三三〇〇円 |
| 多様な社会カナダの「国語」教育〈カナダの教育3〉 | 浪田克之介編著 | 三八〇〇円 |
| ドイツの教育のすべて | マックス・プランク教育研究所研究者グループ編／天野・木戸・長島監訳 | 一〇〇〇〇円 |
| 21世紀にはばたくカナダの教育〈カナダの教育2〉 | 小林・関口・浪田他編著 | 二八〇〇円 |
| マレーシアにおける国際教育関係―教育へのグローバル・インパクト | 杉本均 | 五七〇〇円 |
| 「改革・開放」下中国教育の動態―江蘇省の場合を中心に | 阿部洋編著 | 五四〇〇円 |
| 中国の職業教育拡大政策―背景・実現過程・帰結 | 劉文君 | 五〇四八円 |
| 中国の後期中等教育の拡大と経済発展パターン―江蘇省と広東省の比較 | 呉琦来 | 三八二七円 |
| 陶行知の芸術教育論―生活教育と芸術との結合 | 李燕 | 三六〇〇円 |
| 東南アジア諸国の国民統合と教育―多民族社会における葛藤 | 村田翼夫編著 | 四四〇〇円 |
| オーストラリア・ニュージーランドの教育 | 石附実・笹森健編著 | 二八〇〇円 |

〒113-0023 東京都文京区向丘1-20-6
5TEL 03-3818-5521 FAX 03-3818-5514 振替 00110-6-37828
Email tk203444@fsinet.or.jp URL: http://www.toshindo-pub.com/

※定価：表示価格(本体)＋税

― 東信堂 ―

|  |  |  |
|---|---|---|
| 教育の平等と正義 | K・ハウ著　大桃敏行・中村雅子・後藤武俊訳 | 三一〇〇円 |
| 大学教育の改革と教育学 | K・ノイマン著　小笠原道雄監訳 | 二六〇〇円 |
| ドイツ教育思想の源流 | R・ラサーン著　小笠原道雄・坂越正樹監訳 | 二八〇〇円 |
| 経験の意味世界をひらく ―教育哲学入門 教育にとって経験とは何か | 平野智美・佐藤直之・上野正道訳 | 三八〇〇円 |
| 洞察＝想像力 知の解放とポストモダンの教育 | 市村尚久・早川操訳 | 三八〇〇円 |
| 文化変容のなかの子ども 経験・他者・関係性 | 市村・早川・松浦・広石編 | 三八〇〇円 |
| 教育の共生体へ ボディ・エデュケーショナルの思想圏 | 高橋　勝 | 二三〇〇円 |
| 人格形成概念の誕生 近代アメリカの教育概念史 | 田中智志編 | 三五〇〇円 |
| サウンド・バイト：思考と感性が止まるとき | 田中智志 | 三六〇〇円 |
| 体験的活動の理論と展開 「生きる力」を育む教育実践のために | 小田玲子 | 二五〇〇円 |
| 新世紀・道徳教育の創造 | 林　忠幸 | 二三八一円 |
| 再生産論を読む バーンステイン、ブルデュー、ボールズ＝ギンティスの再生産論 | 林忠幸編 | 二八〇〇円 |
| 教育と不平等の社会理論 再生産論をこえて | 小内　透 | 三二〇〇円 |
| 情報・メディア・教育の社会学 | 小内　透 | 三二〇〇円 |
| 階級・ジェンダー・再生産 現代資本主義社会の存続メカニズム | 橋本健二 | 三三〇〇円 |
| 学ぶに値すること 複雑な問いで授業を作る | 小田勝己 | 二三〇〇円 |
| 新版　昭和教育史 | 井口博充 | 二三〇〇円 |
| 地上の迷宮と心の楽園【コメニウス・セレクション】 | J・コメニウス　藤田輝夫訳 | 三八〇〇円 |
| カルチュラル・スタディーズしてみませんか？ | 久保義三 | 八〇〇〇円 |
| 修道女が見聞した17世紀のカナダ ―ヌーヴェル・フランスからの手紙 | 門脇輝夫訳 | 九八〇〇円 |

〒113-0023　東京都文京区向丘1-20-6　☎TEL 03-3818-5521　FAX 03-3818-5514　振替 00110-6-37828
Email tk203444@fsinet.or.jp　URL: http://www.toshindo-pub.com/

※定価：表示価格(本体)＋税

━━━ 東信堂 ━━━

【シリーズ 社会学のアクチュアリティ：批判と創造 全12巻+2】

クリティークとしての社会学——現代を批判する眼 西原和久編 一八〇〇円

都市社会とリスク——豊かな生活に見る眼 宇都宮京子編 二〇〇〇円

言説分析の可能性——社会学的方法をもとめて 佐藤俊樹・友枝敏雄編 二八〇〇円

グローバル化とアジア社会——ポストコロニアルの地平 吉原直樹編 二三〇〇円

【地域社会学講座 全3巻】

地域社会学の視座と方法 似田貝香門監修 二五〇〇円

グローバリゼーション/ポストモダニズムと地域社会 古城利明監修 二五〇〇円

地域社会の政策とガバナンス 岩崎信彦監修 二七〇〇円

【シリーズ世界の社会学・日本の社会学】

タルコット・パーソンズ——最後の近代主義者 中野秀一郎 三八〇〇円

ゲオルク・ジンメル——現代分化社会における個人と社会 居安正 三八〇〇円

ジョージ・H・ミード——社会的自我論の展開 船津衛 二八〇〇円

アラン・トゥーレーヌ——現代社会のゆくえと新しい社会運動 杉山光信 二八〇〇円

アルフレッド・シュッツ——主観的時間と社会的空間 森元孝 二八〇〇円

エミール・デュルケム——社会の道徳的再建の時代と社会学 中島道男 二八〇〇円

レイモン・アロン——危機の時代の警世家 岩城完之 二八〇〇円

フェルディナンド・テンニエス——ゲマインシャフトとゲゼルシャフト 吉田浩 二八〇〇円

カール・マンハイム——時代を診断する亡命者 澤井敦 二八〇〇円

費孝通——民族自省の社会学 佐々木衞 二八〇〇円

奥井復太郎——都市社会学と生活論の創始者 藤田弘夫 二八〇〇円

新明正道——綜合社会学の探究 山本鎭雄 二八〇〇円

米田庄太郎——新総合社会学の先駆者 中久郎 二八〇〇円

高田保馬——理論と政策の無媒介的統一 北島滋 二八〇〇円

戸田貞三——家族研究・実証社会学の軌跡 川合隆男 二八〇〇円

【中野卓著作集・生活史シリーズ 全12巻】

生活史の研究 中野卓 二五〇〇円

先行者たちの生活史 中野卓 三三〇〇円

〒113-0023 東京都文京区向丘1-20-6
TEL 03-3818-5521 FAX 03-3818-5514 振替 00110-6-37828
Email tk203444@fsinet.or.jp URL: http://www.toshindo-pub.com/

※定価：表示価格(本体)＋税

= 東信堂 =

|  |  |  |
|---|---|---|
| 人間の安全保障——世界危機への挑戦 | 佐藤誠編 | 三八〇〇円 |
| 〔新版〕単一民族社会の神話を超えて | 安藤次男編 | 三六八九円 |
| 政治学入門 | 大沼保昭 | 一八〇〇円 |
| 〔新版〕政治学入門 | 内田満 | 一八〇〇円 |
| 不完全性の政治学——イギリス保守主義 思想の二つの伝統 | Aクィントン 岩重政敏訳 | 二〇〇〇円 |
| 入門 比較政治学——民主化の世界的潮流を解読する | H・J・ウィアルダ 大木啓介訳 | 二九〇〇円 |
| 「帝国」の国際政治学——冷戦後の国際システムとアメリカ | 山本吉宣 | 四七〇〇円 |
| ニューフロンティア国際関係 | 原・本名編 | 二三〇〇円 |
| 軍縮問題入門〔新版〕 | 黒沢満編著 | 二五〇〇円 |
| 解説 赤十字の基本原則——人道機関の理念と行動規範 | J・ピクテ 井上忠男訳 | 一〇〇〇円 |
| 実践 ザ・ローカル・マニフェスト | 松沢成文 | 一二三八円 |
| ポリティカル・パルス——現場からの日本政治裁断 | 大久保好男 | 二〇〇〇円 |
| 時代を動かす政治のことば——尾崎行雄から小泉純一郎まで | 読売新聞政治部編 | 一八〇〇円 |
| 椎名素夫回顧録 不羈不奔 | 読売新聞盛岡支局編 | 一五〇〇円 |
| 大杉榮の思想形成と「個人主義」 | 飛矢崎雅也 | 二九〇〇円 |
| 〔現代臨床政治学叢書・岡野加穂留監修〕 | | |
| 象徴君主制憲法の20世紀的展開 | 下條芳明 | 二〇〇〇円 |
| アジアと日本の未来秩序 | 伊藤重行 | 一八〇〇円 |
| リーダーシップの政治学 | 石井貫太郎 | 一六〇〇円 |
| 〔現代臨床政治学シリーズ〕 | | |
| 村山政権とデモクラシーの危機 | 岡野加穂留 藤本一美編著 | 四二〇〇円 |
| 比較政治学とデモクラシーの限界 | 岡野加穂留 大六野耕作編著 | 四三〇〇円 |
| 政治思想とデモクラシーの検証 | 岡野加穂留 伊藤重行編著 | 三八〇〇円 |
| アメリカ連邦最高裁判所 | 大越康夫 | 一八〇〇円 |
| 衆議院——そのシステムとメカニズム | 向大野新治 | 一八〇〇円 |
| WTOとFTA——日本の制度上の問題点 | 高瀬保 | 一八〇〇円 |
| フランスの政治制度 | 大山礼子 | 一八〇〇円 |

〒113-0023 東京都文京区向丘1-20-6
TEL 03-3818-5521 FAX 03-3818-5514 振替00110-6-37828
Email tk203444@fsinet.or.jp URL: http://www.toshindo-pub.com/

※定価：表示価格(本体)＋税

東信堂

|  |  |  |
|---|---|---|
| 責任という原理―科学技術文明のための倫理学の試み | H・ヨナス／加藤尚武監訳 | 四八〇〇円 |
| 主観性の復権―心身問題から『責任という原理』へ | H・ヨナス／宇佐美・滝口訳 | 二〇〇〇円 |
| テクノシステム時代の人間の責任と良心 | H・レンク／山本・盛永訳 | 三五〇〇円 |
| 空間と身体―新しい哲学への出発 | 桑子敏雄 | 二五〇〇円 |
| 環境と国土の価値構造 | 桑子敏雄編 | 三五〇〇円 |
| 森と建築の空間史―南方熊楠と近代・日本 | 千田智子 | 四三八一円 |
| 感性哲学1〜6 | 日本感性工学会感性哲学部会編 | 一六〇〇〜三〇〇〇円 |
| メルロ＝ポンティとレヴィナス―他者への覚醒 | 屋良朝彦 | 三八〇〇円 |
| 思想史のなかのエルンスト・マッハ―科学と哲学のあいだ | 今井道夫 | 三八〇〇円 |
| 堕天使の倫理―スピノザとサド | 佐藤拓司 | 二八〇〇円 |
| 精神科医島崎敏樹―人間の学の誕生 | 井原裕 | 二六〇〇円 |
| バイオエシックス入門（第三版） | 今井道夫・香川知晶編 | 二三八一円 |
| バイオエシックスの展望 | 坂井昭宏・松岡悦子編著 | 三三〇〇円 |
| 今問い直す脳死と臓器移植（第二版） | 澤田愛子 | 二〇〇〇円 |
| 動物実験の生命倫理―個体倫理から分子倫理へ | 大上泰弘 | 四〇〇〇円 |
| 生命の神聖性説批判 | H・クーゼ／飯田亘之代表訳者 | 四六〇〇円 |
| 生命の淵―バイオエシックス入門の歴史・哲学・課題 | 大林雅之 | 二〇〇〇円 |
| カンデライオ（ジョルダーノ・ブルーノ著作集 1巻） | 加藤守通訳 | 三三〇〇円 |
| 原因・原理・一者について（ジョルダーノ・ブルーノ著作集 3巻） | 加藤守通訳 | 三三〇〇円 |
| 英雄的狂気（ジョルダーノ・ブルーノ著作集 7巻） | 加藤守通訳 | 三二〇〇円 |
| ロバのカバラ―ジョルダーノ・ブルーノにおける文学と哲学 | N・オルディネ／加藤守通訳 | 三六〇〇円 |
| 食を料理する―哲学的考察 | 松永澄夫 | 二五〇〇円 |
| 言葉の力（音の経験・言葉の力第Ⅰ部） | 松永澄夫 | 二八〇〇円 |
| 音の経験（音の経験・言葉の力第Ⅱ部） | 松永澄夫 | 二〇〇〇円 |
| 環境 安全という価値は…イタリア・ルネサンス事典 | J・R ヘイル編／中森義宗監訳 | 七八〇〇円 |

〒113-0023 東京都文京区向丘1-20-6
TEL 03-3818-5521 FAX 03-3818-5514 振替 00110-6-37828
Email tk203444@fsinet.or.jp URL: http://www.toshindo-pub.com/

※定価：表示価格(本体)＋税